明日の授業に使える
中学校社会科

地理

【第2版】

歴史教育者協議会 編

大月書店

『明日の授業に使える中学校社会科』第2版
シリーズ刊行にあたって

　2017（平成29）年3月、2006年教育基本法下で2度目となる学習指導要領が改訂（第9次）されました。総則で2006年教育基本法に沿った目標を掲げ、道徳教育を要にしています。さらに、カリキュラム・マネジメントの実現と評価体制から、「育成すべき資質・能力（コンピテンシー）」とアクティブ・ラーニングを置き換えた「主体的・対話的で深い学び」を柱にしています。これを受けて、社会科では、さまざまな学び方と教育内容が求められています。

　歴史教育者協議会は、1978年から学習指導要領改訂のたびに『たのしくわかる社会科の授業』『新たのしくわかる社会科・生活科の授業』シリーズ、『わかってたのしい社会科・生活科の授業』シリーズを刊行してきました。前回の学習指導要領改訂では、教材の提供など教育現場の状況に対応するかたちで『明日の授業に使える社会科・生活科』シリーズとして刊行しました。今回は、中学校社会科の改訂版になります。これまでのシリーズと同様に、社会科が担っている平和で民主的な主権者を育成するという原点を大事にして編集しました。

　今日、教育の「デジタル化」が進んでいますが、授業は画一化と効率化だけでは成り立ちません。授業は、教員の教材研究や授業づくりと、学びあう生徒とのあいだでつくられていきます。カリキュラムの自主編成は、それぞれの教員の手によって進められていくものです。

　この10年余、東日本大震災や原発事故、紛争の絶えない世界、核兵器廃絶の動き、地球温暖化、女性の権利、性の多様性、歴史改竄の動き、新型コロナを機にした経済や働き方の問題など、世界は新たな課題に直面しています。今回の改訂版シリーズは、そうした課題も受けとめています。読者のみなさんの授業づくりに役に立つことを願っています。

2022年3月

一般社団法人　歴史教育者協議会

『明日の授業に使える中学校社会科』シリーズ編集委員会

▶ 明日の授業に使える中学校社会科　地理　もくじ

I　世界のすがた

II　世界の諸地域

▶ 地域の課題と向きあう主権者を育てる地理学習を

卒業生が残してくれた言葉

　最初に、私が担任した2020年度の2人の卒業生の言葉を紹介します。

　「…そうやって考えると、やっぱり先生に出会って本当によかったなって思います。こないだ、ノートの整理をしていて、1年生から3年生までのノートを見返しました。もう、涙が…。それを見て、中1最初の授業で、シリアの難民について取り上げてくれたことを思い出しました。その時の夢は、シリアの難民を医師として助けることでした。今も根本的な思いは変わっていません。最初の授業で、難民に関する映像を見た時、こういう授業が受けたかったんだ、と思って体中をアドレナリンが駆け巡って、体が熱くなるような気持ち、今でも覚えています。思い返せば、あの時から、私は先生の授業が好きだったんだな、と思います。

　3年の公民の授業も、勉強じゃなくて、将来の自分のための学びっていう感じがすごくしていて、知識は少し経ったら忘れちゃうけど、こういう考え方とか価値観のようなものは、これからずっと私の中で生き続けるものなんだな、と思います。本当に、ありがとうございました」（卒業後に有志でフィールドワークをした際の感想の一部。ちなみにこの生徒は高校生になってから海外留学に行き、世界の若者と日々学び合っているという近況を伝えてくれている）

　「深沢晟雄さんの『政治の中心は生命の尊厳・尊重にある』、緒方貞子さんの『大事なのは人々です。人間です』という2つの言葉が心に強く残りました。この人たちは、人々の人権のために全力で行動を起こした人たちです。中村哲さんもそのうちの一人です。この3人の話の授業はすごく胸にひびきました。生きていて自分自身では乗りこえられないような、人権をおびやかす出来事に立ち向かい、地域の人たちと協力して行動した3人の姿は、ビデオを見ても思いましたが、とてもかっこいいものでした。私は自分から進んで大きな行動を起こしたり、大きな力に向かっていくような力はほぼゼロに等しいようなものなので、余計に3人の姿にあこがれます。この人たちのように大きなことはできないだろうけれど、私も大人になったら、いろんな人を助けたり、人を笑顔にできるようなことをしてみたい」（3年生最後のテストで、1年間を振り返っての感想）

授業で何に出会わせるか、誰に出会わせるか

　これらの感想からわかることは、授業の中で何に出会わせたか、誰に出会わせたかが、その後の価値観や生き方に少なからず影響を与えることがあるということです。

　この年度の卒業生には、1年最初の地理の授業びらきで「世界でいま起こっていること」と題して、シリア難民の現状を報道番組で紹介しました。また3年では、深沢晟雄（岩手県旧沢内村村長）、緒方貞子（国連難民高等弁務官）、中村哲（医師、ペシャワール会代表）の各氏を取り上げ、また、グレタ・トゥーンベリ（10代の環境活動家）をきっかけに地球環境問題を学んでいます。また沖縄については1年から折にふれ新聞記事などを使って取り上げ、3年で 東村高江の米軍ヘリパッド基地や、名護市辺野古の新基地の建設問題を詳しく紹介してきました。こうした積み重ねが、世界や日本の現実と向き合いながら自分の生き方を考えるということに

つながったと思います。

地理学習で何を育てるか

2017年告示の現行学習指導要領では、地理的分野の目標を次のように示しています。

「社会的事象の地理的な見方・考え方を働かせ、課題を追究したり解決したりする活動を通して、広い視野に立ち、グローバル化する国際社会に主体的に生きる平和で民主的な国家及び社会の形成者に必要な公民としての資質・能力の基礎を…育成することを目指す」

卒業生の言葉に出てきた緒方貞子氏や中村哲氏などは、まさに「広い視野に立ち、グローバル化する国際社会に主体的に生き」た人物でしょう。その生き方を学ぶことは、そのまま社会科地理の目標につながるものです。

中村氏については、私は2021年度に1年世界地理で、アジア州の最後に取り上げ、アフガニスタンの近年の動きと中村氏の取り組みを紹介して感想を書かせています。氏の言う「武器ではなく命の水を」というスローガンは、この地域のたどってきた歴史・環境の過酷さと、人びとの命や暮らしを大事にする国際貢献のあり方をストレートに表現しています。そして、彼の生き方を学ぶことは、中学生の印象に残り、その後の生き方や価値観形成にも影響をもたらすことが、多くの感想からうかがえます。中村氏のように、アフガニスタンという地域の人びととともに、暮らしの安定のために取り組む姿を知ることは、まさに「民主的で平和的な国家及び社会の形成者」となるべき資質の基礎となることでしょう。

2022年度の2年生では、ロシアによるウクライナ侵攻の問題を、新聞記事やテレビ番組を使ってたびたび取り上げ感想を出しあっています。

たとえ教科書になくても、学ぶべき価値のある人やもの・ことは、教科の目標に準拠していることを明示して、教師の裁量で取り上げたいものです。

世界地理で「地球的課題の視点」を

今回の指導要領の解説では、「持続可能な社会づくりの観点」「グローバル化が引き続き進展し、また環境問題等の地球的課題が一層深刻化する現状」といった言葉が使われ、「世界の諸地域の多様性に関わる基礎的基本的な知識を身に付け」「世界各地で見られる地球的課題について地域性を踏まえて適切に捉えることが大切」であると述べられています。

世界の諸地域の学習においては、世界の各州ごとに「地域的特色」を理解することと、州ごとに異なる「地球的課題」を設定することが求められています。

私はこれまで、世界地理の学習の基本のひとつは「ちがい」と「おなじ」を知ることにあると考えてきました。「ちがい」とは、「ところ変われば品変わる」で、地球上に自分たちとちがった生活や工夫があることを「おもしろい」と感じ、そこから自然や文化・歴史などの背景に興味を持って学ぶこと。「おなじ」とは、たとえちがった環境でも、人間としての営みや願いにはちがいはないということを理解すること。どんな環境でも、家族や命を大事にし、独自の文化を創り上げてきたことを「すばらしい」と感じることが「多様性」「異文化」理解であり、それがさまざまな民族の平和共存を大事に考える「平和教育」の基礎になると考えてきました。

どんな民族や国も、言葉や習慣はちがっても人間として同じ願いをもつ集団であり、現在の経済力や軍事力のちがいで優劣をつけることはできないものだということを基本に、「地域的特色」だけを強調するのではなく、むしろ、さまざまな要因によって「地球的課題」のあらわれ方がちがっていることを学ぶということは、大切な視点だと思います。

SDGs（持続可能な開発目標）に示される17の課題は、まさに地球的課題から地域の特色を理解する切り口となるでしょう。地域的特色をその地域だけで終わらせず、世界的視野で考えるきっかけになるはずです。

日本地理で「地域の課題」を学ぶ

「日本の諸地域」の学習については、指導要領では、地方ごとに「自然環境」「人口や都市・村落」「産業」「交通」などの中核となる事象をひとつ設定し、「地域的特色や地域の課題を捉えること」をねらいのひとつにしています。一般的に、7つの地方区分のもと、それぞれの地方でどんな事象に注目して考察するかは教師に任されており、「地域の考察に当たっては、そこに暮らす人々の生活・文化、地域の伝統や歴史的な背景、地域の持続可能な社会づくりを踏まえた視点に留意すること」とされています。

各地方の「地域的特色や地域の課題」を考える上では、それぞれの地域の歴史的な背景が関係していたり、また、日本全体に共通する政治的経済的な背景が影響している場合もあります。各地域で盛んな産業の背景についても、個別の地域の自然環境や工夫だけでは説明できないものがあります。公害・環境問題、原子力発電所の立地や原発事故後の対応など、個別の地域だけの問題ではない課題も見られます。

それぞれの地域で「課題」を見つけ、「課題を追究したり解決したりする」取り組みが求められていますが、それぞれの地域の住民がどのような取り組みをしてきたか、それぞれの地域の自治体の政治、あるいは国の政治がどう対応してきたかについても、考えてみる必要があります。

「地域的特色」や「地域の課題」は変わらないものではなく、地域の住民が「どうしたら住みよい暮らしができるのか」と考え、「住民は何を選んだか」「住民の力で何を変えてきたか、変えられなかったのか」という視点から考えてみることで、生徒たちにとって「自分たちの暮らしを自分たちで変えていく」という地域の主体（あるいは国の主体）としての意識、「主権者意識」を育てることにつながっていくものと思います。これは公民的分野だけで取り上げることではなく、地理的分野で取り上げる世界や日本の各地で行われている、課題解決に向かっ
て努力する人びとの活動から学ぶことが大切だと考えます。

地理学習においては何よりも、それぞれの国や地域で、さまざまな条件のもとで工夫し努力する人びとに共感する思いを育てたいと思います。住む場所や背景となる条件がちがっても、互いを尊重する意識が「他者の人権を尊重する意識」として定着していくことを期待しています。

本書の構成

以上のような視点を踏まえて、本書の各授業プランには、教科書では取り上げていないようなさまざまな地域の課題が盛り込まれています。これらが教材研究のヒントになれば幸いです。

第2版となる本書の構成は、第1版の構成をほぼそのまま踏襲しました。基本的には現行の指導要領にも十分対応できていると考えているからです。現行の指導要領・教科書の順序とのちがいは、おもに次の3点です。

① 世界と日本をはっきり分けて扱っています。教科書の最初にある「世界と日本の地域構成」の「日本の領域」の部分は「世界の諸地域」の後にして、第Ⅲ章の「日本のすがた」に入れています。「日本の地域構成」の内容を「日本の諸地域」の直前に持ってくるほうが、日本の学習としてのまとまりがすっきりしていると考えるからです。

② 指導要領で「日本の地域的特色と地域区分」にあたる内容は、自然環境のみ第Ⅲ章「日本のすがたと身近な地域」で取り上げ、人口、産業、交通などは「日本の諸地域」の後で、第Ⅴ章「世界的視野から見た日本」として取り上げています。指導要領では「国土の特色を大観する」ために地域の具体例に踏み込まないとしていますが、各地の具体的な事例を学んでから、日本全体の課題をテーマ別に整理する形で取り上げるほうがわかりやすいと考えるからです。

③「身近な地域」の学習は、教科書では、日本の最初に地図学習を含む「地域調査の手法」を

学ぶ場面と、教科書の最後にある「地域のあり方」を考える場面の2つに分けられています。本書では、第Ⅲ章で「(6) 地図を読む」「(7) 身近な地域を歩く」と続けています。「身近な地域を歩く」では、前半で「学校周辺の地域調査」として1日を使った校外活動の例を挙げ、後半では「地域の現状と課題を探る」として、いくつかのアイデアを提示しました。

「地域のあり方」については、教科書の順番どおりに年度末にていねいに取り上げるのは時間的にも余裕がないために、実践の蓄積がほとんどないのが現状です。指導要領でも「地域調査の手法」の学習や、学校所在地のある地方の学習と関連づけて取り上げてよいとされることから、地域の課題を考える取り組みは、教科書の順序どおりでなくても柔軟に考えることができます。教科書記述も各社さまざまで、その取り扱いを模索しているようです。教科書どおりの順番で、日本の諸地域の学習を踏まえて、それとの比較をしながら自分たちの住む身近な地域の課題を考えることも魅力的です。本書の順序のように、「日本の諸地域」そして「日本の地域的特色」の学習を踏まえて行う「身近な地域のあり方」の学習の可能性については、今後の実践の蓄積に期待したいと思います。

以上のように、本書の構成は、教科書の順序にこだわらない「自主編成カリキュラム」のひとつの例として提示したものですが、各地域の実態に応じて、柔軟に組み替えて活用いただければ幸いです。

このほか、「日本の諸地域」では、各地方に住む実践家ならではの授業プランが紹介されているのも本書の特色です。各地方のプランには、教科書ではほとんど取り上げられないローカルな話題が紹介されていたり、東北地方のように、各種統計から地図化した資料で地域の課題を考えさせたりするプランもあります。これら地域の事例を「地元の人しか知らないから」「教科書にないから」と済まさず、それが日本という地域（国）の課題を反映していると思えるもので

あれば、ぜひ授業に活かしていただきたいと思います。また、これらをヒントに、自分たちの住む地域でも教材化する価値のある「ローカルな話題」を見つけてください。そうした実践は、各地の研究会などで報告いただき皆さんで共有できることを楽しみにしています。

なお、統計資料などのデータは刻々と変化しており、本書の執筆から出版までの間にも、すでに古くなっているものもあると思います。授業で使われる際には資料の原典に当たって適宜最新のデータを利用してください。

生徒たちとともに考える

2022年2月24日、ロシアによるウクライナ侵攻が始まりました。それから約1年が経った本書の出版時点でも戦争の終わりは見えておらず、その影響によりエネルギー資源や食料の輸出が不安定になり、世界中で物不足や物価高騰を招いています。

生徒たちからは「なぜ今、なぜそこで戦争が始まったの？」「どうやったら終わらせられるの？」「世界は、日本は、私たちには何ができるの？」といった素朴な疑問が出てきます。教師がそれに適切に答えることはむずかしく、答えがひとつとは限りません。教師が正解を示すというよりも、生徒たちとともに調べ、考えるきっかけを作ることこそ、地理の授業では大事にしたいと思います。

中学校3年間の社会科を通して「主権者意識」や「人権意識」をどう育てていくか。日々変化する世界と日本の現状を踏まえ、生徒の知りたい、話したいという欲求に応える地理の授業をどうつくっていくか。本書がそのきっかけになることを願っています。

（石戸谷浩美）

デジタル資料集の使い方

本書のなかで デジタル資料集 のマークのある図画資料やワークシート類は、インターネット上の専用サイト「デジタル資料集」で閲覧・ダウンロードできます。下記のアドレスからご登録の上、ご利用ください。

https://data.otsukishoten.co.jp/jugyo/
大月書店ホームページ (http://www.otsukishoten.co.jp) にもリンクがあります。

図画資料

カラー画像をプロジェクターや電子黒板で大きく掲示すれば、生徒たちの注目が集まります。一般的な画像ファイル (JPEG 形式) ですので、カラー印刷や、パソコンでの自由なレイアウトが可能です。

文章資料・ワークシート例

パソコンから印刷して配布することができます。ワークシートは、各時の授業案の執筆者が実際のクラスでの利用を考慮して作成したものです。参考例として、地域やクラスの実態にあわせて適宜変更してご利用ください。

著作権に関するご注意

本書および「デジタル資料集」に収録の資料・データ類には著作権が存在するものが含まれます。学校内での授業実践・授業研究・教材作成などに利用する範囲を越えて複製・頒布・公開することは著作権の侵害となりますので、ご注意ください。

図書館での利用について

「デジタル資料集」の利用は本書を購入した個人のみ可能です。図書館での購入および貸出しの場合はご利用いただくことはできません。学校内などでのアカウントおよびパスワードの共有もご遠慮ください。

世界のすがた

1 世界の人びと(1)
さまざまな民族衣装

ねらい

● さまざまな民族衣装には、民族固有の個性的な模様や色彩があることを理解する。

● 民族衣装を、その地域の気候の特色と関連づけて見ることができるようにする。

授業の展開

（1）世界の民族衣装

図鑑やインターネット（Wikipedia「民族衣装一覧」など）から、世界の民族衣装の画像を順に提示する。それぞれの服から推測できることを発表させる。（「涼しそう」「寒い地域の服」「肌ざわりがよさそう」「日本の着物と似ている」「色づかいがカラフル」等）

どの国・地域のものか、地図で確認する。

（2）日本の民族衣装

・「大和（やまと）」民族

画像または実物で浴衣（ゆかた）（和服）を見せ、着たことがあるかを問う。

和服の特徴を発表させる。「前開き」は東アジアの多くの民族衣装の共通点である。

●「和服を日常的に着ているのはどんな人たちですか」（「落語家」「力士」「芸能人」）

いろいろな日本の衣服を例示する（結婚式、茶の席、剣道部……）。

・アイヌ（アトゥシ）、琉球（琉装）の民族衣装（**資料1、2**）

和服との類似点と相違点を考える。（「着物と同じ形」「色づかいがちがう」「模様がちがう」など）

（3）視点をアジアに広げる

●「日本と近い国の民族衣装を見てみよう」

朝鮮、中国の民族衣装（**資料3、4**）との類似点・相違点を見つける。つくりの類似から、国という枠を超えて、近隣の地域とのつながりにより基本形が生まれ、それが独自に発展した点をつかませる。

（4）アジアの他の地域の民族衣装にも目をむける

中東の民族衣装の画像（**資料5**）を見せる。生徒たちは、中東の衣装だということはすぐわかる。「何という服でしょうか?」

「カンドゥーラといいます。カンドゥーラを着る人びとの地域は、どん

資料1　アイヌの民族衣装

（CC by Torbenbrinker）

資料2　琉球の民族衣装

資料3　朝鮮のチマ・チョゴリ

（CC by Paul - Canning）

資料4　中国の漢服

資料6　日本の繊維素材が中東で人気

（東洋紡提供）

現地の人々にとってラマダン明け
は“ハレの日”だ。男たちは「晴れ
着」として、新調したばかりのカン
ドゥーラを身に着け、肩を並べる。
「1年で最もトーブが売れるのは、
このラマダン明け向けなんです」。
トーブを作り始めて約40年という

東洋紡とシキボウの担当者は、こう口をそろえる。

　現在、中東諸国で消費されている日本製のトーブは約40〜45％。その
うち、高級品とされる消費量のほぼ100％が日本製というから驚きだ。そ
の高級品の約7割を占め、トップシェアを握るのが東洋紡。その後をシキ
ボウや、東レ子会社の一村産業が追う。汎用品である韓国やインドネシア
製と比べ、日本製は価格で2倍ほどもする品だが、現地の人気は不動のも
のだ。

（「中東民族衣装で支持される日本製繊維　他国製品を圧倒する人気」Sankei Biz　2013年
12月23日 www.sankeibiz.jp/business/news/131223/bsc1312230731007-n1.htm）

資料5　カンドゥーラ

（CC by Pedronet）

なところですか？」（「暑い地域」「砂漠地帯」「油田地帯」「イスラム教徒」）

　「伝統的なこの民族衣装ですが、その白い生地『トーブ』には秘密があ
ります。どんな秘密でしょうか？」と、資料6を読ませる。

　西アジアのイスラム圏の女性の民族衣装（アバヤやチャドル）も提示す
る。顔以外を布で覆うこと、体型が見えないなどに気づかせる。この地域
の女性の民族衣装には宗教が影響していることを説明する。

（5）ヨーロッパ、アフリカ、アメリカ先住民などの特徴的な民族衣装を地
　域別に数枚ずつ、写真やイラストで見せる（世界地図で地域を確認）。

●「色、模様、形について、気づいたことを言ってください」

　グループごとに分担して、その他の民族衣装をさらに詳しく調べてノー
トにまとめさせる。

〈まとめ〉

　民族衣装には、

・国の枠の中だけでなく、近隣の地域（国）とのつながりが見られる。

・気候・風土を反映し、快適な構造になっている。

・固有の装飾・デザインが独自性を生みだしている。

　これらの点をまとめとし、さまざまな気候の地域の学習につなげていく。

▶留意点

●民族衣装の画像資料を提示する際には、クイズ形式にしても盛り上がる。

●黒板に簡単な世界地図を描いて画像資料を掲示すると、地域的な関連性
　を理解しやすくなる。　　　　　　　　　　　　　　　　（長屋勝彦）

「アジアの国ぐに（6）イスラム
教を信じる人びと」（54ページ）
の資料も参照。

参考資料
民族衣装一覧（Wikipedia）
https://ja.wikipedia.org/wiki/
民族衣装一覧

2 世界の人びと(2)
暑い地域と乾燥した地域の人びとの暮らし

1時間

ねらい

● 熱帯や乾燥帯地域の都市の風景から、急速に近代化した都市がいくつも
あることを理解する。

● 厳しい砂漠のなかで伝統的な生活を続ける人びとや、砂漠を緑地に変え
て農業を営む人びとがいることを理解する。

授業の展開

(1) 暑い地域を知ろう

　教材として、ハワイ、バリ、シンガポールなど、熱帯地域の観光パンフ
レットを各班に1部ずつ配布する。各国・地域の観光局ホームページで調
べさせることも可能である。

資料1　観光パンフレット

●「配られたパンフレットの地域（国）の特徴（服装、食事、植物、観光
地など）を見つけよう」

　班で協力しあって、ノート（またはワークシート）に記入する。

　班で分担された国のパンフレットから、わかったことを黒板に記入する。

(2) 急速に発展する熱帯や乾燥帯の大都市

● 熱帯のおもな都市の画像（**資料2**）を紹介する（Wikipedia などにも利
用できる画像が多い）。マニラ、ホーチミン、シンガポール、クアラル
ンプール、ナイロビ、ホノルルなど。

　指名して、感想を発表させる。（「高層ビルが多い」「人が多い」「緑もた
くさんある」）アジアや南米などの熱帯地域の大都市が急速に発展し、人
口が増加していることを紹介する。

資料2　クアラルンプール

デジタル資料集

(CC by Akira Mitsuda)

　オイルマネーで発展した乾燥帯の都市ドバイの画像（**資料3**）を紹介する。

・砂漠の存在を理解させるため、グーグルアース等の衛星画像もあわせて
提示するとわかりやすい。

・気候データもあわせて示せるとよい。真夏の最高気温は40℃を超える。
ドバイを地図帳で探し、発展の秘密を地図から見つける。

・1980年には人口わずか28万人だったが、現在は300万人を超えている
（52ページも参照）。

資料3　ドバイの高層ビル群

デジタル資料集

(CC by Aheilne)

(3) 乾燥帯の暮らし

● ベドウィンのテントの画像（**資料4**）を示す。

　「同じくアラビア半島の写真です。どんな人びとが住んでいるのでしょ
うか」

ベドウィンは砂漠の遊牧民で、家畜のラクダや羊をつれて生活をする人びとである（**資料5**）。

「砂漠で暮らす人はわずかです。その理由は何ですか」（「水が得にくい」「砂が飛んでくる」「暑い」「砂では作物がつくれない」「働く場所がない」「不便」「電気やガスがない」「病気になったら困る」）

次の**資料6**を読んで紹介する。

資料4　ベドウィンのテント

(CC by Bjoetvedt)

資料6　砂漠の気候

> **寒暖の差がすごい**
> 　シリアのパルミラは砂漠のど真ん中にあり、日中の気温は40度を上回る。ところが日の出前の5時ころの気温は10度以下、戸外は寒いくらいである。わたしの知っているイラン人が、車の故障のため砂漠の中の一泊となった。夜の寒さに対する配慮がなく、気温が氷点下となり、凍死してしまった。
> 　　　　　　　　　　　　　　　　　（小堀巌『砂漠』NHKブックス）

資料5　ベドウィン

(CC by Nickfraster)

参考資料
「アラブ──ベドウィンと暮らして」
https://yagitani.na.coocan.jp/
megumi_ja01.htm

●「ベドウィンの暮らしについて、班で調べましょう」

家畜、食べ物、テント、家族、宗教や習慣、仕事など。

・ベドウィンの人びとの画像を紹介できると、調べ学習が深まる。

・しかし、ベドウィンの定住化がすすめられ、遊牧民の数は激減している。

(4) 乾燥帯でも農業ができるセンターピボット

●写真（**資料7**）を提示し、砂漠の写真であることを伝える。「丸い部分は何でしょう」

農地が丸いのはなぜか。地下水をくみ上げ、水に肥料を混ぜて、回転式の散水管に圧送し、平均で半径400メートルにもおよぶ円形の農場に水をまく。散水器の回転数は気候や土壌、作物により異なるが、1日1〜12回程度散水している（**資料8**）。

「この方法には、決定的に大きな問題点があります。何でしょうか」（「地下水のくみすぎによる水の枯渇です」）

産油国では海水から真水を生成して使用する地域もある。イランの「カナート」、北アフリカの「フォガラ」など伝統的な水路も紹介しよう。

(5) まとめ

●「砂漠を農地に変えようとする人びともいますが、厳しい自然を受けいれて、その環境に適応して生活するベドウィンの人びともいます。両者に対する感想を書きましょう」

資料7　サハラ砂漠の灌漑

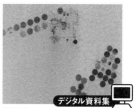

(NASA)

資料8　綿花畑での散水

(USDA)

留意点

●乾燥地帯でも水さえあれば人が住み、作物を作れる点に注目させる。

　　　　　　　　　　　　　　　　　　　　　　　　　（長屋勝彦）

③ 世界の人びと(3)
寒い地域と高山地域の人びとの暮らし

1時間

ねらい ....

● 人類は、極寒の地や高山などの厳しい環境のなかで、どのようにして生きてきたのかを理解する。

授業の展開 ....

(1) イグルー（氷の家）の写真（資料1）を提示する。

● 「これは何ですか。電気、ガス、水道はありますか。どんな人びとの家でしょうか」と問い、イヌイット（カナダではイヌイット、アラスカではエスキモーと呼ばれる）について簡単に説明する。

● 「ツンドラ」と板書し、夏と冬の写真（資料2）を提示し気温の予想をさせる。夏は0〜5℃、冬はマイナス30℃以下。

・ 自然の特色を確認したうえで、寒帯の伝統的な生活について調べさせる（ワークシートにまとめるとよい）。

・ 厳しい自然のため、他の土地では当たり前の物がないことに気づかせる。

　農作物が育たない……食べものの種類や工夫

　木が育たない……住居の工夫

　とても寒い……衣服の工夫

　冬は極寒で太陽が出ない……食糧、狩りの工夫（イグルーは冬の狩り用）

(2) 寒帯の暮らし

● 「寒い地域の人びとはどんな暮らしをしているのだろうか。世界一寒い村（ロシアのサハ共和国オイミャコン村）のようすを見ましょう」

　「世界一寒い村　オイミャコン」で動画を検索。動画は途中で止めながら、クイズ形式で予想を立てさせ視聴する。

　「意外にも建物を建てやすいのです。資料3を読みましょう」と、永久凍土の説明をする。

資料1　イグルー（氷の家）

デジタル資料集

(CC by Ansgar Wal)

資料2　ツンドラの夏と冬

デジタル資料集

デジタル資料集

(USFWS Mauntain-Prairie)

▶▶動画の例
「世界一寒い村・オイミャコンへ」（朝日新聞）
www.youtube.com/watch?v
=QfSnJUXl8B8

資料3　シベリアの永久凍土

> 　永久凍土はシベリアだけでなく、北アメリカ、中国奥地などに広く分布し全陸地の14％（日本の26倍）をしめている。凍土は解凍を繰り返すので、普通に建物をつくると1年で壊れてしまう。
> 　永久凍土の上にビルをどのように作るのだろうか。まず、凍土に深さ10〜16mの穴をあけていく。ここに鉄筋コンクリートの杭を2mほど地上に突き出るように打ち込む。その杭の上に建物の土台となる鉄筋コンクリートの板を乗せる。基礎の杭にどんな接着剤を使うか聞いたら、「なに、塩水をすきまに流し込むだけのことだよ」という返事だった。地中で塩水はたちどころに凍って杭を支えてくれる。
> 　　　　　　　　　　　　　　　　　　（『地理のとびら』日本書籍）

「なぜ、こんなにも厳しい環境の地域に、ビルを建て、人びとが住もう
とするのだろうか。地図のなかにヒントがあります」

シベリアの地図から、さまざまな地下資源の鉱山の存在に気づかせる。

・地球温暖化の進行で、永久凍土地帯に異変が起きつつある。「温暖化が
すすむとどんな問題が発生しますか。資料から考えましょう」

(3) 変わるイヌイットの暮らし

●「他方で、資源があれば、どんな過酷な気候の地域でも開発してしまい
ます」と、**資料4**を示す。「これはパイプラインの写真です。この中を何
が通っているのでしょうか」

北極海からアラスカ湾まで、原油を運び出している。イヌイットの人び
とも、石油会社や建設会社などで働くようになった。

「人びとは、どちらの暮らしを選ぶでしょうか」

近代化がすすみ、地域によってはスーパー、病院、
学校などがあり、電気のある木造の家に住み、パンや
野菜が手に入り、既成の衣服を着て過ごす。

「伝統的な暮らしや文化はどうなるのでしょうか」
(「不便だからなくなる」「大切な文化は残そうとす
る人もいるはず」)

補足として、世界一寒い場所を紹介する(**資料5**)。

(4) 高山地域

●「地図帳で南アメリカの『ラパス』を探しましょう」

「赤道付近ということから、どんな気候が予想できますか」(「暑い」)

ラパスの一番暑い月の平均気温が10℃、寒い月は7℃。この都市では
火事がほとんどない。たばこの火が消えてしまう。飲みものの缶を開ける
と中身が吹きだす。少し動くだけで息切れしてしまう。

「なぜ赤道付近なのに、年中寒いのですか。こうした不思議な現象が起
こるのはなぜですか」(「標高が高いので、空気がうすい」)

●ラパスの写真(**資料6**)を見せる。「たくさんの家が建っています。日
本では高台が高級住宅地の場合が多いのですが、ラパスは低いところほ
ど土地の値段が高いのです。なぜでしょうか」(「空気が濃いため」)

資料4 アラスカのパイプライン

(USGS)

資料5 世界一寒い場所

> 世界一寒い場所はもちろん南極である。
> 南極大陸は、2000mほどの厚い氷が堆積し
> た高地である。1960年に、旧ソ連の観測基
> 地で、-88.3℃を観測した。北半球ではシベ
> リアのオイミヤコンで1964年に-71.2℃を
> 記録した。オイミヤコンは、夏は30℃まで
> 気温が上がるので、年間の寒暖の差は100℃
> 以上にもなる。
>
> (南極観測隊ホームページ www.jare.nipr.ac.jp/ より)

資料6 ラパス

(CC by Paul Richte)

留意点 ....

●生徒たちの感覚からすると、けっして快適ではない気候のなかで、それ
に適応したり、克服したりする人間の適応力に目をむけさせる。

●時代の変化が、寒い地域の人びとの暮らしに大きな変化をもたらし、伝
統的な暮らしや文化が消えていく現実にもふれる。

●地球温暖化が寒冷地に与える影響を調べさせてもよい。永久凍土の上に
立つ建築物が傾いた地域もある。　　　　　　　　　　(長屋勝彦)

4 世界の人びと(4)
温暖な地域と南太平洋の暮らし

ねらい

● イタリアと日本の気候の相違点から、生活のちがいを理解する。

● 南太平洋の島々の気候や暮らしにふれ、この地域で起きている諸問題にも目をむける。

授業の展開

(1) 温暖な地域の暮らし（イタリア）

● イタリア料理の写真（**資料1**）を提示する。「これらはどこの国の食べ物でしょうか?」「スパゲティやピザは有名ですね。お米を使ったリゾットもあります。そのほか、ハムやシーフード、果物も豊富なようですね」

食材の写真や実物を紹介する。レモン、トマト、オリーブ、ワイン、パスタ、生ハム、ズッキーニ、バジル……いろいろな種類のパスタを紹介し、食文化の中心であることを理解させたい。

● イタリアの風景写真（**写真2**）を提示する。

「イタリアはどんな気候ですか?」（「温帯、地中海性気候」）

雨温図から、東京と気温や降水量を比較させる。夏に雨が少ないこと、冬の寒さがおだやかであることなどに気づかせる。

「夏に雨が少ないと、日本の夏とどんなちがいがあるでしょうか? 家の造りに注目して、気づいたことを言ってください」（「石の家」）

「石の家の長所は?」（「乾燥する夏に涼しい」）夏に湿気の多い日本とのちがいに目をむける。

・ヨーロッパでは石材を使った建築が発達したことを、イタリアの歴史的建造物を見せて理解させてもよい。

「この地域のおもな作物はなんでしょう?」（オリーブ、レモン、オレンジ、ぶどう、コルクがし）

「イタリアではお米も食べます（リゾット）。どうやって手に入れているのでしょうか?」（「アジアから輸入?」）「イタリアでつくられています」

米栽培は可能か、雨温図から考える。夏に乾燥するので、できないはず。

・イタリアの米の産地は北部のポー川流域の平野で、日本などと同じく雨に恵まれ、稲作に適した地域。

(2) 南太平洋の暮らし

● 資料3を提示する。「どこの写真でしょう?」（「ハワイ」「グアム」「沖縄」）

「南太平洋の島です。地図帳でオセアニア州のページを開きましょう」

資料1 イタリア料理

デジタル資料集

資料2 石の家

デジタル資料集

「オーストラリアとニュージーランドは有名ですが、それ以外の国を見つけて、気づいたことを言ってください」（「国がたくさんある」「小さい島国ばかり」「周囲の国とは離れている」）

● 「フィジーを地図帳で探しましょう」「2つの大きめの島は、合わせて日本の四国ほどの広さです。人口はどのくらいでしょう？」

地図上の位置や写真から、熱帯の地域であることを確認する。

「熱帯の特徴的な食べものを調べましょう」（教科書、地図帳、資料集より）

「家の造りの特徴的な点を言ってください」（「屋根が植物」「屋根の角度が急」「壁は風通しがよさそう」）「それぞれの理由を考えましょう」

（3）フィジーの人びと

● 「もともとこの地域にいたフィジー人は今の人口の半分ほどです。もう半分はインドから来た人びとです。なぜ遠い太平洋に来たのだろう」

「サトウキビをつくるために、イギリス人が強制的に連れてきました。それぞれ言葉も宗教もちがいますが、徐々に関係はよくなっています」

「フィジーもイギリスの植民地支配を受けていました。そのなごりが宗教です。イギリスはキリスト教です。さてフィジーの人びとは？」（先住民はキリスト教、インド系はヒンドゥー教徒）

「観光がフィジーの大きな収入源です」

（4）苦難を抱える南太平洋の国ぐに

・マーシャル諸島・ビキニ環礁の核実験（**資料5**）

「『ビキニ』といえば？」（「水着」）核実験の衝撃から、衝撃的な水着を「ビキニ」と呼んだ。アメリカの支配下にあったマーシャル諸島で、1946年から58年まで核実験がおこなわれ、その影響はいまだに続いている。

・地球温暖化による国土水没の危機（ツバル）

「ツバルの最高地点は海抜4.5メートル。温暖化がすすむとどうなるだろう？」（「土地がせまくなる」「満潮になると水没してしまう」）

「何かよい対策はありますか？」（「温暖化対策」「CO_2を減らす」）

「ツバルでは、30年ですべての国民を他の国に移住させるため、1998年にオーストラリアとニュージーランドに移住を要請。両国と交渉をおこない、ニュージーランドが少しずつ受け入れることになりました」

留意点 ....

● 温暖な地域については、ヨーロッパの学習のなかでおこなってもよい。

● 南太平洋の小さな国ぐにには、分担して調べ学習をおこない、そこから共通点に目をむけてもよい。欧米や日本の占領の歴史についても調べられるとよい。石出法太『オセアニア』（日本とのつながりで見るアジア⑦、岩崎書店）がくわしい。

（長屋勝彦）

資料3　南太平洋の島
（CC by Barry Peters）

資料4　フィジーの家
（CC by Haragayato）

▶▶フィジー政府観光局
www.bulafiji-jp.com

資料5　ビキニ水爆実験

（USDD）

5 世界の民族と宗教

2時間

ねらい

●現代世界は、多様な民族から構成されていることを理解する。
●世界各地の宗教の分布と特色について理解し、人びとの生活にどのような影響を与えているか考察する。

授業の展開

(1)「はだいろ」はどんな色？

●「2021年3月、あるコンビニチェーンがプライベートブランドの女性用下着で『はだいろ』と記した商品を回収したことがニュースとなったのは、どうしてだろう？」

　人によって肌の色は異なる。人種や民族のちがいによって肌の色は白、黒、黄などさまざまで、「肌色」は一定ではない。最近では「うすだいだい」「ペールオレンジ」とも呼ばれるようになっている。

(2)「『民族』とは何だろう？」

　民族は多様であることを理解させたい。民族とは文化の面で共通認識をもつ集団であり、歴史的に形成されたもので、厳密に分類したり、固定的にとらえたりすることができないことを理解させたい。

●「アフリカでは、現在も民族紛争が絶えないのはなぜだろう？」

　地図帳からアフリカの国境や、言語分布と紛争の関係を読み取らせる。直線の国境線から、ヨーロッパの列強が、民族集団を無視して勝手にアフリカ大陸を分割した事実に気づく。そのため、ひとつの国家にさまざまな言語・宗教・生活習慣を持つ民族集団（エスニック・グループ）が混在したり、ある民族集団が複数の国に分布していたりする。そのことから、アフリカの民族紛争の原因をとらえさせたい。

●旧ユーゴスラビア紛争について、**資料1**の3つの教会の写真を見せながら説明する。

　かつて存在した多民族国家ユーゴスラビアと、冷戦後の内戦と分裂から、民族問題について考えを深めさせたい。また、宗教の学習のきっかけとしたい。

(3)「日本には、どんな民族が住んでいるのだろう？」

　日本は「日本民族（大和民族）」「アイヌ民族」「琉球民族」だけでなく、在日コリアン、中国人、ブラジル人など、多くの民族が住んでいる多民族国家であることを理解させ、多文化共生の視点を育みたい。

資料1　サラエボの3つの教会

(CC by BloodSaric from en.wikipedia)

(CC by Donar Reiskoffer)

デジタル資料集

(CC by Pudelek)

ボスニア・ヘルツェゴビナの首都サラエボにある3つの教会。上からカトリックの教会、セルビア正教の教会、イスラム教のモスク。ヨーロッパでは、同じ都市に複数の宗教の教会があるのはめずらしい。

（4）「宗教を身近な生活で感じるのは、いつだろう？」

　この発問に積極的に答えられる生徒は少ないと思われる。しかし正月に神社へ初詣に行き、バレンタインデーにはチョコレートをプレゼントし、お盆には墓参りへ行き、クリスマスにはパーティーを開き、大晦日には除夜の鐘をつきに行く。さらには、結婚式はキリスト教の教会や神前で、葬式は仏教の寺でと、さまざまな宗教が生活のなかで身近に存在していることに気づかせたい。

●「宗教って何だろう？」

　この発問の答えもむずかしい。「人びとが正しく生きるために求める心の支え」と解説し、生き方を規定するために、生活様式にも影響を与えることに気づかせたい。

●「三大宗教は、どこに広がっているだろう？」

　三大宗教の世界的な広がりを、地図や気候の分布図等と関連づけながら考察させる。歴史的分野で学んだ古代文明が起こった地域と、三大宗教の発祥の地が重なることを復習させる。

●「生活と宗教は、どのように関連するのだろう？」

　ここではイスラム教を中心的に取り上げる。三大宗教のひとつでありながら、日本人にとって縁遠い宗教だと考えられるからである。

　写真などを示し、イスラム教徒の１日５回の礼拝や、服装・食生活のなかで禁止されていることをいくつか取り上げ、その背景を考えさせる。熱射病や日焼けから体を守るために女性が肌を隠したり、豚肉の生食を避けたり、断食月（ラマダン）によって食のありがたさを知ったりすることなどを背景に、厳しい戒律がつくられたことに気づかせたい。

留意点

●言語・宗教・生活習慣など、文化の面で共通意識をもっていると感じる人びとの集団を民族という。しかし、言語だけをとっても世界には約6900種類以上あるとされ、単純に言語による区分がそのまま民族の区分にはならない。中国の少数民族のひとつである回族は、言語は中国語だが宗教はイスラム教を信仰する人びとを指している。中国には人口の92％を占める漢族と55の少数民族が存在している。

●宗教に関する歴史的な背景は歴史的分野で学ぶため、深入りはせず、宗教と生活の関係を中心に学ばせたい。宗教と人びとの生活文化におけるちがいを正しく理解し、それらを受け入れる態度を養うよう配慮する。

（松本 賢）

旧ユーゴスラビアの数え歌

ユーゴスラビアが存在したころ、その多様性を表現するのに、1から7の数え歌があった。「1つの国、2つの文字（ラテン文字とキリル文字）、3つの宗教（カトリック、セルビア正教、イスラム教）、4つの言語（スロベニア語、クロアチア語、セルビア語、マケドニア語）、5つの民族（スロベニア人、クロアチア人、セルビア人、マケドニア人、イスラム人）、6つの共和国（スロベニア、クロアチア、セルビア、ボスニア・ヘルツェゴビナ、モンテネグロ、マケドニア）、そして7つの国（イタリア、オーストリア、ハンガリー、ブルガリア、ルーマニア、ギリシャ、アルバニア）と国境を接する」

その他に、アジアで「～スタン」のつく国を探し、かつてのペルシア帝国、またはその文化圏であったことを理解させることもできる。

参考資料
▶▶ NHK for School「旧ユーゴスラビア」
www2.nhk.or.jp/school/movie/clip.cgi?das_id=D0005402949_00000

▶▶ NHK for School「イスラム教」
www2.nhk.or.jp/school/movie/clip.cgi?das_id=D0005310429_00000

▶▶ NHK for School「サウジアラビア」
www2.nhk.or.jp/school/movie/clip.cgi?das_id=D0005311285_00000

6 地球儀と世界地図から見た世界
緯度と経度・時差・いろいろな世界地図

2時間

ねらい

●緯度・経度のしくみを理解し、地図上の位置をあらわせるようにする。

●緯度のちがいや地軸の傾きから、季節が生まれることを理解する。

●地球の自転と経度との関係から、時差が生じるしくみを理解し、時差の
求めかたを身につける。

●地球儀と世界地図のちがいに気づき、目的に応じた活用のしかたを知る。

授業の展開

(1) 緯度・経度の導入

●「『○○県△△市××町◇◇丁目▽▽番地』。行ったことのない場所で
も、住所を調べると、どこにあるかわかります。地球上の位置を示す
番地は、どう表現されるのだろう？ 資料1を見て考えましょう」

世界地図が、「縦線」「横線」で区切られていることに気づかせる。
縦線を「経線」、横線を「緯線」と説明する。

(2) 緯度

地図帳から、緯度0度が赤道であり、北極が北緯90度、南極が南緯
90度であることを確認する。同じ緯度をむすんだ線が「緯線」である。

●「緯度がちがうと、何がちがうのだろうか？」

赤道付近（低緯度）、日本（中緯度）、北極付近（高緯度）の気候を比較
させる。緯度が高くなると太陽の光が弱く当たるため、気温が低くなる。

「ということは、南に行くほど、暖かくなる？」

北半球ではそうだが、赤道を越えると、南に行くほど寒くなることに気
づかせたい。あわせて、南半球では太陽が北の空にあることも紹介する。

●「なぜ、季節が生まれるのだろうか？ 資料2を見て考えましょう」

地軸の傾きが原因で、同じ土地でも、時期によって太陽
の光の当たりかたが変わる。北半球と南半球では、季節が
逆になることを理解させる。南半球の真夏のクリスマスの
写真があれば見せたい。北回帰線と南回帰線のあいだでは、
太陽が頭の真上をとおり、北極圏や南極圏では太陽が沈ま
ない時期や出ない時期があることにもふれたい。

(3) 経度

地球儀を見せ、縦線（経線）が北極と南極をむすんでい
ることに気づかせる。十二支で方位をあらわすと「子」が

資料1　緯度と経度

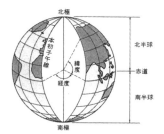

（『学習図説小学校社会科全集①地図と地球の
はなし』国土社）

資料2　公転の道すじ

（『学習図説小学校社会科全集①地図と地球のはなし』国土社）

北、「午」が南となり、北と南をむすぶ線なので別名「子午線」ともいう。

● 「経度0度はどこだろう？」

　本初子午線はイギリス、ロンドンの旧グリニッジ天文台が基準。国際的に定められたのは、1884年ワシントンで開かれた国際子午線会議であった。

● 「経度がちがうと、何がちがうのだろうか？」

　時刻のちがいが生じる。教科書や資料集などに時刻のちがういくつかの地点の写真が載っているが、インターネットのライブカメラ（世界各地の生放送をしているカメラ）で、リアルタイムの各地のようすを見せたい。

●地球上の位置を緯度・経度であらわす。

　「次の都市の緯度を調べてみよう」

　①ハルビン（中国）［北緯45度］　②ルサカ（ザンビア）［南緯23度］

　「次の都市の経度を調べてみよう」

　③ハバロフスク（ロシア）［東経135度］

　④ニューオリンズ（アメリカ）［西経90度］

　「次の都市の緯度と経度を調べてみよう」

　⑤オタワ（カナダ）［北緯45度、西経75度］

（4）地球儀と世界地図

● 「グリーンランドとオーストラリア大陸は、どっちが大きい？」

　「日本の北は北極、南はオーストラリアを経て南極。では、東はアメリカ合衆国？　ホントかな？」

　地図帳の世界地図（メルカトル図法）と地球儀を比較してみる。

　「メルカトル図は、どこがおかしい？」（「面積を正しくあらわしていない」「距離や方位も」）

　「地図のなかで、距離や方位が正しい地図はどれだろう？」（「正距方位図法」）「面積が正しい地図はどれだろう？」（グード図法、モルワイデ図法）

日本では、江戸時代以前は京都をとおる子午線を本初子午線としていたが、1871（明治4）年に東京をとおる子午線に移され、1886年の勅令で、グリニッジ子午線を本初子午線として採用することが定められた。緯度0度の赤道は天文学的根拠によるものだが、経度の基準は、天文学とは無縁の約束事である。

ライブカメラの例
▶▶ EarthCam
www.earthcam.com

資料3　時差の求めかた

経度差と時差の法則
　地球は【24】時間で1回転（【360】度）するので、
　【360】度÷【24】時間＝【15】度／時間
　経度の差÷【15】度　＝時差

時間が早いか、遅いかの法則
　地球上では、かならず【東】から太陽がのぼる。
　したがって、【東】のほうが、常に時間が早い。

日付変更線の法則
　西から東に越えると、日付を1日【減らす】。
　東から西に越えると、日付を1日【加える】。

▶▶世界の時間　時差情報
www.w-time.com/

▶▶ JAL国際線世界時計・カレンダー
www.jal.co.jp/worldclock/

───

（留意点）

●立体（地球）における角度をイメージできない生徒も少なくない。デジタル教科書などで、視覚的に理解させたい。

●経度のちがいは、太陽の南中時間の時差となるが、実際にはタイムゾーンごとの地方標準時が設定され、地方標準時子午線の差が実際の時差になる。また、サマータイムが設定されている地域もある。

●さまざまな地図をインターネットなどで入手し、黒板にたくさん貼って生徒に見せたい。大西洋中心の世界地図（日本が「極東」なのを理解させやすい）、オーストラリアで作られた南北が逆の地図（地球上の海の面積が広いことを理解させやすい）など。　　　　　　（松本 賢）

7 世界の自然(1)地形

ねらい

●六大陸と三大洋、および6つの州の位置と名称を理解する。
●地球の多様な自然のすがたを理解するとともに、現在進行している自然破壊にも目をむける。

授業の展開

(1) 世界地図を描いてみよう

赤道、本初子午線、経度180度の経線を板書し、生徒とともに一筆書きの世界地図を描く（**資料1**）。その際、赤道、本初子午線、経度180度の経線との位置関係を意識しながら描かせる（特に南アメリカ大陸、マレー半島、アフリカ大陸のどのあたりに赤道が通るのかを意識させる）。

資料1　一筆書きで描く世界地図

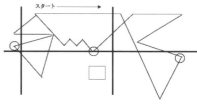

(2) 大陸と大洋を確認しよう

板書した世界地図に大陸名を書き込む。オリンピックの五輪の旗を見せ、5つの大陸を意味することを説明する。

「大陸はもうひとつあります。どんな大陸だろう？」（**資料2**）南極大陸はこの世界地図に描かれていないが、オーストラリア大陸よりも大きく、どこの国にも属さない大陸であることを紹介する。

ユーラシア大陸とアフリカ大陸の境目にスエズ運河が、北アメリカ大陸と南アメリカ大陸の境目にパナマ運河があることを伝える。

●「次は海です。すべてつながっていますが、場所ごとに呼び名があります」と三大洋を確認させる。日本の位置を示し、ユーラシア大陸と太平洋との位置関係を確認させる。

資料2　南極大陸（衛星写真）

(NASA)　　デジタル資料集

(3) 調べてみよう　地球の最高、最低

「世界で一番高い山は？」「一番深い海は？」「一番大きな湖は？」「一番深い湖は？」「一番長い川は？」「流域面積の一番大きい川は？」「一番広い砂漠は？」「一番大きな島は？」「一番小さな大陸は？」「最高気温は？」「最低気温は？」などと質問し、地図帳を参考に調べさせる。

(4) 世界の大きさを感じてみよう

グーグルアースを活用して、世界の大きさを実感させる。

〈大河〉「アマゾン川の大きさはどのくらいだろう？」（**資料3**）

河口の中州マラジョ島は九州より広い。面積が正しく表される地図で、日本やオーストラリアを切り抜き、おもな大河と比較させる。

〈山・山脈〉「エベレストの高さはどのくらいだろう？」（資料4）

　エベレストはイギリス東インド会社の測量局長官の名前で、チベット語では「チョモランマ」、ネパール語では「サガルマータ」と呼ばれる。標高8848メートルで、富士山の2倍以上、東京スカイツリーの約14倍の高さになる。

●「これはヒマラヤ周辺でとれる岩塩です。海水から水分が蒸発してできました。なぜ、こんなに標高の高いところに海水の跡があるのだろう？」

　ヒマラヤ山脈は、移動してきたインド大陸が衝突してできた山脈で、もとは海底だったところもある。数千メートルの高地からも貝の化石が見つかる。アルプス・ヒマラヤ造山帯、環太平洋造山帯を説明する。

　「日本も環太平洋造山帯に含まれているのに、日本の山はどうして低いのだろう？」海底からの高さで考えると、日本列島も1万メートル近い山脈であることに気づかせる。

(5) 砂漠とは、どんなところだろう？

　砂漠と聞くと砂ばかりの大地をイメージするが、大部分は岩石砂漠である。岩が砕けて長い年月ののち砂の砂漠ができる。世界最大の砂漠であるサハラ砂漠（資料5）は907万平方キロメートルで、オーストラリア大陸よりも広い。岩のかけらの礫砂漠が70%をしめ、山地と岩石台地が約10%、砂の砂漠は20%程度しかない。

　サハラ砂漠はどんどん拡大している。以前の世界地図と比較すると、チャド湖が驚くほど小さくなっているのがわかる。湖のほとりで漁業をしていた人びとは仕事を失い、自然の干拓地では新たな農地が開かれている。

●「なぜ砂漠が広がったのだろう？」

　地球的規模での気候変動、干ばつ、乾燥化などの気候的要因だけでなく、人口増加、市場経済の発展、貧困などによって生じた過放牧、森林減少（薪炭材の過剰採取）、過耕作などの人為的要因によって、乾燥地域の脆弱な生態系の許容限度を超える状況が生じ、砂漠化がすすんでいる。自然だけでなく人間にも原因があることに気づかせたい。

　「その他の自然破壊についても調べてみよう」

(留意点) ･･････････････････････････

●世界の「大きい」が、いかに大きいか。日本と比較しながらイメージさせたい。数値だけでは実感がわからないので、地図を切り抜いて比較したり、写真やビデオなどを見せたりするとよい。

●広がる砂漠、減少する熱帯林、温帯では酸性雨、寒帯では温暖化の影響など、気の遠くなるほどの長い年月でつくられてきた地球の自然を、人類がごくわずかな時間で大きく変えてしまった。詳しく学習する時間はないが、問題意識を持たせることはできる。今後の社会科の学習で生かしていきたい。

（松本 賢）

資料3　アマゾンの衛星写真

（NASA）

アマゾン川の流域面積は705万平方キロメートル。オーストラリアの面積は769万平方キロメートル。

資料4　ヒマラヤ山脈

（NASA）

直径1メートルの地球儀を作ったとしても、世界最高峰のエベレストは0.7ミリメートル程度である。地球儀の表面は平らでつるつるしているが、実際の地球の大きさから考えると、山脈などの凹凸は誤差の範囲でしかない。

資料5　サハラ砂漠

（CC by Franzfoto）

8 世界の自然(2)気候

2時間

ねらい

●雨温図のしくみと書き方を理解する。
●雨温図をとおして、気温や降水量のちがいが気候の特色をつくりだすことに気づく。

授業の展開

(1) 雨温図の見方・書き方

　雨温図とは、月別の降水量（1か月の総雨量）を棒グラフで、月ごとの平均気温を折れ線グラフで記し、1年間の気温の平均と1年間の総雨量を記入したもの。

●「東京の雨温図（資料1）から、何がわかるだろう？」

・気温に変化がある　→四季があることを確認する。

・夏に降水量が特に多い　→米づくりの上で重要であることを押さえる。

・冬の平均気温が0度を超えている

●「世界のいろいろな都市の雨温図を書いて、東京の雨温図と比較しよう」

　地図帳などの統計を用いて、パリ・ローマ・ブエノスアイレスの雨温図を書かせる。東京とパリを比較し、パリのほうが夏と冬の温暖差や降水量の季節差が小さいことに気づかせる。パリの位置を地図帳で確認させ、札幌よりも緯度が高いのに暖かいことに気づかせる。これらの理由が、偏西風と北大西洋海流による西岸海洋性気候（パリ）と、季節風の影響を受ける温暖湿潤気候（東京）のちがいであることに気づかせる。

　東京とローマを比較し、ローマは夏に降水量が少なく、東京は夏に降水量が多いため、その影響で生活が異なることに気づかせる。

　東京とブエノスアイレスを比較すると、降水量のグラフだけ見て「ローマと同じ」という生徒が多い。気温のグラフから、暑いのが夏、寒いのが冬であることを確認し、夏に降水量が多くなっていることに気づかせる。そして、ブエノスアイレスの位置を地図帳で確認し、南半球であることに気づかせる。北半球と南半球は季節が逆であることを復習する。

〈まとめ〉「夏休みに○○に旅行する場合、どんな準備が必要か考えよう」

・パリの場合は「長袖の服」「傘は折り畳みで大丈夫」など。

・ローマの場合は「半袖の服」「雨具は必要ないかも」など。

・ブエノスアイレスの場合「長袖と防寒着」「傘は折り畳みで十分」など。

(2) 5つの気候帯

資料1　東京の雨温図

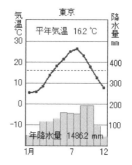

参考資料
インターネットを使って雨温図の作成ができるフリーソフト
www.nocs.cc/study/uonzu.htm
教材用にフリーに使える世界の雨温図、気候の統計資料
www.nocs.cc/study/uonzuwld.htm
教材用にフリーに使える日本各地の雨温図
www.nocs.cc/study/uonzujp.htm

〈各気候帯の復習〉「世界の人びと」の単元で学習した地域の写真や雨温図を見せ、それぞれの気候帯の特徴を復習させる。地図帳の気候区分の世界地図から、どのように分布しているか、気づいたことを発表させる。

〈まとめ〉

熱帯　…赤道周辺

乾燥帯…熱帯周辺、ユーラシア大陸・オーストラリア大陸の中央部

温帯　…中緯度　　冷帯　…北半球の高緯度の地域

寒帯　…南極、北極周辺

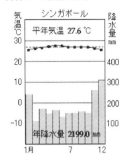

資料2　2種類の熱帯

● 「各気候帯をさらに分類しよう」

・雨の降りかたが異なる2種類の熱帯……年中多雨のシンガポール（熱帯雨林気候）と、雨季・乾季のあるバンコク（サバナ気候）の雨温図のちがいに気づかせる（資料2）。

・雨が降れば緑が育つ乾燥帯……教科書の砂漠とステップの写真を比較し、「ちがいは何だろう。理由は？」（「雨の降るところと降らないところ」）「人が住めるのはどちらだろう？」（「ステップ」）

「砂漠でも人が住んで生活している場所があります。地下水がわく場所は『オアシス』になります」

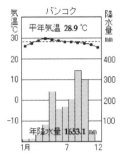

(3)「気候と人口密度の関係を考えよう」

●「人口密度が高いのはどのあたりだろう。そこはどの気候区分だろう？」

　世界の人口密度の地図（資料3）を見せ、アジア州（中国、インドなど）やヨーロッパが人口密度が高いこと、それらの地域は温帯で、四季が明確で過ごしやすい気候であることに気づかせる。また、四大文明が起こった地域と重なることにも気づかせたい。

資料3　人口密度の分布地図

(Wikipedia「World_population_density_1994.jpg」)

●「人口密度が低いのはどのあたりだろう。そこはどの気候区分だろう？」

　オーストラリアの内陸部やアフリカ北部は乾燥帯で砂漠が広がっているため、カナダ、シベリアは亜寒帯、寒帯で寒さが厳しいため、いずれも人が生活しにくい気候であることに気づかせる。

　人口密度の高低は気候と密接に関連している。また、その地域の地形や気候などの自然環境だけでなく、人びとを養う食糧生産、社会や経済の情勢など、さまざまな条件が影響を及ぼしていることにも気づかせたい。

┌─────────┐
│ 留意点 │
└─────────┘ ....

●総論（気候区分）と各論（各気候帯）どちらを先に教えてもよいが、「世界の人びと」の単元の各地の気候と関連づけて指導する。

●「世界の諸地域」の学習でも気候（雨温図）にふれるので網羅しなくてもよい。特徴的な気候と生活のむすびつきを考えさせたい。写真や動画で、気候と風景を関連づけて考えさせるとイメージしやすい。　　（松本 賢）

9 世界の国ぐに(1)
こんな国知ってますか?

ねらい

● パズルやゲームに頼りがちな国名学習を、地理的な世界認識の入り口に
つながるようにし、世界の国ぐにへの興味・関心を高める。

授業の展開

(1) ワークシートで課題を出す

● 世界のさまざまな地域から 10 か国ていどの国の具体的な歴史・政治・
経済・文化などの特色を紹介したクイズ形式のワークシート（資料 1）
を前もって配り、調べてくるように課題を出す。

(2) ワークシートの答え合わせをする

● 班ごとにワークシートの答え合わせをし、全体で国名と位置を地図帳で
確認する。正解した子どもに「どうやって調べたか」を聞き、クラス全
体で共有する（最近はインターネット検索や電子辞書が多いが、ほかに
テレビ番組で見た、親やきょうだい、塾の先生に聞いたなど）。

(3) 出題した国の「種明かし」

● それぞれの国をなぜクイズに出したのかについて、その「種明かし」を
しながら国名学習を深め、今後の世界の諸地域の学習への意欲を引き出
し、期待感を高める。たとえば、

・シンガポール→国全体を観光資源にしている。この罰金は観光客にも適
用されている。華人とは。中華系住民。

・ツバル、キリバス、モルディブ→地球温暖化による水没
の危機。スマトラ沖大地震で発生したインド洋大津波。

・キリバス→日付変更線。

・コートジボワール→「象牙海岸」という国名の意味（アフ
リカなのになぜ国名がフランス語なのか。ヨーロッパ人に
よる奴隷貿易と植民地支配の歴史）。逆に植民地時代の国
名を変えた例（ビルマ→ミャンマーなど）。

・イギリス→イングランドは国土の一部（一地方）にすぎ
ない。正式国名と領土、歴史のかかわり。国旗（ユニオ
ンジャック）の由来（資料 1）。

・コスタリカ→なぜ軍隊を捨てたのか。その結果、国内外の政治はどう変
わったのか。ほかに常設の軍隊のない国はどのくらいあるのか？（2008
年現在 27 か国）

ワークシート（1-9）

デジタル資料集

資料 1　ユニオンジャックの由来

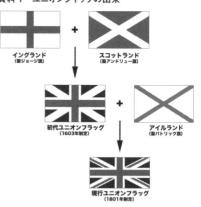

参考文献
前田朗『軍隊のない国家　27
の国々と人びと』（日本評論社）

資料1　クイズ「こんな国知ってますか?」（一部）

(1) 東南アジアにある淡路島とほぼ同じ面積の島国で，国民の4分の3は華人と呼ばれる中国系住民で占められ，街頭でタバコのすいがらやごみを捨てると平均的な国民の半月分の収入にあたる罰金をとられる国は？　　　　　　　[　　　　　　]

(2) 植民地時代にフランス人がつけた「象牙海岸」という意味のフランス語の名前が今でも国名になっている，アフリカ中部のギニア湾岸に面した国は？　　　　　　　　　　　　　　[　　　　　　]

(3) 南太平洋上にある，面積が世界で4番目に小さいサンゴ礁の島国で，地球温暖化による海面上昇で"世界で最初に沈む国"と呼ばれている国は？　　　　　　　　　　　[　　　　　　]

(4) 「イギリス」という国名は，国内の一部の地域（イングランド）をさすポルトガル語だが，では，国を構成する4つの地域がある島の名前をつなげたこの国の正式名称は？
　　　　　　　[　　　　　　]
また，この正式国名の略称をアルファベット2文字で書くと？　　　　　　[　　　　　　]

(5) スペイン語で「豊かな海岸」という意味の国名をもち，1949年に憲法を改正して軍隊の廃止を宣言し，このとき以来一切の武器や軍隊を持たなくなった中央アメリカの国は？　[　　　　　　]

(6) 世界でただひとつ，赤道と日付変更線とが交差しているため，北半球，南半球，東半球，西半球のいずれにも領土がまたがり，昨日と今日が同居していたが，1995年から国内全域を同一時間にしたため，西暦2000年をもっとも早くむかえた国は？　　　　　　　　　[　　　　　　]

(7) インド洋上にある国で，国土は約1000のサンゴ礁の島々からなり（そのうちの800は無人島で最高地点が海抜3.5 mしかない），2004年のスマトラ沖大地震で発生した大津波で大きな被害を受けた国は？　　　　　　[　　　　　　]

(8) 第二次世界大戦後，アメリカの核実験場に使われてきた太平洋中西部のミクロネシア（「小さい島々」という意味）にあり，1981年に世界初の非核憲法（戦争に使用することを目的とした核兵器などを一切認めない）をつくった国は？

　　　　　　　[　　　　　　]

解答：(1)シンガポール　(2)コートジボワール　(3)ツバル　(4)グレートブリテンおよび北部アイルランド連合王国。略称はU.K　(5)コスタリカ　(6)キリバス　(7)モルディブ　(8)パラオ（ベラウ）※その後1993年の住民投票で非核条項を凍結

デジタル資料集

・シエラレオネ→アフリカの内戦と飢え。ここから、ルワンダ、スーダン、エチオピアなどにもつなげられる。子ども兵士の問題（精神障害、薬物など）。南北問題。

・マーシャル諸島、パラオ（ベラウ）→核実験場にされた太平洋の島々の歴史（広島・長崎からビキニへ）。第五福竜丸。非核憲法。核被害者と核廃絶。ビキニ環礁（ブラボークレーター）が原爆ドームなどと並んで負の世界遺産に。
それぞれ地図帳を使って位置を確かめる。

留意点 ....

● 「世界の諸地域」の学習への導入として位置づけ、教科書であつかっているかどうかにかかわりなく、導入にふさわしいと思われる国を意識的に選ぶようにする。

● もう1時間かけられるなら、とりあげた国に関連したビデオ映像などを見せて感想を発表させるなど、さらに学習を深めたい。　　（滝口正樹）

10 世界の国ぐに（2）
世界いろいろベスト5

1 時間

ねらい

● 世界の国ぐにのさまざまな指標のベスト5を調べ、それをもとに子ど
もたち自身の手で世界を読み解いていくきっかけをつくる。

授業の展開

(1)「世界いろいろベスト5」のワークシート（資料1）を事前に配布して
地図帳で調べさせ、最後のQ1・2以外の解答を班で答え合わせをさせ、
順番に指名して全体で解答を確認する。

(2) B6判の世界の白地図を必要な枚数だけ配布し、指標ごとに出てくる
ベスト5の国の位置を調べて白地図に着色し、ノートに貼っていく。

(3) ワークシートのユニセフ『子供白書』統計資料（資料2・3一部抜粋）
を見て気づいたこと（共通点など）を班で話しあわせ、各班の代表者に
話しあった内容を黒板に書かせる。

資料2　平均余命（2018年）

〈短い国〉		〈長い国〉	
①中央アフリカ	53	①日本	84
②チャド	54	スイス	84
ナイジェリア	54	②オーストラリア	83
シエラレオネ	54	アイスランド	83
レソト	54	イタリア	83
		韓国	83
		シンガポール	83
		スペイン	83
		スウェーデン	83
		フランス	83
		イスラエル	83

資料3　5歳未満児死亡率（千人当たり、2018年）

〈高い国〉		〈低い国〉	
①ソマリア	122（77）	①アイスランド	2
②ナイジェリア	120（75）	サンマリノ	2
③チャド	119（71）	フィンランド	2
④中央アフリカ	116（84）	日本	2
⑤シエラレオネ	105（78）	ルクセンブルク	2
※（　）内は、1歳未満の		キプロス	2
乳幼児死亡率			

(4) 黒板に書かれた内容を整理しながら、Q1・2の答えを全員で追究する。

〈Q1〉乳幼児死亡率、児童労働の比率が高く、成人識字率が低く、平均余
命の短い国は、世界のどんな地域に多いか。（「アフリカやアジアの一
部」）

〈Q2〉Q1と正反対の国は、世界のどんな地域に多いか。（「ヨーロッパや
日本」）

(5) 生徒が気づかなかったことや出てこなかった問題（たとえば、南北問
題、南南問題など）を補足し、「これらの疑問・課題に、3年間の社会
科学習を通じて一緒にせまっていこう」と呼びかける。

(1) 日本についての基礎データ

面積：約① [　　　　　　　] 万km² （北方領土を含む）

　　　世界で [　　　] 番目

人口：約③ [　　　　　　　] 万人

　　　世界で④ [　　　　] 番目

人口密度：⑤ [　　　　　] 人/km²

(2) 面積の大きい国ベスト5

① [　　　　　　　] （1710万km²）

② [　　　　　　　] （998万km²）

③ [　　　　　　　] （983万km²）（五大湖を含む）

④ [　　　　　　　] （960万km²）

⑤ [　　　　　　　] （852万km²）

(3) 面積の小さい国ベスト5

① [　　　　　　　] （0.44km²）

② [　　　　　　　] （2.02km²）

③ [　　　　　　　] （21km²）

④ [　　　　　　　] （26km²）

⑤ [　　　　　　　] （61km²）

(4) 人口の多い国ベスト5

① [　　　　　　　] （約14.2億人）

② [　　　　　　　] （約12.9億人）

③ [　　　　　　　] （約3.2億人）

④ [　　　　　　　] （約2.6億人）

⑤ [　　　　　　　] （約2.1億人）

(5) 人口の少ない国ベスト5

① [　　　　　　　] （約600人）

② [　　　　　　　] （約1万人）

　 [　　　　　　　] （約1万人）

　 [　　　　　　　] （約1万人）

　 [　　　　　　　] （約1万人）

(6) 人口密度が高い国ベスト5

① [　　　　　　　] （18469人/km²）

② [　　　　　　　] （7804人/km²）

③ [　　　　　　　] （1931人/km²）

④ [　　　　　　　] （1707人/km²）

⑤ [　　　　　　　] （1510人/km²）

(7) 人口密度が低い国ベスト5

① [　　　　　　　] （2人/km²）

② [　　　　　　　] （3人/km²）

　 [　　　　　　　] （3人/km²）

　 [　　　　　　　] （3人/km²）

　 [　　　　　　　] （3人/km²）

※解答はデジタル資料集に収録

デジタル資料集

留意点

● Q1のグループには、ほかに中・南アメリカ（ラテンアメリカ）の開発
途上国も入ること、同じくQ2のグループには、ほかにアメリカ・カナ
ダ・オーストラリアなどの先進工業国も入ることを補足する。

（滝口正樹）

| 発展学習 | 世界の子どもたちは、今（1）
働かされる子どもたち | 2時間 |

ねらい

● 開発途上国の子どもたちの多くが、貧しさから学校に行けず、働かされ
たり（強制労働）、働きながら学校に通ったりしているすがたを学ぶこと
を通じて、子どもの目線で「世界に目を開く」きっかけをつくる。

● この児童労働の問題に「KIDS CAN!」（子どもだからこそできるんだ）と
立ちあがったカナダの12歳の少年クレイグと子どもたちを出会わせ、ク
レイグの生きかたから、子どもだからこそできることがあることを学ぶ。

授業の展開

(1) 児童労働の実態

● 児童労働の写真（資料1）を見せて、「このように働かされている子ど
もたちが、世界にはどのくらいいると思う？」と問いかける。（答え：
約2億1800万人〔5〜17歳〕これは世界の子どもの9人に1人にあたる。
2017年ILO統計）

読み物資料（資料2）を提示して、児童労働の実態をおおまかにつかむ。
「では、きみたちと同じように15歳までは働かなくてよいように法律で
守られ、学校に来て教育を受ける権利を保障されている子どもは、世界中
の子どもたちの何％くらいだと思う？」と問いかけ、指名して予想させ、
出た予想数値のどれを支持するか、クラス全体で挙手させてみる。（答え：
20％くらい）

(2) フリー・ザ・チルドレンの誕生

● 「この児童労働問題に、当時きみたちと同じ12歳だったカナダの少年が
とりくみ、『フリー・ザ・チルドレン』（略称FTC）というNGO（民間の
国際支援団体）を立ちあげたんだ。誰だか知っ
てる？」（答え：クレイグ・キールバーガー）

「このクレイグのことをあつかった映像を2つ
見てみよう。ひとつめは『世界を動かした12歳
〜クレイグ・キールバーガーの奇跡』（『奇跡体
験！アンビリバボー』2000年9月フジテレビ放
送）という映像です」

「しかしこの映像では、すべてクレイグがひと
りでやったかのように描かれています。実際は、
さまざまな大人がクレイグをサポートしています

資料1 児童労働のようす

（©FTCJ）

資料2 児童労働の現状（読み物資料）

資料3 5〜17歳の子どもの人口と労働人口の推移

（単位：100万人）

	2008年	2012年 （増減率）	2016年 （増減率）
子どもの人口	1586.2	1583.4 (-0.02%)	1579.8 (-0.02%)
就労児童	305.6	264.4 (-2.6%)	218.0 (-2.9%)
児童労働	215.2	167.9 (-3.0%)	151.5 (-1.0%)
危険労働	115.3	85.3 (-1.9%)	72.5 (-0.8%)

出典：ILO（2017）"Accelerating action against child labour" を元に作成。
（NGO「ACE」のホームページより）

- "はじまりの日" ──それはある新聞記事からはじまった

  1995年4月19日朝、カナダ・トロント。クレイグ少年は、毎朝新聞のマンガを読むのが楽しみだったが、その日はちがっていた。「12歳！　僕と同じじゃないか！」その日の新聞には「児童労働者の少年（12歳）殺される」という見出しで、次のような記事が載っていたのである。

  「パキスタンで児童労働に抗議をしていた少年が何者かに殺害（射殺）された。彼の名はイクバル・マシー、12歳。自らも経験した苛酷な児童労働に反対しつづけていた（4歳のとき貧しさのため両親にじゅうたん工場に約16ドルで売られ、6年間1日12時間強制労働をさせられていたが、その後工場の脱出に成功し、児童労働の恐怖を訴えて世界中をまわった）。母国にもどったイクバルは、日曜日、ラホール市の東35マイルの地点で友人とサイクリング中に、何者かに狙撃、殺害された。犯人は彼の活動をねたむ工場関係者との見方も出ている。」その記事が、クレイグの運命を大きく変えたのであった。

- 「フリー・ザ・チルドレン」（FTC）の誕生

  クレイグは記事を見て思いついたことをクラスで提案した。

  「僕たちよりもっと幼い子どもたちが、両親と離れ離れになって、学校へも行けずに働かされている。こんな悲惨な児童労働の実態を多くの人に知ってもらいたいし、なくさなければいけないと思うんだ。そこでグループをつくって、みんなで活動するのはどうかと思って。やってみたい人はいますか」

  しかし、賛同してくれる生徒は数えるほどしかいなかった。それでもクレイグはあきらめなかった。わずか数人の同級生とともに、両親の了解を得て自分の部屋を拠点（事務所）にし、子どもたちだけで活動を起こした。まず、クレイグらは、世界のリーダーや企業・団体に手紙を書き、実情を訴えた。そしてクレイグは、集めた新聞記事からキーワードを探し、子どもを解放するという意味の言葉、「フリー・ザ・チルドレン」とこのグループを名づけた。

（詳しくは資料4の解説参照）。そこで、カナダのテレビ局が編集したもうひとつの映像『強制労働から子どもを救え！〜クレイグの南アジア訪問の旅』（1999年NHK-BS放送）で、クレイグの実像にせまってみよう」（映像は2つともフリー・ザ・チルドレン・ジャパン〔FTCJ〕で入手可能）

- 「クレイグについて学んだ感想を自由に書いて発表してみよう」

▶▶▶フリー・ザ・チルドレン・ジャパン（FTCJ）
http://ftcj.org/

参考文献
クレイグ・キールバーガー『キッズパワーが世界を変える』（大月書店）
同『僕たちは、自由だ！──クレイグ少年の南アジア50日間の冒険記』（本の泉社）
滝口正樹『人間を育てる社会科』（地歴社）

［留意点］

- FTCの活動目標が、「①貧困や搾取から世界の子どもを解放すること」だけでなく、「②子どもには社会を変える力などなく、しょせん何もできない、という考えから子どもを解放すること」にある点が、とりわけ重要である。

- 時間があれば、クレイグの活動に共感し日本でFTCJを立ち上げた中島早苗さん（現在は代表理事）も紹介したい。FTCJを通じて講師を学校に呼ぶこともできる。

- SDGs（持続可能な開発目標）には、児童労働に終止符を打つという世界的な約束を新たにすることが含まれている。

- 格差や貧困問題をあつかったドキュメンタリー番組をチェックしておくと、児童労働の実態や撲滅のための取り組みなどが紹介されることがある。

（滝口正樹）

世界の子どもたちは、今(2)
劣化ウラン弾に苦しむ子どもたち

2時間

ねらい

● いつの時代でも、戦争のなかで犠牲になるのが子どもたちや一般の人びととであることを、イラク戦争やアフガン戦争を通じて具体的に学ぶ。

● 劣化ウラン弾問題を通じて、核問題(核兵器、放射線の影響、原発と放射性廃棄物など)の学習の入門とする。

● 森住卓(フォトジャーナリスト)や中村哲(医師)といった人びととの「非暴力・平和」の活動をとりあげ、彼らの生きかたから学ぶ。

授業の展開

(1)「劣化ウラン弾」とその影響

　ドキュメントコミック『汚れた弾丸／アフガニスタンで起こったこと』(講談社)の一部や、森住卓氏の写真集、映像などを見せて、「劣化ウラン弾」とその影響について学習し、板書にまとめる。

〈板書〉

> 劣化ウラン弾……核兵器や原発の燃料をつくるときに生まれる「劣化ウラン」という"核のゴミ"(強い毒性をもつ放射性廃棄物)を利用した弾丸("汚れた弾丸"と言われている)
>
> ・湾岸戦争(1991年)のときに初めてアメリカ軍が劣化ウラン弾を使用(2003年のイラク戦争でも大量に使用)
>
> ・劣化ウラン弾の残留放射線が原因と思われるがんや白血病などの健康障害が引き起こされたり、手の指の欠損などの障害をもった子どもが生まれたりしている(アメリカ兵の子どもにも)

● コミックに掲載されている「アメリカで開催された森住卓の写真展に対する感想」の例を紹介する。

〈写真展を見たアメリカ人の感想〉

・「アメリカのメディアは劣化ウラン弾が使用されていることをけっして報道しません。この展示は劣化ウラン弾のことを人びとに知らせることに役立ち、恐ろしい問題になっていることを知らせてくれました」

・「私はウラニウムや原爆が人体にもたらす影響について、とくに日本で起きたことについて勉強したことがあります。『サダコと千羽鶴』という本は中学生向けのとてもよい本でした。しかし多くの人が放射能について意識が低く、被害者の身の上に起きたことをよく理解できていない

三枝義浩『汚れた弾丸／アフガニスタンで起こったこと』(講談社)※現在は電子書籍のみ

参考文献
森住卓『核に蝕まれる地球』(岩波書店)世界の核実験場被害の取材をまとめた写真集。
同『イラク・湾岸戦争の子どもたち』(高文研)
佐藤真紀編著『ヒバクシャになったイラク帰還兵』(大月書店)

のは問題で、とりくみが必要です」

・コミックや写真集、映像などを見て感じたこと・考えたことを書いて発表させる。

(2) 中村哲医師とペシャワール会の活動

●時間があれば、同じコミックに収録されている『アフガニスタンで起こったこと～不屈の医師　中村哲物語』もとりあげ、あわせてDVD『アフガンに命の水を～ペシャワール会26年目の闘い』(2009年、現在は絶版)や『荒野に希望の灯をともす～医師・中村哲　現地活動35年の軌跡』(2021年) もぜひ視聴させたい。コミックには、たとえばこんな場面がある。

・元ゲリラ兵が中村哲の診療所にいきなり銃を持って入ってきて、身内の急患の診察を強要したとき、診療所の現地スタッフ（アフガン人）の一人が元ゲリラ兵を殴りつけた。すると中村哲が「医療にかかわる者が暴力をふるうとはなにごとか!!」と一喝する。1時間後、元ゲリラ兵が仲間を集めて仕返し（銃撃）してきた。それに応戦しようとするスタッフたちに向かって、中村は「やめないか。銃を撃ってはならん。仲間も呼ぶな」「しかしドクター、このままでは我々は殺されますよ。ドクターは我々が皆殺しにされても抵抗しないというんですか」「そうだ。皆殺しにされてもだ。私たちは人を殺しに来たんじゃない。人の命を守るためにここにいる。鉄砲で脅す奴は卑怯者だ。それに脅えて鉄砲を撃つ奴は臆病者だ。君らの臆病で迷惑するのは明日の診療を待っている患者たちなんだぞ」「……」

・また、コミックに収録されているインタビューの中で、中村は「正義の戦争というのは基本的にないですね。暴力を使わないほうが勇気が要るんですよ。本当はそっちのほうがかえって強い自衛になる」と発言している。このような、「テロとの戦い」（暴力にはより大きな暴力で対抗する）の対極にある、中村の徹底した「非暴力・平和」の精神を子どもたちに学ばせたい。中村はDVDの中で、自分たちが25年間アフガニスタンでやってきたことは「国際貢献」ではなく「地域協力」だとも述べている。

・中村医師は2019年12月、現地で何者かに銃撃されて亡くなった。その事実は、彼の行動や非暴力の信念を否定するのか。生徒たちに議論させたい。

ペシャワール会は、中村哲医師らによるパキスタン北西辺境州、アフガニスタンでの医療活動を推進するために設立され、その遺志を継いで募金活動および医薬品・医療器具等の輸送、ボランティアワーカーの巡遣等の活動をおこなっている。
www.peshawar-pms.com/

留意点・・・・・・・・・・・・・・・・・・・・・・・・・

●事前に『汚れた弾丸／アフガニスタンで起こったこと』を読ませる課題を出しておくと、子どもたちの授業への興味関心がいっそう高まる。

●DVDに付いている解説に収録されている中村の文章（「ここにこそ動かぬ平和がある」）も、すぐれた教材になる。　　　　（滝口正樹）

参考文献
滝口正樹『中学生の心と戦争』
(地歴社、2004年)

人びとの生活と環境（調べ学習）

ねらい

●教科書理解を中心とした授業に代えて、グループワークによる調べ学習・発表学習によって、世界各地のさまざまな環境で生活している人びとの現状と課題を理解する。多くの生徒に関心をもってもらえるように発表の仕方も工夫させる。

●衣食住を中心に、人びとの生活の工夫に注目しながら、自然条件だけにとどまらず、文化や歴史を踏まえて近年の変化とその背景にも関心をもつ。

活動計画（全7時間）……グループ作業にはもう少し時間が必要

　第1時　オリエンテーション（説明とグループ分け）

　第2～3時　グループ作業、発表打ち合わせ

　第4～6時　発表活動（1グループ15分×3グループ）

　第7時　まとめの授業

ワークシート（1-ex）

授業の展開

(1) 取り上げる地域とおもな課題（2018年度の実践から）

　①イヌイットの暮らし　　　　　　　…寒帯の先住民、近年の生活の変化

　②シベリアの人びとの暮らし　　　　…冷帯、永久凍土への温暖化の影響

　③イタリアの人びとの暮らし　　　　…温帯（地中海性気候）

　④サウジアラビアの人びとの暮らし　…乾燥帯（ステップ気候）、遊牧から定住へ

　⑤ケニアの人びとの暮らし　　　　　…熱帯（サバナ気候）、近年の変化

　⑥インドネシアの人びとの暮らし　　…熱帯（熱帯雨林気候）

　⑦フィジーの人びとの暮らし　　　　…熱帯（海洋性気候）、海面上昇の危機

　⑧ペルーの人びとの暮らし　　　　　…高山気候

　教科書で取り上げている地域にこだわらず、グループの数と資料の有無によって適宜調整する。温帯では韓国、乾燥帯ではモンゴル、熱帯ではサヘル地帯など、生徒に関心をもたせやすい地域や地球規模の課題につながる学習になるよう工夫したい。

(2) 調べ方、まとめ方、発表の仕方

・タブレットやPCを利用するのは構わないが、できれば図書館の本を活用したい。資料の信頼性とともに、変化や課題など全体が見える資料で調べたい。

・資料の準備には図書館司書の協力が不可欠である。授業の趣旨を理解いただき、近隣の図書館からも蔵書の提供を依頼したい。

・4～5人のグループを作った場合、一人1テーマを分担する。①衣服、②食事、③住居、④歴史・文化・宗教、⑤近年の変化と課題、など。

・まとめ方は、一人1枚の「発表用紙」を配り、手書きで記入する。PCを使えればワードやパワーポイントなどで共通書式を作って入力など、環境によって工夫する。

・まとめる際に各自1テーマに1枚の写真を選ばせ、発表の際に提示できるようにする。写真は必要に応じてコピーを取るか、画像を撮影して取り込ませる。

・発表には書画カメラやPCをつないだテレビ画面を使う前提で、「まずこの写真を見てください」から始めることを共通の約束にし、文章をまとめさせる。

・個別のまとめが終わったらグループで発表し合い、用語の確認やまとめた内容について意見交換をしておく。

・発表は一人2〜3分、1グループ15分程度とし、最初に必ず世界地図の掛け地図や地図帳などで場所を確認し、雨温図があればそれも紹介させたい。

・板書は、初めて知る地名や用語を書く程度とする。最後に質問の時間を1〜2分とる。必要に応じて教師のコメントを入れたい。

・発表を聞く側は、「まとめ用紙」を元にテーマごとにメモをとる。メモの内容に個人差が出るが、あとでグループで共有するようにする。

(3) まとめの授業

　各自のまとめ用紙を使って記入した内容をもとに、①伝統的な衣食住は何で決まるか、②近年の変化はなぜ起こったかについて、共通点をさぐる。環境は違っても、それぞれの地域で生きる知恵を身につけてきたことや、欧米による植民地化、貿易や移動による文化のグローバル化などによって衣食住の欧米化がすすみ、地域独自の文化が失われてきたことなど、歴史的な変化や課題を見つけることができるだろう。多くの疑問を残して、このあとの州別学習に生かしていきたい。

留意点

●個別にまとめる文章は、どうしても本の丸写しになりがちで、意味もわからず書いている場合が多い。教師が事前にすべてをチェックする余裕はないので、各グループでの読み合わせで用語の意味などを確かめさせたい。

●取り上げた地域の場所や雨温図なども確認させ、写真を活用して、その地域の風景や生活のようすを理解できるようにしたい。コピー機の活用や画像取り込みを教師の管理下ですすめたい。

●気候や地形などの自然条件が人びとの生活に大きな影響を与えている一方で、歴史的・文化的な変化の背景に注目させ、植民地支配の歴史や近年の気候変動などにも目を向け、今後の学習につなげていきたい。

（石戸谷浩美）

世界の諸地域

1 アジアの国ぐに（1）朝鮮半島
「近くて遠い国」韓国と北朝鮮

2時間

ねらい

● 歴史認識等をめぐり日本と韓国の外交関係は悪化したが、K-POPやドラマ・映画・料理・化粧品などの人気から、韓国に親近感を持つ生徒も多い。北朝鮮に対しては、「拉致・核・独裁・飢餓」のイメージが強い。日本の植民地支配の歴史とともに、韓国と北朝鮮との関係も考える。

● 朝鮮半島が南北に分断された歴史的背景を考える。

授業の展開

(1) 韓国の食文化と「韓流ブーム」

● 東アジアの地図を見せ、「日本に一番近い国はどこですか？」「何半島にありますか？」と問う。（「韓国」「北朝鮮」「朝鮮半島」）

「正式な国名は？」（「大韓民国」「朝鮮民主主義人民共和国」）

「教科書や地図帳から、それぞれの国の総人口と、首都の名前・人口を調べましょう」（「韓国は約5160万人、ソウル、約1000万人」「北朝鮮は約2518万人、ピョンヤン、約258万人（2008年）」）

● 「みんなが食べたことのある韓国・朝鮮料理にはどんなものがありますか？」（「キムチ」「ビビンバ」「韓国のり」など）

「韓国の文字を知っていますか？」（「ハングル」）「韓国の映画やドラマ、音楽が好きな人はいますか？ 知っている俳優やグループをあげてみよう」と問いかける。自由に発表させたあと、次の事項を紹介する。

2002年　日韓ワールドカップ（アジア初・21世紀初・初の2国共同開催）
2003年　日本で「冬のソナタ」（NHK）放映　〈韓流ブームおこる〉
2010年　K-POP、KARA、少女時代などが若者に大人気　〈第2次韓流ブーム〉
2018年　韓国グルメ・化粧品などSNSから第3次韓流ブーム
2020年　ドラマ「愛の不時着」が人気に　〈第4次韓流ブーム〉

　2013年8月15日、世界的に人気を誇るBTS（防弾少年団）のリーダー、キム・ナンジョン（RM）が公式Twitterに「今日は光復節。歴史を忘れた民族に未来はありません」と投稿した。「『光復節』は『独立を記念する日』ですが、日本では『終戦記念日』です。1945年8月15日の受け止めかたが、韓国と日本でちがいがあるのはなぜなのでしょうか」

(2) 韓国とアジアNIEs、ソウル市への一極集中

● 「韓国の2018年輸出総額は中国、アメリカ、ドイツ、日本に次ぐ世界5位でした。韓国製の工業製品やメーカーを知っていますか？」と問い、サム

2020年の訪日韓国人は48万7900人（前年比91.3%減）。日韓関係悪化とコロナ感染症の影響であった。

スン、ヒュンダイ、LGなどが世界的企業に発展したことを説明する。「1970年代に“漢江（ハンガン）の奇跡”と呼ばれる急速な工業化をすすめた結果、何と呼ばれる地域になりましたか？」（「NIEs＝新興工業経済地域」）「88年にはアジアで2度目のオリンピックをソウルで開催できるまでになりました」

● 「教科書や地図帳の資料で、韓国の工業生産高で上位を占めるものは何か調べよう」と問い、発表させる。造船24.8％（3位、2018年）携帯電話3.6％（3位、2015年）自動車4.7％（6位、2016年）

● ソウル市の人口は、1975年の680万人から、91年1092万人、2020年に991万人となった。「国民の何人に1人が首都に暮らしていることになりますか？」（「5人に1人」）「面積は全土のわずか0.6％ですが、全人口の25％が集中。ソウル首都圏には国民の約半数近くが住み、日本よりも集中がすすんでいます」

・一方で第二の都市である釜山（プサン）は400万人から346万人（2018年）に減少、人口の85％が都市部に住み、日本以上に農村の過疎化がすすんでいることを話す。

資料1　外国人人口に占める国籍別の割合の推移（2005年～2020年）

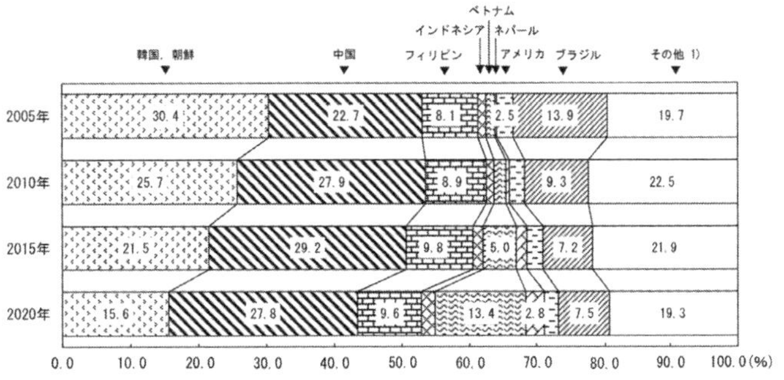

1）外国人のうち無国籍及び国名「不詳」を含む。

（総務省統計局「統計Today」No.180より）

資料2　戦後の朝鮮半島のあゆみ略年表

> 1945年　8月15日、日本はアジア太平洋戦争に敗北。同日は朝鮮では独立を取り戻した「光復節」。
>
> 1948年　米ソ対立（冷戦）で、南にアメリカが支援する大韓民国（韓国）、北にソ連が支援する朝鮮民主主義人民共和国（北朝鮮）が成立した。
>
> 1950年　朝鮮戦争が起こる。韓国では6月25日に北朝鮮軍が侵攻したとして「6.25戦争」と呼ぶ。同じ民族どうしが争う内戦となった。南側をアメリカを中心とする国際連合軍が、北側を中国軍が支援。3年間戦ったが決着がつかず、北緯38度付近を軍事境界線として休戦。およそ70年間、戦争状態が続き、現在も韓国の成人男性には徴兵制がある。

(3) 南北分断国家と在日韓国・朝鮮人

● 「日本に暮らす外国人で、2005年までもっとも多かったのはどこの人でしょう」と問い、**資料1**を示す。（「韓国・朝鮮」）「なぜ韓国・朝鮮籍の人が多いのですか？」と問い、略年表（**資料2**）を生徒に示し、「ひとつの国だった朝鮮は、なぜ南北に分かれて現在に至っているのでしょうか」と問い、調べさせる。

南北間にあるのは国境ではなく「非武装地帯」であることを確認する。

留意点

● ソウル五輪最終聖火ランナーは、1936年ベルリン大会での男子マラソン優勝者ソン・キジョン。彼が日の丸を胸につけて走らざるをえなかった事実などから、朝鮮半島が日本の植民地だった歴史を知らせたい。

● 絵本『非武装地帯に春がくると』（童心社）などから現在の緊張をつかませる。北朝鮮については情報が少ないので憶測での授業は避けたい。

● 地域に暮らす在日韓国・朝鮮人の数をあげるなど、身近な事実を例にして、隣国の学習の導入としたい。　（桜井千恵美）

「韓国籍」「朝鮮籍」について
日本の敗戦後、帰国できず日本にとどまった在日朝鮮人は、サンフランシスコ条約発効後、外国人登録の国籍欄に「朝鮮」と記入された。その後の日韓基本条約締結にともない韓国籍に切り替えた人と、韓国籍を選ばず朝鮮籍のままの人がいる（北朝鮮の国籍ではない）。「在日韓国人」「在日朝鮮人」と区別することもあるが、あわせて「在日韓国・朝鮮人」ないし「在日コリアン」ともよばれる。

2 アジアの国ぐに(2)中国
①身近な中国・広い中国

1 時間

ねらい

● 中国が身近な国であることを確認し、日本の25倍の面積をもつ広さが、気候や農業・食生活などのちがいをもたらしていることを実感する。

授業の展開

(1) 身近な中国

●「中国について、知っていることをあげてみましょう」(「人口が世界一」「漢字」「パンダ」「中華料理」「西遊記」「三国志」など)

「今もっている物のなかに『メイド・イン・チャイナ』はありますか?」(「100円ショップで買った消しゴム、ペンケース、ノート」「中国製の服、電化製品」「スーパーでも中国産野菜が売られていた」など)

「中国語で知っている言葉はありますか?」(「你好」「謝謝」)

「次の中国語は、どんな意味でしょうか」とクイズを出す。

・手紙（トイレットペーパー）　　・汽車（自動車）

・机器猫（ドラえもん）　　・足球小将翼（キャプテン翼）

(2) 5つの気候帯のすべてがある中国

●「チベットのラサと青海省西寧をむすぶ西蔵鉄道の完成で、北京からラサまで直通でかかる時間はどれくらいになったでしょう?」

A) 48時間　　　B) 24時間　　　C) 12時間　　　（答え：A）

「丸2日間ですね。中国の面積はどれくらい?」(「960万平方キロメートル」)「世界4位の広さをもつ中国には、どんな気候帯が分布するか、地図帳や教科書で調べましょう」(資料1)

「5つの気候帯すべてがありますね。砂漠や山脈・山、高原の名前をあげてみよう」(「タクラマカン砂漠、ゴビ砂漠」「ヒマラヤ山脈、テンシャン山脈、クンルン山脈」「世界最高峰チョモランマ」「世界一高い高原・パミール高原」)

「大河・長江の長さは? 日本最長の信濃川の何倍でしょう」(「6380キロメートル、17倍」) 中国文明の発祥地である黄河は5464キロメートル。

(3) 世界最大の農業生産国、それでも不足する食糧

●「中国の食糧生産はどれくらいでしょうか?」と問い、資料2を示す。

「米、ジャガイモ、小麦、豚肉は世界で第何位で

資料1　中国の気候分布

熱帯	ハイナン島、中国南部
乾燥帯	タクラマカン砂漠、ゴビ砂漠
温帯	華北・華中
亜寒帯	中国東北部
寒帯	高山地帯

資料2　世界の農産物生産と中国のシェア（2018年）

品目	世界（万トン）	中国のシェア(%)	順位
米	7億8200	27.1	1位
ジャガイモ	3億6825	24.5	1位
小麦	7億3518	17.9	1位
豚肉	1億2088	44.7	1位

（『中学校社会科地図』帝国書院、令和3年版統計から）

すか？」(「1位」)

「資料2からもわかるように中国は世界一の農業大国です。**資料3**から2015年と2019年の生産高を比較してみましょう」

「他方で、2019年の農産物輸入は、大豆354.2億ドル、豚肉82.28億ドルなど、総額で世界第4位の輸入大国でもあります」

資料3　中国の農産物生産高（万トン）

	2015年	2019年	2015年比
米	21,214	20,961	98.8%
小麦	13,264	13,360	100.7%
豚肉	5,645	4,255	75.3%

（農林水産省「中国の農林水産業概況」2021年）

●「みんなが知っている中華料理を挙げてください。中華料理といっても地域によってちがいます。教科書や資料集から調べましょう」と問いかけ、北京・上海・広東・四川の4大料理を白地図に書き込ませる。

資料4を示し、中国大陸の地図と照らしあわせ、「このちがいは何によるものか、気候と降水量のグラフから考えましょう」と問いかける。

資料4　4大中華料理

北京料理	寒く乾燥した地域 → 油を使った濃い味
上海料理	海と長江の魚介類を豊富に使った料理
広東料理	暑い地域 → 淡白な味
四川料理	夏が蒸し暑い盆地 → 辛味が強い

「主食については、北部は小麦で、中南部は米が主食。肉は豚肉が主ですが、西部（シルクロード）では羊をよく食べます」と説明し、教科書や地図帳の農牧業分布図と照らしあわせる。

「気がついたことはありますか？」(「南北、東西でちがう」「麻婆豆腐が辛いのは四川料理だから」「八宝菜は上海料理だ」「餃子の種類も多そうだ」)

留意点 ....

●漢字の発達から、古代からの中国と日本との関係を知らせたい。今から3500年前の殷の時代に作られた甲骨文字が、後漢時代の楷書に変化した。漢の時代の文字だから「漢字」ということを説明して導入としたい。

●身近なスーパーなどで、中華料理の食材や中国産の食べものを調査すると、私たちの生活が「中国産」に支えられていることがわかる。

●世界最大の農業大国ながら、農産物輸入が増えている今の中国農業の問題点に気づかせたい。　　　　　　　　　　　（桜井千恵美）

ねらい

● 14.1億人という世界一の人口をもつ中国。さまざまな言葉があること
  などから、多民族国家であることを理解する。
● 人口抑制のための「1人っ子政策」を取りやめたが、その政策が中国の
  人口問題に与えた影響を考える。

授業の展開

(1) 多民族国家・中国

● 資料1を見せ「これは何ですか？」と問う。(「中国
  の紙幣」)

資料1　中国の紙幣

「裏面を見てください。気づいたことはありますか？」
(「漢字以外の文字がある」)「チョワン語、モンゴル語、
チベット語、ウイグル語です」

漢語とあわせて5言語を公用語とする多民族国家であ
ることを確認し、一番人口の多い民族は何か、いくつの
民族で成り立つかを地図帳などで調べさせる。(「漢民族が92
％で、残りの8%が少数民族」「でも、少数民族は55もある」)

1角（1元の10分の1）紙幣
には少数民族の肖像が描かれ
ている。

・チョワン族約1600万人、満州族約1100万人など。少数
  民族だけでも合わせると日本の人口と同じくらいである。
  その居住地域は中国全体の64％で、多くは高地・乾燥
  地・山間部。人口密度は100人／平方キロ以下であることを説明する。

● 「民族によって、宗教も食生活も異なります。漢民族は仏教・道教・儒
  教が中心。西部のウイグル族やチベット族は、何を信仰する人が多いで
  すか？」(「ウイグル族はイスラム教、チベット族はチベット仏教」)

・食生活の面でも、ウイグル族はイスラム教なので豚は食べず羊を食べる。
  漢民族にとっては「肉」といえば豚である。

(2) 中国が直面する急激な少子化

● 「人口を抑えるために1979年から中国政府が採った政策は何か、教科
  書で調べよう」(「1人っ子政策」)「人口が増えて困るのはどんなことで
  すか？」(「食糧不足」「仕事をさがすのが大変」「教育問題」など)

「しかし、急激な少子高齢化に直面し、2016年に『1人っ子政策』を廃
止、一組の夫婦が2人の子どもを持つことができるようにしたが、出生率
は上がらなかった。なぜだと思いますか」(「教育費が高い」「育てる費用が

かかるのではないか」)

「人口が多い都市部での生活費の上昇も要因のひとつです。普通の世帯で子ども1人を育てるのにかかる費用は、2005年は49万元でしたが、2020年は199万元となっています」

「資料2には無戸籍の子どもが増えているとあります。どんな子どもが無戸籍になるのでしょう？」(「女の子」)
「ヤミっ子（黒孩子）と言われる無戸籍の子どもが、中国全土で1500万人いるといいます」

「中国国民省によると、2020年婚姻登録数は813万組で、2019年から12.2%減少しました。また、国政調査によると、20〜40歳では男性が女性よりも1700万人上回り、男性の結婚相手がいない状況になっていると言えます」

(3) 貧富の格差の拡大

●「教科書を見ると、中国の人口は沿岸部に集中し、内陸部は少ないですね。その理由を中国の都市人口の変化（資料3）から考えてみましょう」

資料3　中国の都市人口の変化

年	都市部	農村部	総人口
1960	18.7%	80.3%	6.6億人
1980	18.4%	80.6%	9.8億人
2000	36.2%	63.8%	12.6億人
2018	59.6%	40.4%	13.9億人

「1980年代からの工業化の進展による経済格差の結果と言えます」
　1人あたりの地域別総生産＝沿岸部6万元以上／新疆ウイグル自治区4万〜5万元／チベット自治区4万元未満（『中国統計年鑑2017年版』、東京書籍『新しい社会地理』令和3年版より）

資料2　中国の戸籍

中国では、人びとは生まれた町や村の戸籍（住む地域により都市戸籍か農村戸籍になる）に自動的に入り、以後自由に住居を移せない。戸籍固定化の目的は、農業生産の労働力の安定供給である。勝手に他の町に移動した場合、住居・医療・食料の配給を受ける権利を失い、小中学生の転校も認められない。農村では男子が求められ、無戸籍の子どもも増えているという。

留意点

● 1979年に導入され、2016年に廃止された「1人っ子政策」の功罪を考えさせたい。

●チベットやウイグルなどの少数民族をめぐる問題は、経済格差も背景にある。少数民族の自治を認めた「自治区」があるが、「省」ではなく、漢民族との格差が社会問題になっている。2000年から実施された地域格差解消のための「西部大開発」で、2020年チベット自治区の1人あたりGDPは5万2157元となったが、最大都市上海の14万9500元の約3分の1である。政府は少数民族に対し、①出産制限をしない、②大学受験の特別枠を設ける等の優遇策をとっていることも押さえたい。

（桜井千恵美）

4 アジアの国ぐに(2)中国
③躍進する中国経済

ねらい

● 1980 年代から中国経済は発展し「世界の工場」とよばれるようになり、2010 年に日本を抜いて世界第 2 位の経済大国となった。経済発展が中国社会に与えた影響を考える。

授業の展開

(1) 躍進する中国経済

● 「中国は、2010 年に日本を抜いて世界第 2 位の経済大国になりました」「中国産の食品を食べたことがありますか？」「家に中国製の電化製品はありますか？」「学用品のなかで中国製のものは？」などと問う。

「中国の輸出総額は 1985 年で 313 億ドル、2008 年には 1 兆 4307 億ドル、2018 年 2 兆 4942 億ドルと急増しました。およそ何倍ですか？」(「80 倍」)

(2)「世界の工場」中国

● 中国の地図を生徒に見せ、シェンチェン（深圳）市を探させる。

シェンチェン市の人口 34 万人（1980 年）→ 811 万人（2010 年）→ 1190 万人（2019 年）

「1980 年から 2019 年でおよそ何倍に増えましたか？」(「35 倍」)「なぜ、そんなに人口が増えたのでしょう」

「中国は社会主義国ですが、1970 年代末に工業の近代化をめざし、外国企業を免税にし、技術や資金を受け入れやすい経済特区を設定しました。シェンチェンはその代表です。1 人当たり GDP もシェンチェン市は 18 万 9568 元で、最大都市上海市の 14 万 9500 元を上回っています。なぜそんなに人口が増えたのでしょうか？」「中国は、○○の工場と呼ばれます。○○に入るのは？」(「世界の工場」)

● 「中国は資源も豊富です。地図帳で鉱産資源の生産高を調べてみよう」と問い、資料を調べて発表させる。

・中国の資源生産高の世界シェア

石炭 54.4%（1 位、2016 年） 鉄鉱石 14.9%（3 位、2017 年）

レアアース 81.4%（1 位、2016 年）

「では、工業生産は？」

自動車 29.8%（1 位、2017 年） 薄型テレビ 46.3%（1 位、2015 年）

パソコン 98.2%（1 位、2015 年） 携帯電話 78.6%（1 位、2015 年）

「中国に進出する外国企業にとっては、どんな点で有利ですか？」(「14

億人もの人が製品を買ってくれる」「働く人が多い」等）

「外国企業は、安い賃金にも目をむけています」

・経済の発展により、中国人労働者の賃金も上昇し、経営者と労働条件の
改善を交渉する労働運動も起きていることも説明する。

（3）貧富の格差問題

●「工業生産が増えて『豊か』になった地域はどのあたりですか？」（「北
京、上海、広東、香港など」「沿海部に多いね」）

「人口最大の都市は？」（「上海」「2400万人」2019年）

上海の戸籍人口……71.8%　流入人口……28.2%

政府も「内陸格差是正」のために内陸部の開発をすすめ、出稼ぎ労働者
の確保が困難になっていることも簡単に説明する（都市と農村の格差など
は前時を参照）。

（4）深刻化する環境問題

●「教科書の『首都ペキンの大気汚染』の写真を見てく
ださい」（「前が見えない」「すごい大気汚染だ」）

「PM2.5という言葉を知っていますか？　細かい個体
や液体の粒である粒子状物質の中でも、2.5マイクロメ
ートル以下の非常に小さな微粒子状物質のことを言いま
す。資料1にあるように、世界の二酸化炭素排出量の
28.4%が中国です。政府も環境対策をおこなっています
が、急速な工業化・都市化に追いついていません」

・砂漠化も進行し、日本も飛来する黄砂に悩まされるこ
とが多い。鳥取砂丘を緑地化した日本の技術の応用で、
砂漠化を食い止める試みもおこなわれている。日本の
高度経済成長期における公害による住民被害や反対運動にもふれる。

資料1　世界の二酸化炭素排出量

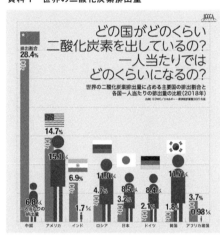

（全国地球温暖化防止活動推進センター作成資料）

留意点

●世界第2位の経済大国になった中国だが、1人当たりGNI（国民総所得）
は9470ドル（2018年）と日本（4万1340ドル）の4分の1程度で、や
はり発展途上国でもある。2009年の1人当たりGNI3650ドルと比較す
ると、この10年で2.6倍になっており、中国経済の躍進がわかる。

●中国に関しては、尖閣諸島問題、歴史認識問題、軍事的拡張主義、少数民
族の人権抑圧など否定的な側面が多く報道されるが、多様な中国のすがた
を伝える努力をしたい。広大な土地・豊富な人材・資源を有する条件や、
経済的・文化的改革をすすめてきたことなども成長の要因としてふれたい。

●経済の発展によって、キャッシュレス化の普及や、食べ残しを禁止する
「反食品消費法」（2021年）が制定されるなど、中国の人びとの生活と意
識が変化したことにふれる。　　　　　　　　　　　　　　　（桜井千恵美）

5

アジアの国ぐに（3）東南アジア
躍進するASEAN

1時間

ねらい

● ASEAN を組織して発展を続ける東南アジア諸国の姿を学ぶ。

● 東南アジアと日本のつながりに気づく。

● 東南アジア諸国の多様性を知り、多文化共生について考える。

授業の展開

（1）私たちの生活を支えるパーム油（導入）

● 「これらの商品に共通している材料は何だろう？」

　カップ麺、チョコレート菓子、スナック菓子、マーガリンなどを提示（資料1）。写真でもいいが、学校近所のスーパーやコンビニで購入した実物教材だとなお楽しい。私たちのまわりにパーム油を使った商品があふれている現状、そのパーム油の大部分が東南アジアでつくられていることを知ることで、自分の生活とつながる授業だと感じさせたい。その後、アブラヤシ（パーム油の材料）やバナナの大規模農園の写真（資料2）を見せ、植民地時代に大農園（プランテーション）がつくられたことを学ぶ。

（2）マレーシアの工業化と東南アジア諸国連合（ASEAN）を知る

● 「マレーシアの輸出品を1984年と2016年で比べてみよう」（資料3）

　「パーム油の輸出は減っているのかな」資料を読み取ると、パーム油の輸出は増加していて、それ以上に機械類の増加が著しいことがわかる。そこから、「どうして変化したんだろう」と問う。資料4、5から、安い労働力を求める海外企業の進出について知る。

　また、東南アジアのほとんどの国が加盟する東南アジア諸国連合（ASEAN）について学ぶ。

（3）私たちの生活を支える東南アジア製品

● 「この服はどこでつくっているでしょう？タグを見てみよう」

　ユニクロの商品がどこでつくられているかを紹介する（実物を用意して、タグから製造国を調べると楽しい）。

（4）社長になって考えよう（東南アジアの多様性に気づく）

● 「あなたの会社がマレーシアに工場と店舗を持つことになりました。事前にどんなこ

資料1　パーム油を利用した商品

デジタル資料集

資料2　アブラヤシのプランテーション（インドネシア）

デジタル資料集

(CC by Achmad Rabin Taim)

資料3　マレーシアの輸出品

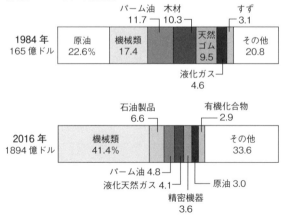

資料4　在アジア日系製造業の作業員・月額基本給

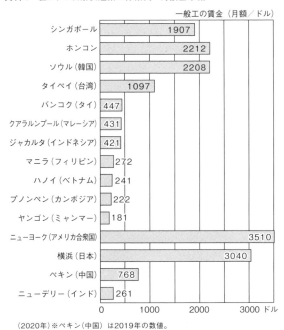

一般工の賃金（月額／ドル）

シンガポール	1907
ホンコン	2212
ソウル（韓国）	2208
タイペイ（台湾）	1097
バンコク（タイ）	447
クアラルンプール（マレーシア）	431
ジャカルタ（インドネシア）	421
マニラ（フィリピン）	272
ハノイ（ベトナム）	241
プノンペン（カンボジア）	222
ヤンゴン（ミャンマー）	181
ニューヨーク（アメリカ合衆国）	3510
横浜（日本）	3040
ペキン（中国）	768
ニューデリー（インド）	261

（2020年）※ペキン（中国）は2019年の数値。

資料5　東南アジアに進出する日本企業

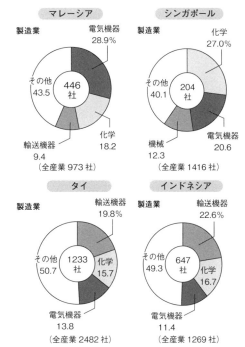

マレーシア
製造業　　電気機器 28.9%
その他 43.5　446社
輸送機器 9.4　化学 18.2
（全産業 973社）

シンガポール
製造業　　化学 27.0%
その他 40.1　204社
機械 12.3　電気機器 20.6
（全産業 1416社）

タイ
製造業　　輸送機器 19.8%
その他 50.7　1233社　化学 15.7
電気機器 13.8
（全産業 2482社）

インドネシア
製造業　　輸送機器 22.6%
その他 49.3　647社　化学 16.7
電気機器 11.4
（全産業 1269社）

（資料4・5とも『最新地理資料集』明治図書より）

とを知りたいですか」と問う。

　企業が海外進出するにあたり、現地の人びとの文化や宗教を考慮して戦略を立てていることに気づかせる。イスラム教徒の礼拝時間に配慮した勤務形態をとる企業や、熱帯の気候に合わせた商品を揃える企業の具体例を紹介したい。資料として、クアラルンプールの雨温図やマレーシアの宗教分布のグラフを示してもよい。

(5) 東南アジアが抱える問題を知る

　人口増による生活環境悪化などの都市問題、環境破壊、児童労働など、工業化や外国企業の進出による課題を知る。(4)で進出企業の側に立つことで、課題自体を自分のこととして考えられるように支援する。

　東南アジア諸国が抱える課題に対して、各国の政府や国際NGO団体などがさまざまな取り組みをおこなっている。その内容は第9時の調査活動で取り扱う。

留意点

●実物教材や日本企業の具体的な取り組みを紹介することで、日本で暮らす自分たちとASEAN諸国とのつながりを感じさせたい。

●マレーシア政府が、多民族の友好を促進するために各民族固有の祝祭日を国の祝日にしていることを紹介し、多文化共生について考えさせたい。

（井村花子）

6

アジアの国ぐに（4）インド（南アジア）

1時間

- インドが急速に経済成長している理由を学ぶ。
- ヒンドゥー教やカースト制度がインド社会に与えている影響を知る。

授業の展開

（1）インドのICT産業がすごい！（導入）

- 「ここはどこだろう？」

ベンガルール（インド）に集中するICT関連企業の写真（資料1）を見る。インドのソフトウェア開発者数は世界でもっとも多い。世界中のICT企業の拠点が置かれ、他国の会社の仕事を請け負ったり、新商品の開発をおこなったりしていることを知る（資料2）。

（2）ICT産業が成長した理由を考える（資料を分析する）

- 「なぜインドのICT産業は成長したのだろう」

「言葉」「教育」「時差」をキーワードに理由を考える。小グループで仮説を立ててから、教科書や資料集を参考に実証する。イギリスの植民地だったことから英語が共通語になり、多民族国家だからこそ共通語の英語も話す人が多い。英語や数学の教育水準が高く、国や州の援助がさらなる経済成長を支えている。そして、時差の大きいアメリカの企業が多くの仕事を依頼している。生徒自身が理由に気づき、自分の言葉で説明できるよう支援する。

（3）ヒンドゥー教とカースト制度を知る

- 「この神様を知っている？」

ガネーシャ像の写真（資料3）を見せる。『夢をかなえるゾウ』（資料4）を見せてもおもしろい。インドでは人口の約80％がヒンドゥー教徒であり、神様の使いとされる牛の肉は食べない。ここで、マクドナルドの「マハラジャマック」（資料5）を紹介したい。世界展開しているマクドナルドには、その

資料1　ベンガルールのICT産業のビル群

上：(CC by Mohseen Khan)
下：(CC by Amit AKA proxygeek from Mysore)

資料2　インドのIT関連産業の売上高
（10億ドル）

2013	14	15	16	17	18	19年度
109	119	132	143	154	167	181
77	87	98	108	116	126	137
32	32	34	35	38	41	44

輸出
国内販売

（『地理資料集』新学社より）

資料3　ガネーシャ像

デジタル資料集

（CC by Grantroad Cha Raja）

資料4　『夢をかなえるゾウ』
（水野敬也著、文響社）

資料5　マハラジャマック

国でしか食べられない「ご当地バーガー」が存在する。「マハラジャ」とは「王様」という意味。その肉は牛肉なのか。いいえ、チキン。生徒が身近に感じるハンバーガーをとおして、世界の多様性に気づかせたい。

　ヒンドゥー教にもとづく身分制度がカースト制度であり、生まれながらに決められていて、変えることができない。結婚も同じカースト内でしかできない。さらに職業別の階層もあり、憲法で差別が禁止された後も伝統的な差別意識が残っている。ICT 産業などの新しい分野は、カーストにとらわれずに働くことができるため優秀な人材が集まっている側面もあることを知る。

（4）インドが抱える問題を知る

●インドで社会問題となっている児童労働の写真（資料6）を見せて、「子どもたちは、なぜ働いているの？」と問い、その理由を想像する。（「親がいないのかな」「貧しいからかな」）

資料6　農作業をする少年（インド）

デジタル資料集

（© FTCJ）

　インドでは、不平等、教育機会の欠如、社会的保護の欠如、伝統や文化規範などが要因となり児童労働の問題が続いている。2011 年の国勢調査によると、5〜14 歳の働く子どもの数は 1010 万人（子どもの総人口の 3.9％、国際労働機関ホームページより）。

　人口急増による都市問題、経済格差、児童労働などの課題に対して、政府や国際 NGO 団体などがさまざまな取り組みをおこなっている。その内容は、第9時の調査活動で取り扱う。

留意点

●実物教材や写真を活用して、インドの魅力を感じたうえでカースト制度や経済格差などの課題について知るようにする。インドの紙幣（資料7）の多言語表示を紹介するのもおもしろい。　　　　　　　　（井村花子）

資料7　インドの紙幣

7 アジアの国ぐに（5）西アジアと中央アジア

2時間

ねらい

● 豊かな資源を活用して経済を発展させた西アジア・中央アジア諸国のすがたを学ぶ。

● 西アジア・中央アジア諸国と日本のつながりに気づく。

授業の展開

（1）資源を武器にした経済発展を知る

● 「ここは、どこの国でしょう？」

　サウジアラビア、カタール、アラブ首長国連邦の近代化した都市の写真（資料1、2、3）を見せる。

　「この3つの国では、小学校から大学まで授業料が無料です」「この3つの国では、医療費も無料です。移り住みたい人はいますか？」と問う。

　生徒の興味が高まったところで、「3つの国を地図帳で探してみましょう。地図を見ると授業料や医療費が無料の理由がわかります」「重要な記号がありますね」

　石油の記号を確認したあとに、石油輸出による収入が多いために授業料や医療費を無料にできることを伝える。また、教科書の文章や資料から、国内総生産（GDP）の増加や石油化学工業の発展、近代的な灌漑施設の整備について確認する。

（2）日本と西アジア諸国のつながりを知る

　日本のおもな原油輸入先のグラフ（資料4）を見せて、この3か国がトップ3だと気づかせる。

● 「原油が輸入できなくなったら、学校生活から消えるものは何だろう」

　輸入原油の使用割合は、熱源約40％（火力発電など）、動力源約40％（ガソリン、航空燃料など）、原料など約20％（プラスチック製品、化学繊維など）である。

　（「ジャージ、ウインドブレーカー、リュックがなくなる」「暑い夏でもエアコンや扇風機が使えなくなるね」「修学旅行には行けるのかな？」）

　身近な生活に置きかえて考えることによって、西アジアから輸入している原油が私たちの生活に大きな影響をもっていることを実感させたい。

資料1　サウジアラビアの首都リヤド

（CC by B.alotaby）

資料2　カタールの首都ドーハ

（CC by Shahid Siddiqi）

資料3　アラブ首長国連邦の首都ドバイにつくられた人工島「パーム・ジュメイラ」

（CC by Richard Schneider）

資料4　日本のおもな原油輸入先（2019年度）

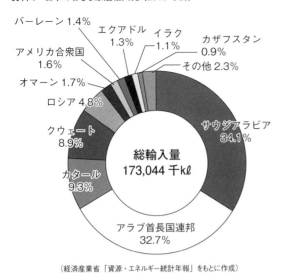

バーレーン1.4%
エクアドル 1.3%
イラク 1.1%
カザフスタン 0.9%
アメリカ合衆国 1.6%
その他 2.3%
オマーン1.7%
ロシア4.8%
クウェート 8.9%
カタール 9.3%
総輸入量 173,044千kℓ
サウジアラビア 34.1%
アラブ首長国連邦 32.7%

（経済産業省「資源・エネルギー統計年報」をもとに作成）

資料5　日本とサウジアラビアの貿易（2020年）

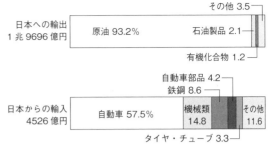

その他 3.5
日本への輸出 1兆9696億円｜原油93.2%｜石油製品2.1
有機化合物 1.2

自動車部品 4.2
鉄鋼 8.6
日本からの輸入 4526億円｜自動車57.5%｜機械類14.8｜その他11.6
タイヤ・チューブ 3.3

資料6　日本とカザフスタンの貿易（2020年）

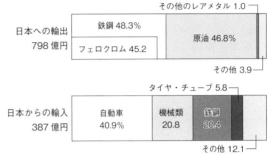

その他のレアメタル 1.0
日本への輸出 798億円｜鉄鋼48.3%｜フェロクロム45.2｜原油46.8%
その他 3.9

タイヤ・チューブ 5.8
日本からの輸入 387億円｜自動車40.9%｜機械類20.8｜鉄鋼20.4
その他 12.1

（『アクティブ地理総合』浜島書店より）

　貿易額のグラフ（資料5、6）から、西アジアのサウジアラビアや中央アジアのカザフスタンにも日本製品が輸出されていることを確認したい。

(3) 西アジア・中央アジア諸国が抱える問題を知る

●「石油は永遠にわき出てくるのかな？」

　化石燃料が限りある資源であること、その燃焼が地球温暖化の主要因となっていることを知っている生徒は多い。そこから、石油輸出国機構（OPEC）をとおしたむすびつき、観光客を誘致する取り組み、石油に頼らない持続可能な都市づくりの取り組みへと知識を広げたい。

●「きみたちがサウジアラビアに移住したら、授業料や医療費は無料になるのかな？」

　外国籍住民には保障されていない制度だということを伝える。西アジア諸国は乾燥帯に位置しているため、もともと人口が少なかった。石油開発で大勢の外国人労働者がやってきた（資料7）が、自国民との経済格差や社会保障の格差が社会問題となっていることを知る。

資料7　サウジアラビアの外国人労働者の割合

サウジアラビア人 23.7%
1339万人（2019年）
外国人 76.3%

留意点

●課題に対する取り組みについては第9時で学ぶ。民族紛争や難民の問題については、歴史分野や公民分野でさらに学びを深める。中学1年生の最初の時期に学ぶ世界地理だからこそ、この地域の目覚ましい経済発展や、観光地としての魅力を感じさせたい。　　　　　　　　（井村花子）

8 アジアの国ぐに（6）
イスラム教を信じる人びと

1 時間

ねらい

● イスラム教に対する正しい理解を深め、誤ったイメージや偏見を防ぐ。
● 多文化社会の一員として、お互いを尊重して暮らすために必要なことを考える。

授業の展開

（1）イスラム教を知る

● 「3つのヒントから、何の宗教か当てよう！」（資料1〜3）

3つのヒント：①イスラム教徒の分布をあらわす世界地図、②クルアーン（コーラン）、③イスラム教徒の女性が身につける衣装（ネット通販で購入して教室に持ち込みたい）

● 「イスラム教を信じる人びとの暮らしを紹介します」

教科書の文章をもとにして、基礎知識を伝える。

資料1 イスラム教徒の多い国

（CC by Haire Dunya）

資料2 クルアーン

（CC by Mustafa Bader）

資料3 イスラム教徒の女性の衣装

（CC by Vyacheslav Argenberg）

　イスラム教を開いた人は、ムハンマドです。イスラム教の神アッラーから受けた教えは経典「クルアーン」にまとめられています。イスラム教を信じる人びとは、クルアーンにまとめられた内容を守って生活しています。

　1日5回、聖地のメッカにむかって祈ります。金曜日が休日で、寺院であるモスクに集まって祈りをささげます。お酒を飲むことや豚肉を食べることは禁止されています。寄付は良いこととされ、女性は自分の家族以外の男性の前では肌や髪の毛を隠します。イスラム暦の9月（ラマダン）には、日の出から日没まで食べることも飲むこともしません。断食といいます。

（3）イスラム教徒が守るべき教えの背景を知る

● 「イスラム教徒が守るべき教えには、どんな理由があるのだろう」

　人間の弱さを認めるイスラム教では、人に優しい教えが多い。水をコップに入れておくとお湯になるといわれるほど暑さが厳しい気候のもとで、お酒や豚肉をとらないことで体調不良を起こす危険が減り、1日5回のお祈りで生活リズムが整う。困っている人を助けると天国に近づけるとされ

るので、高齢者に優しく、寄付する人も多い。貧しい人や困っている人の気持ちを理解し、食べものへの感謝や分けあう仲間との絆を確認するために、断食をおこなう。互いに助けあおうとするイスラム教徒の生活を理解できるように説明する。

(3) 日本で暮らすイスラム教徒の少年の悩みを知る

●「みんなが暮らす地域にもモスクがあり、イスラム教を信じる人たちが住んでいます。私（先生）が出会ったムハンマドさん（仮名）の悩みを聞いてください」

資料4　ムハンマドさんの悩み

> ぼくは中学1年生のムハンマドです。サウジアラビアというイスラム教徒が多い国に住んでいましたが、お父さんの転勤で日本に引っ越してきました。4月から日本の学校に通っているのですが、友だちが一人もいません。日本語を勉強しているのですが、話しかけてくれません。給食のとき、豚肉の料理を残したら、給食当番の人に怒られました。
>
> 休み時間にお祈りをしていたら、まわりの人に笑われます。まるで変な人を見るような目でした。日本のごはんは美味しいし、桜もきれいだったし、早くみんなと友だちになりたいです。もうすぐ断食する時期がくるけど、また変な目で見られそうで心配です。みんなと仲良くするためには、どうしたらいいですか。
>
> （地域在住のイスラム教徒にインタビューした内容をもとに筆者作成）

(4) ムハンマドさんの悩みを解決する方法を考える

●「ムハンマドさんの悩みを解決する方法を、各班で3つ考えよう」

小グループ（4人程度）で意見交換。この時間を大切にしたい。話し合いをとおして生徒たちは、多文化が共存する教室を想像することができる。

●「ムハンマドさんのクラスメイトに手紙を書こう。そして、互いに楽しく過ごすためのアドバイスを伝えよう」

手紙を書く時間は、生徒たちが多文化共生社会を築く姿勢を育む時間となる。同年代の人物、中学校の教室という身近な場面で起きている悩みを提示することで、生徒の思考力を深めたい。

購入したヒジャブを身につけた筆者

留意点

●地域のイスラム教徒にインタビューした際、学校でのいじめに悩んだ方の割合が高く、衝撃を受けた。生徒が自分のこととして考えるため、ムハンマドさんの悩みに寄り添う時間を大切にしたい。

●実物教材で生徒の興味関心を高めてから授業を展開したい。インターネットの通信販売でヒジャブやコーランが手に入る。東京ジャーミイ（渋谷区）ほか、地域のモスクを例示できるとよい。　　　　　　（井村花子）

▶▶東京ジャーミイ
https://tokyocamii.org/ja/

参考文献
井倉ともこ『イスラームの日常世界』（岩波新書）
内藤正典『となりのイスラム』（ミシマ社）
里川裕子『となりのアブダラくん』（講談社）
ナディ『ふるさとって呼んでもいいですか』（大月書店）

9 アジアの国ぐに（7）
アジア州の課題にみんなで立ちむかう

1 時間

ねらい

● アジア州の抱える共通課題を、自分のこととして考える。

● 自分の行動がアジア州の現状を変える一歩になることを理解する。

授業の展開

（1）アジア州が抱える課題を確認する

　前時までの学習の中で活用した写真などを提示しながら、生徒の言葉で課題を整理する。日本が輸入している商品の消費者として、アジア州の国ぐにに進出する日本企業の関係者として、自分たちの生活とのつながりを意識させたい。

〈課題例①〉「これらの商品に共通している材料は何だろう？」

　カップ麺、チョコレート菓子、スナック菓子、マーガリンなどの写真（48ページ）または実物を見せながら問いかける。東南アジア産のパーム油が私たちの生活を支えていることを思い出す。

　「パーム油の生産のために大規模なアブラヤシ農園がつくられ、熱帯雨林が減少すると、どんなことが起こるだろう」

　熱帯雨林の減少で危機に瀕しているオランウータンやゾウの写真（資料1）を見せながら問いかける。アブラヤシのプランテーション開発により、熱帯雨林が減少している。そのことがゾウやオランウータンの生息地を奪っていること、地域住民の生活環境を変化させていること、地球温暖化を進める原因になっていることを知る。

資料1　絶滅が心配されるオランウータン

デジタル資料集

(CC by Yudhapohan)

〈課題例②〉「この少女は何を作っているのだろう？」

　サッカーボールを作る少女の写真（資料2）を見せながら問いかける。南アジアの学習の中で児童労働について学んだことを思い出させる。ILO（国際労働機関）の報告（2021年）を紹介し、世界中で約1億6000万人の子どもが働いていることを知る。生徒たちに身近なものを作っている子どもたちの姿を紹介することで、自分の生活とのつながりを感じさせたい。

（2）課題解決に向けた取り組みを知る

● 「こうした課題を解決するために、どんな方法があるだろう？」「こうした課題を解決するために行動している人はいるのかな？」

　小グループで仮説を立ててから調査したい。1人1台のタブレットやPCを活用して調査をおこなう場合は、正確な情報を掲載しているサイト

資料2　サッカーボールをつくる少女

(写真提供：認定NPO法人ACE)

56

資料3　フェアトレード認証つきのサッカーボール

資料4　RPSO認証つきのカップヌードル

資料5　FSC認証つきのパッケージ

を紹介するなど教師のサポートが必要である。各国政府、国際NGO、企業のサステナビリティ活動などのウェブサイトを活用したい。各国政府の取り組みについては、教科書や資料集の文章を確認してから調査するとよい（中国の西部大開発、インドの再生可能エネルギーなど）。

(3) 自分に何ができるのかを考える

● 「自分にできることを見つけて仲間に紹介しよう！」
　課題解決の取り組みを知り、自分にできることは何かを考える。

・課題解決に取り組んでいる人、団体を応援する。仲間に伝えたり、応援の手紙を書いたり、募金活動に協力したりなど、できることを実践したい。

・消費者として、どんな商品を購入するとよいか考える。フェアトレードやRSPOマークがついている商品（資料3〜5）を紹介し、どんな商品を選ぶかで世界が変わりうることを理解する（実物を購入して教室に持ち込むとよい）。

・課題追究学習をとおして考えたことを発信する。「JICA国際協力中学生・高校生エッセイコンテスト」への応募を学習の出口にする方法もある。

留意点

● 2時間構成にできれば、余裕をもって調査できる。ただしPC・タブレットを利用した調査活動は、手に入れたい情報にたどりつくまでに時間がかかりすぎる場合が多い。事前に仮説を立てることや、関連サイトを紹介することなど、教師の適切なサポートが重要となる。

● 調べて終了ではなく、意見を伝えあったり、できることを実践したりして、自分の行動で世界が変わることを実感させたい。「WFPチャリティーエッセイコンテスト」は、作文応募が途上国への学校給食支援につながるため、生徒が達成感を感じやすい取り組みである。

● 海外に進出した企業が、現地の環境や文化を尊重して多文化共生が実現するケースもあれば、現地の環境を破壊し、経済格差を広げ、児童労働を加速させるケースもある。中学3年間の学習をとおして、その両面に気づかせたい。

（井村花子）

参考になるサイト
▶▶ WWFジャパン
www.wwf.or.jp

▶▶国際連合広報センター
www.unic.or.jp

▶▶ UNICEF東京事務所
www.unicef.org/tokyo/

▶▶ JICA（国際協力機構）
www.jica.go.jp

▶▶ユニクロ（株式会社ファーストリテイリング）サステナビリティへの取り組み
www.fastretailing.com/jp/sustainability/

▶▶ JICA国際協力中学生・高校生エッセイコンテスト
www.jica.go.jp/hiroba/program/apply/essay/

▶▶ WFPチャリティーエッセイコンテスト
www.wfpessay.jp/2022/

10 ヨーロッパの国ぐに（1）
ヨーロッパを広く見る

1 時間

ねらい

● ヨーロッパの地域的な特色と、おもな国ぐにを理解する。

● ヨーロッパの国ぐにのあいだにどんな共通点と相違点があるのかを理解
し、多面的に見る視点をもつ。

授業の展開

(1) ヨーロッパの国ぐに

● 「ヨーロッパには、みんながよく知っている国がたくさんありますね。
国名と、その国について知っていることを発表してください」
出てきた国を白地図に記入していく。

・食べものや工業製品、サッカー選手など、関心のあることと関連づける。

・凱旋門、エッフェル塔、サグラダファミリアなど世界的に知られている
建物、古代ギリシャ・ローマなどの歴史的な建築物の写真や、アルプス、
地中海、ライン川、フィヨルドなど特徴的な地形の画像も見せたい。

・ヨーロッパの農業

身近にあるヨーロッパ産の食品の実物または画像を提示し、産地を当て
させる。パスタ、ピザ、チーズ、ワイン、生ハム、フランスパン、ビーフ
シチュー、オリーブオイル、ジャーマンポテトなど。

「使われているおもな原材料に目を向けてみましょう」（「小麦、豚肉、
牛肉、ジャガイモ、牛乳、ブドウ、オリーブ…」）

穀物の栽培とともに家畜を飼育する混合農業、温暖な地域の地中海式農
業、冷涼地の酪農の分布を教科書で読み取る。

・小国の多いヨーロッパ

「日本と大きさを比較してみよう。日本より大きい国は？」と、小さく
切った同じ縮尺の日本列島の白地図を配布する。（「ロシア、ウクライナ、
スペイン、フランス、スウェーデン」）

「人口についても日本と比較しましょう。日本より人口が多い国は？」
地図帳の統計資料を使って調べさせる。（「ロシア」）

こうした面積や人口の特色が、EC、EU の成立の学習に関連する。

(2) ヨーロッパの人びと

● 「ヨーロッパの人びとの顔の特徴は？」

出なければ、肌の色、髪の色を問う。資料集に写真があれば活用し、な
ければ**資料1**を提示して、おもにラテン、ゲルマン、スラブの3つに分

資料1 ヨーロッパの民族

ゲルマン系 （CC by Nemoralis）

ラテン系 （CC by Eddy Van3000）

スラブ系 （CC by Dennis Jarvis）

類できることを補足する。

(3) 十字架を探そう

●「ヨーロッパの国で、国旗に十字架のある国を探してください」（地図帳を使用）

「そこからどんなことがわかるかな？」（「キリスト教の国が多い」）

「ほとんどキリスト教ですが、3つの宗派に分かれます」（カトリック、プロテスタント、ギリシャ正教会）

「ヨーロッパ人は何語を話しますか？」（英語、ドイツ語、フランス語、イタリア語…）ヨーロッパの言語の多様性を確認する。

「スイスにはスイス語はありますか？」（「ありません」）

スイスやベルギーなど、複数の言語を使う国もある。

・キリル文字（**資料2**）を示し、「こんな文字を使っている国もあります。どこでしょうか？」（「ロシア」）

「英語はヨーロッパ以外でも使われています。どこの国ですか？」（アメリカ、カナダ、オーストラリアなど）

「世界で一番多くの国で使われているのは何語かな？」（「スペイン語」）

・地図帳で世界の言語の地図を見て、アフリカや南北アメリカでもヨーロッパの言語が使われていることを確認する。

●「英語やスペイン語など、ヨーロッパの言語が世界中で広く使われているのはなぜでしょうか？」

・歴史学習につながるように、かつてイギリスが「日の沈まない帝国」と呼ばれたことなどから、ヨーロッパによる植民地支配についてふれておく。

資料2　キリル文字

А а	Р р
Б б	С с
В в	Т т
Г г	У у
Д д	Ф ф
Е е	Х х
Ж ж	Ц ц
З з	Ч ч
И и	Ш ш
Й й	Щ щ
К к	Ъ ъ
Л л	Ы ы
М м	Ь ь
Н н	Э э
О о	Ю ю
П п	Я я

資料3　英語を公用語とする国

■ 公用語の国（事実上の公用語も含む）
▨ 公用語だが主要な言語ではない国

資料4　旧大英帝国の範囲

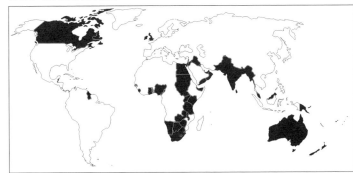

―――――――――――――――――――

留意点 ･････････････････････････

●気候については、世界各地の人びとの生活や環境の単元で学習する。次時以降、工業についてはドイツとあわせて、農業についてはフランスとあわせて学習する。

（長屋勝彦）

ヨーロッパの国ぐに(2)ドイツ

ねらい

● ドイツは、日本と同様に、戦後のめざましい復興により世界トップレベルの工業国に発展したことを理解する。

● 環境や景観を重視する政策に目をむける。

授業の展開

(1) ドイツの農業

「ドイツのおいしいものを紹介します」

フランクフルトソーセージ、ハンバーグ、ドイツビール、ジャーマンポテト、ザワークラウト、ライ麦パンなど（実物か画像）を見せる。

「これらからドイツのおもな農産物を探しましょう」

畑作と畜産の混合農業にふれる。パンやハム・ソーセージをつくるのは「マイスター」という資格をもった職人、ビールは6000種類の銘柄がある。国土の約半分は農地、日本より雨が少なく夏の気温が低い。機械化されて能率はよいが、食料自給率は7割程度である。

「ドイツについて、ほかに何か知っていることがあれば発表してください」

● 「地図帳を使って、ドイツと日本をくらべましょう」

地図をくらべる。国土の形が全然ちがう。日本は島国だが、ドイツはたくさんの国と接している。地図帳の統計（面積、人口、貿易額など）にも目をむける。

(2) ドイツの工業

国産車（トヨタ、日産、ホンダなど）とドイツ車（フォルクスワーゲン、ベンツ、BMWなど）のカタログか画像を用意する。

各社のホームページから入手できる。

・日本車の画像を順に提示して、「どのメーカーの車かわかりますか？」

・ドイツ車の画像を順に提示して、「次は外国製の車です。どこの国の、何というメーカーかわかりますか？」

「ドイツには、そのほかにもポルシェ、アウディといった有名な自動車会社があり、日本でも見ることができます。ドイツ以外にも車を輸出している国はいくつもありますが、圧倒的にドイツの車が売れています。なぜだと思いますか」（「高級」「安全」「速い」「カッコいい」など）

「メーカー希望小売価格を紹介しましょう。高いですね」（メーカーのホームページを参照）。その他、身近なドイツのブランドを紹介する。

・ヨーロッパの工業についてあわせて学習してもよい。白地図でヨーロッパ

ドイツ系企業のブランド（例）
ブラウン（電動歯ブラシ）
ニベア（ハンドクリーム）
マイセン（食器）
アディダス、プーマ（スポーツ用品）
ボッシュ（工具）
モンブラン（筆記用具）

の工業地域の分布を理解させる。その際、各国の工業製品を実物や画像で紹介する。イタリア、フランス、スウェーデン、イギリスからの輸入車、フィリップス（オランダ）のシェーバー、スイスの時計などのほか、チョコレート、クッキーなどが身近である。

● 「ドイツの工業都市の特色を考えましょう。代表的な工業都市のデュッセルドルフを地図帳で探しましょう。デュッセルドルフのある地域を、ルール工業地帯といいます」

「小学校で学習した日本の大きな工業地帯と、決定的なちがいは何ですか？」（「海から遠い」「内陸にある」）

「では、なぜ日本の工業地帯の多くは臨海部にあるのですか」（「輸出に便利」「平地は海に近いところにある」「資源を輸入するから」）

「では、なぜドイツ最大の工業地帯は内陸部にあるのでしょうか」

あれば石炭（実物か画像）を見せる。

「ヨーロッパでは早くから工業が発達しましたが、初期の工場は石炭を燃料にした蒸気機関を動力としたので、その産地に多くの工場がつくられました」産業革命について簡単に説明してもよい。

「現在は石油や電気が動力なので、内陸部の利点はありません。反対に不利な点を考えましょう」（「輸送が不便」「海まで遠い」→では、なぜ海の近くに移転しない？「お金がかかる」→そのまま残ってもお金はかかる）

「ドイツの貿易相手国の多くはヨーロッパの国ぐにです。船でないと運べないでしょうか？」

（資料2・アウトバーンの写真）「距離はアメリカに次ぎ第2位、速度無制限（現在は制限区間もあり）、しかも無料。ヒトラーが造った高速道路です」

（資料3・ライン川の写真）「船も使っています。ライン川を地図上で海までたどっていこう」「国際河川」という用語を確認する。

（資料4・ユーロポートの写真）「海への出口で、大型船に積み替えます」

(3) 環境大国ドイツ

原発の廃止決定やリサイクルなどの環境政策、世界的に有名な環境都市フライブルク等から学ぶことは多い。調べ学習のひとつとして、ドイツの環境に対する取り組みや脱原発、気候変動対策を取りあげたい。

資料1　デュッセルドルフの衛星写真

（グーグルアースで表示）

資料2　アウトバーン

デジタル資料集

（CC by Dorkone）

資料3　ライン川交通

デジタル資料集

（CC by Luidge）

資料4　ユーロポート

デジタル資料集

（NASA）

▶▶「世界の環境首都！ドイツのフライブルク【環境政策とおすすめ観光スポット】」（エコと生きる）
https://ecotaroo.net/2019/06/12/sustainablecity-freiburg/

留意点 ....

● ヨーロッパには炭鉱から発展した工業都市がいくつもあること、臨海部でなくても工業地帯は立地することを理解させる。

● ドイツは日本のような工業立国ながら、環境や農業も大切にしている点に目をむけさせる。

（長屋勝彦）

ねらい

● フランスの食文化から、ヨーロッパの農業の特色を理解する。
● ヨーロッパ各地の特徴的な農業の分布と、高い自給率を理解する。

授業の展開

(1) 身近なフランス

●「ルイ・ヴィトン、エルメスといえば？　フランスのブランドバッグで
すが、私たちはあまり縁がありませんね」

　あわせて、凱旋門、エッフェル塔、ベルサイユ宮殿、オペラ座、モンサ
ンミッシェル、ルーブル美術館など、 世界的に有名な場所の写真を紹介
できるとよい。なお、パリは世界的な観光地で、国の内外から毎年5000
万人以上（2019年）の観光客が訪れている。

(2) フランスについて

　地図帳でフランスをさがす。

●「周囲にはどんな国ぐにがありますか？」（「ドイツ」「スペイン」など）

　「地図からわかるフランスの国土の特徴を発表してください」（「平地が
多い」「平原が広がっている」など）

　「面積、人口は？　地図帳で調べましょう」

　「日本よりやや大きくて、人口は半分です。フラ
ンスについて知っていることを言ってください」

　「首都は？」（「パリ」）「人口は200万少々ですが、
周辺部も合わせると1000万人以上の大都市圏で
す」

　「**資料1**はセーヌ河の中州のシテ島です。ここ
に昔、パリシイ族と呼ばれる人びとが住んでいま
した。シテ島に住む人の意味で、シティーの語ができました」

　パリの行政区はエスカルゴの殻のように見えること（**資料2**）を紹介し
ておく。

資料1　シテ島とノートルダム寺院

デジタル資料集

(CC by David Iliff)

ノートルダム寺院では2019年
に大火災があり、屋根や尖頭
が焼け落ちたが2024年ごろの
復旧がめざされている。

(3) ヨーロッパの農業

●「フランスは〇〇大国」と板書する。「〇〇にはどんな文字が入ります
か」

　フランスパン（塩だけで味をつける、もっともシンプルなパン）とカマ
ンベールチーズ（カマンベール村が発祥の白カビのチーズ）の実物か画像

を提示する。

「パンとチーズから連想できる、ヨーロッパの農業の特色はなんでしょうか」（「小麦、家畜」「混合農業」）

地図帳でフランスの国土を眺める。「面積は日本の1.5倍、国土の半分以上は農地です。ついたニックネームは"ヨーロッパの○○かご"。○○に入るのは？」（「パンかご」）

「地図帳の資料から調べてみよう。小麦の生産量は？」

人口のわりに生産量が多い＝輸出が多い。チーズ、ワイン（フランスは高級品が中心、格安ワインはイタリアから輸入）の生産量や輸出額も世界トップクラス、外貨獲得のための貴重な輸出品である。ロマネ・コンティやドン・ペリニヨン（ドンペリ）などフランス産ワインを紹介して、価格を予想させる。

● 「フランスは農業大国を持続させるために、どんな対策をとっているのか調べましょう」

農家の所得補償、大規模化、環境対策などについて調べられるとよい。

白地図（資料3）を用意し、ヨーロッパの農業分布の色分け作業をする。

・ヨーロッパ各地でおこなわれている近代的で大規模な小麦栽培のほか、伝統的な家畜もあわせて飼育する「混合農業」、乳牛を飼育する「酪農」の用語を確認する。

・チューリップ畑と風車の写真を提示してオランダの「園芸農業」を、オリーブオイル、ドライトマト、コルクせんなどを見せてイタリアの「地中海式農業」を、バーバリーやスーツの写真でイギリスの「牧羊」もあわせて紹介できるとよい。

資料2　パリの行政区（カタツムリ状の区割）

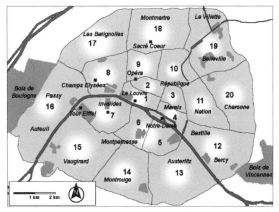

（CC by Réalisation Pline）

資料3　ヨーロッパの農業分布白地図

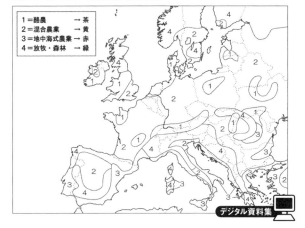

1 ＝酪農　　　→茶
2 ＝混合農業　→黄
3 ＝地中海式農業→赤
4 ＝放牧・森林　→緑

デジタル資料集

留意点

● ネット検索で十分情報は得られるが、図書室にはヨーロッパの国ぐにに関する書籍が多い。農業や工業、日常生活など、テーマ別にグループで調べてイメージをふくらませられるとよい。

● 日本地理で学習する食料自給率について、ヨーロッパの国ぐにの多くは日本にくらべて高く、農業が守られていることをここで学習してもよい。

（長屋勝彦）

13 ヨーロッパの国ぐに（4）北ヨーロッパ

1時間

ねらい

● 北欧の国ぐにとの身近なむすびつきをとおして関心をもち、社会制度や環境対策などにおける先進性を理解する。

● 高緯度にある北欧の地理的な特色を、資料をとおして理解する。

授業の展開

(1) 北欧の国ぐにと位置

● フィヨルド、トナカイ（サンタクロース）、オーロラ（資料1）などの画像を見せ、ヨーロッパのどの地域にかかわる画像かを問う。白地図を配布し、スカンジナビア半島を見つけて記入する。ノルウェー、スウェーデン、フィンランド、デンマーク、アイスランドに国名を入れる。

レゴ（デンマーク）、ムーミン、サンタクロース（フィンランド）、ボルボの車、イケアの店舗（スウェーデン）、アトランティックサーモン（ノルウェー）、シシャモ（アイスランド）などの画像（資料2）を提示し、日本人の暮らしとのつながりを確認する。

・直近で日本人のノーベル賞受賞者が出た場合はふれてもよい。授与式はスウェーデンとノルウェー（平和賞）でおこなわれる。

同縮尺の日本地図を配布し、緯度を合わせて貼りつけ、日本よりはるかに北にあることを確認する。人口統計も調べ、国土のわりに人口が少ないことを理解させる。

(2) 北欧の気候

● どんな気候かを予想させる。（「寒い」「雪が多い」「氷に覆われている」など）

・冬のノルウェーの気候（資料3）から、特徴的なことを見つける。（「北極に近いのに、冬に雨が降る」「案外寒くない」「3時には暗くなる」）

・地図帳で北大西洋海流を探し、白地図に記入する。

・冬の日照時間が極端に短く、日の出は午前9時ごろ、一方で夏は午後10時まで明るいことを説明する。かつて氷河に覆われていたことを示す、多くの湖やフィヨルドの地形にふれてもよい。

(3) 人と環境にやさしい北欧の国ぐに

● 「資料4を読んで、この国のすぐれている点に下線を引き、発表してください」

北欧諸国の先進性のいくつかの例を紹介する。

〈例〉男女平等の到達度1位アイスランド、2位フィンランド、3位ノルウ

資料1　フィンランドのオーロラ

（撮影：大野一夫）

資料2　北欧生まれのもの

レゴ

ボルボの車

樺太シシャモ＝カペリン
（シシャモの類似品）
（CC by yomi yomi）

資料3　真冬の北極圏で雨が降る

> 　目的地のボーデは北極圏にある。飛行機の座席に、二人はダルマみたいに着ぶくれて、窮屈なのをがまんしながら座っていた。いよいよボーデに着いた。まだ午後3時だというのに、天地はもうくれていた。「さあ寒いぞ」ぼくらはオーバーの襟を立て、帽子をすっぽり被り、宇宙人のような格好でタラップに足をかけた。その時二人は口をそろえて「あ！」と、言った。雨が降っていたのである。「いったいこれはどういうことなんだ！」後ろの人に押されてターミナルの建物まで夢遊病のように歩いた。雨と汗とで身体中ぐしょぐしょになった。雨といっても氷雨ならまだしも、まるで春のように温かい雨なのだ。そういえば、ぼくらのまわりには、誰一人としてぼくらのような格好をしている乗客はいなかった。
>
> （森本哲郎『ぼくの旅の手帳』ダイヤモンド社）

資料4　福祉国家スウェーデンにくらして（抜粋）

> 　とにかく福祉が充実しています。子どもに関しては，教育費は小学校から大学まで無料です。教科書も無料で配布されますが使用後は学校に返します。すべて無料のためか、スウェーデンでは学習塾のようなものはありません。給食費も無料です。
>
> 　幼児の検診は無料で、予防接種も無料でした。歯科に関しても、毎年1回日時指定で検診に来るようにとハガキが来ます。検診も無料で、また、その後の治療も無料です。歯の矯正が必要と診断されるとそれも無料で受けられます。
>
> 　児童手当に関しては収入の有る無し多少に関わらず、全ての母親の口座に入金されます。子どもが多いほどたくさんの手当が出て、我が家の場合、4人いたのでひと月に約5.5万円ほどもらっていました。
>
> 　交通機関に関しては、小学生は、親と一緒に乗るとバス、地下鉄、鉄道は無料になります。乳母車を押している人も同様に無料です。乳母車専用の席がバス、地下鉄、鉄道全てに設けられています。また、普通に犬を連れて乗れます。
>
> 　労働時間に関しては、残業は全くありません。そのため、休憩時間また終了時間になると、いくら列が並んでいても窓口は閉められてしまいます。日本と違って長期の休暇が簡単に取れます。夏は1カ月近く休みを取り海外、あるいは郊外に出る人が多いので、店が閉まっていたり、公共施設も従業員の数が少なくなります。
>
> 　税金はとても高いです。消費税は25％で、食品に関しては12％です。また働いて税金を払っていないと将来の年金はもらえません。そのため日本でいう専業主婦は、スウェーデンでは年金がもらえないのです。
>
> （岩本賢治ほか『まるごと社会科中学・公民』喜楽研）

ェー、5位スウェーデン（2022年。日本は116位）、学力が世界トップレベルのフィンランド、脱原発・自然エネルギーのデンマーク、福祉大国スウェーデンなど。

「この人を知っていますか？」と、スウェーデンの環境活動家グレタ・トゥーンベリさんの画像（資料5）を見せ、ニューヨーク国連本部で2019年に開かれた気候行動サミットでのスピーチ（資料6）を視聴する。

「ノートに感想を書いてください」

留意点 ....

●原発問題を克服できなかったり、福祉が切り捨てられたり、教育にお金がかかりすぎたりなど、日本が本当に豊かな国になるために、北欧から学ぶべき点は多い。長期休業のレポートのテーマにしたい課題である。

（長屋勝彦）

資料5　グレタ・トゥーンベリさん

（CC by Anders Helberg）

資料6　グレタ・トゥーンベリさんのスピーチ（2019年9月23日、気候行動サミット）
www.youtube.com/watch?v=PahnVMxQuIk

14　ヨーロッパの国ぐに（5）EUの役割　2時間

ねらい

● EU という組織のしくみを把握し、ヨーロッパ統合の成果を理解する。

● EU 内の企業活動の事例としてのエアバス社から、ヨーロッパ企業の世界戦略の方法を理解し、あわせて交通網のつながりに目をむける。

授業の展開

（1）EU（欧州連合）の発足

● EU の旗（**資料1**）を見せ、「この旗は何ですか」と問う。（「ヨーロッパ連合」「EU」）「EU の旗に星はいくつありますか」（「12」）
「なぜ12個なのでしょうか」1993年の発足時の加盟国が12か国。

「現在は？」加盟国が大幅に増え、27か国。人口、GDP の大きさを教科書のグラフで確認する。「加盟にはどんなメリットがあるのでしょう」と投げかけ、思いつくこと（ここではまだ調べない）を発言させる。

EU の原点はベルギー、オランダ、ルクセンブルクのベネルクス三国である。「地図帳から、この3国の特徴を見つけましょう」（「国土が狭い」）

● 国境の画像（**資料2**）からわかることを発表させる。（「国境らしくない」「簡単に移動できる」「パスポートがいらない」）

小国が人の移動を自由にし、国境を越えて通勤や買い物ができるようになったこと、ひとつの市場になることで経済的に向上したことを説明し、EC（欧州共同体）を経て EU に至ったこと、鉄道も国境を越え、乗り換えなしで目的地に行けることを確認する。

（2）EU とはどんな組織？

● ユーロ紙幣や硬貨の実物か画像（**資料3**）を見せて、「どこの国のお金でしょうか？」と問い、共通通貨の説明をする。「なぜ共通の通貨にしたのでしょうか。その答えを出すために、EU とはどんな組織なのかを教科書などで調べてノートにまとめてください」

共通通貨ユーロは2002年から流通している。人やモノが国境を越えて自由な経済活動をおこなうようになると、国ごとに通貨が異なるのは不便であることを確認する。

（3）エアバスをつくる

● 旅客機の画像を見せ、およその値段を当てさせる。旅客機は1機数百億円（最大の A380 型は500億円、LCC の小型機で125億円）、自動車1万台分である。

資料1　EU旗

資料2　ベルギーとオランダの国境（＋＋＋＋が国境）

デジタル資料集

資料3　ユーロ紙幣と硬貨

(CC by John Wright)

デジタル資料集

(Taxfix.co.uk)

66

世界最大、総2階建てのエアバスA380の画像（**資料4**）を見せる。「このメーカーの飛行機は、ヨーロッパで造られました」

膨大な研究開発費がかかるため超巨大メーカーにしかできず、現在世界中で大型旅客機を製造しているメーカーは、B29を造ったアメリカのボーイング社とヨーロッパのエアバス社だけ。2社の競争になっている。

● 「エアバス社の飛行機はどこの国で造っているでしょうか」

「ヨーロッパの4か国（フランス、イギリス、ドイツ、スペイン）のメーカーが共同で造りました」

軍用機や小型飛行機、ヘリコプターを造っていた会社が共同でアメリカのメーカーに対抗した。別々の国で造ったものを、フランスのトゥールーズに運んで組み立てている。地図帳でトゥールーズを探す。

大型機の大きさ（長さ60〜70m、胴体幅6〜7m）を紹介。乗ったことのある生徒がいれば、体験を話させる。

● 「イギリスで主翼、ドイツで胴体、スペインで尾翼を造ります。どうやって巨大な部品を組み立て工場に運ぶのかな。輸送方法を、地図をよく見て考えよう」

班で相談する時間をとる。「船」「飛行機」「鉄道」「道路（トラック）」

もっともよい方法だと思うものに挙手。ふたたび地図を見て、それぞれの方法の問題点を見つける。班学習でもよい。順に問題点を発表させ、反論もさせる。この学習をとおしてヨーロッパの交通網に目がむけられる。

・船……ヨーロッパでは川を貨物船がとおる。△時間がかかりすぎる。

・飛行機……△飛行場が必要。大きい部品は積めない。

・鉄道……△大きくて積みきれない。トンネルをとおれない。

・道路……△トラックに積めない。

国境を簡単に越えてトラックが行き来できる、国境で線路が途切れることなく国際列車が走行している、河川を使った輸送がさかんで国際河川や運河が発達している、などのヨーロッパの交通の特色を確認する。

「答えは、飛行機を運ぶ飛行機です」（**資料5**）

「こんな工夫をして、小さなヨーロッパの国ぐにはひとつにまとまり、国際競争に負けないようにしています」

留意点

● 国境のもつ意味を説明したうえで、自由な行き来のできるEU諸国の特殊性を理解させる。

● 飛行機という商品が子どもの日常と縁遠い存在のため、身近な問題として受けとめにくいが、飛行機がいかに大きな物体であるかを認識していれば、実感がわく。

（長屋勝彦）

資料4　世界最大の旅客機エアバスA380型

デジタル資料集

資料5　輸送機「ベルーガ」

（NASA）

デジタル資料集

動画で視聴できる。
www.youtube.com/watch?
v=FFjlxsyyJoo&t=22s

15 ヨーロッパの国ぐに(6)EUのこれから

1時間

ねらい

● EUがヨーロッパ全土に拡大する一方、新たな課題が顕著になってきた ことを理解する。
● EUが抱える課題を、イギリスのEU離脱をとおして具体的に理解する。

授業の展開

(1) イギリスとEU離脱

資料1の画像を提示し、「ブレグジット（ブリティッシュ＋イグジット）という言葉を聞いたことがありますか」と問う。知っている生徒がいれば簡単に説明させる。イギリスのEU脱退は後半に詳しくふれる。

「ところで、イギリスをイギリスと呼ぶのは日本だけです。英語で言うイングランドでもありません。正式名称を地図帳で調べてください」（グレートブリテンおよび北アイルランド連合王国）「イギリス人は自分たちの国をどう表記していると思いますか？」「UK（ユナイテッドキングダム＝連合王国）です」

「使用される言語は？」（英語）「国旗は？　ユニオンジャックといって、連合王国を構成する国ぐにの国旗を合わせた旗です」（28ページ参照）

サッカーやラグビーのワールドカップには、それぞれの構成国が別々に出場することなどを説明する。

● 旧大英帝国の範囲（59ページ資料4）を提示して「地図の着色された部分は何を表しているでしょうか」

「かつてのイギリス（大英帝国）です。日の沈まない帝国と言われました。なぜこんなに大きい？」（「世界を支配していた」「多くの植民地があった」）「現在は多くが独立し、日本より小さくなりました」

現在のイギリスの経済力に目をむける。「イギリスの経済力（GDP）は世界で第何位ですか」（「6位」欧州では2位、1人当たりでは日本より上）

(2) EUの抱える問題

・欧州の移民・難民問題

北アフリカからヨーロッパをめざす船の画像（資料2）を提示する。

● 「この写真の人びとは？（どこの人、何をしている、どこへ行く）」「なぜこの人たちはヨーロッパへ行こうとするのでしょうか」（「豊かだから」「働くため」「平和だから」）「入れてもらえるでしょうか？」
水際で押さえられ、入国できる人は少ない。

資料1　ブレグジットを求める集会

(Chris J Ratcliffe/Getty Images)

▶▶「1からわかる!「ブレグジット」(1) なぜEUから離脱したいの?」
(NHK「大学生とつくる就活応援ニュースゼミ」2019年10月11日)
www3.nhk.or.jp/news/special/news_seminar/jiji/jiji9/

資料2　アフリカからヨーロッパを船でめざす人びと

デジタル資料集

(CC by Irish Defence Forces)

イギリスは地理的にアフリカからの移民が入りにくいことを地図で確認させる。**資料3**を提示し「イギリスの人口が増えています。なぜでしょう」(「移民」**資料4**)「どこから?」(「ヨーロッパ」)「EU域内の人はイギリスに住めるのですか?」(「EUは人の移動が自由だから」)「なぜイギリスに行くのですか」

・EU域内の経済格差

教科書の地図等でEU加盟国の経済格差(**資料5**)を見る。「どれほどの格差ですか」「特に豊かだと思われる地域は?」(「西側」「北欧」)「逆に、豊かでない地域はどこですか」(「東欧」) 東欧諸国の遅れの原因を簡単に説明する。経済格差と移民にはどんな関係があるかを理解させる。

「イギリスに働きに行く理由は?」(「給料がいい」「仕事がある」)「イギリスの人にとっての移民のメリット、デメリットは何ですか」グループで答えを考えさせる。(「安く雇える」「敬遠される作業をやらせる」「簡単に解雇できる」「仕事を奪われる」「地域になじめない」等)

この問題とは逆に、西ヨーロッパの大企業が賃金の安い東欧地域に進出していることにも目をむける。経済格差の解消や、経済危機の対策で財政支援がおこなわれていることも補足する。

イギリスにとってプラス、マイナスの両面があるなかで、EU離脱を問う国民投票がおこなわれ、離脱が決まった(**資料6**)。投票結果を予想させる。(A)圧倒的に賛成、(B)大差で賛成が多い、(C)僅差。**資料7**を提示し、感想を発表させる。

前時の学習から、EUを離脱することのマイナス面を発表させる。(「自由な貿易ができない」「入出国にパスポートがいる」「資格が通じない」)

資料8を見せ、国境に混乱が起きていることを理解させる。

資料7の残留希望が多い地域に注目させる。「この地域はおもにスコットランドという国です。新たに起こりそうな問題は何か、予想してください」

[**留意点**] ....

● ブレグジットと関連づけ、イギリスとEUの課題の両方に目をむけさせて1時間で学習できるとよい。

● 東欧の学習が薄くなりがちなので、調べ学習で深められるとよい。東欧の発展がEU繁栄の課題でもあるので、東欧諸国の発展材料を見つけ出せるように課題を設定したい。   (長屋勝彦)

資料3　イギリスの人口の推移

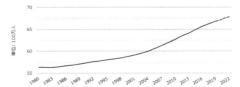

資料4　イギリスへの移民の推移

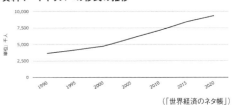

(「世界経済のネタ帳」)

資料5　EU域内の経済格差(2019年)

ヨーロッパ諸国の一人当たり国民総所得

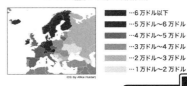

- …6万ドル以下
- …5万ドル〜6万ドル
- …4万ドル〜5万ドル
- …3万ドル〜4万ドル
- …2万ドル〜3万ドル
- …1万ドル〜2万ドル

(CG by Alice Huebler)

[デジタル資料集]

資料6　EU離脱決定を報じた記事

英、EU離脱へ
2年かけ脱退交渉
国民投票 多数確実

(朝日新聞 2016年6月24日号外)

資料7　国民投票結果と地域別の賛否

英国のEU離脱を問う国民投票の結果

■ 離脱多数派
□ 残留多数派

投票率　72.3%

離脱派 51.9%　残留派 48%

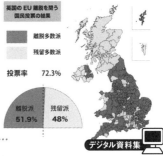

[デジタル資料集]

資料8　国境で停滞する物流
英仏を結ぶドーバー港のようす
(「ガーディアン」2022年4月2日)
www.theguardian.com/uk-news/2022/apr/02/gridlock-at-dover-as-lorries-wait-for-disrupted-ferry-services

ヨーロッパの国ぐに（7）
ロシア連邦と周辺の国ぐに

ねらい

● 広大なロシア連邦の国土と気候、そこで暮らす民族について理解する。

● 経済発展がすすむロシアの現在を知る。

● ソビエト連邦崩壊後のロシアの周辺の国ぐにについて理解する。

授業の展開

（1）広大な国土をもつロシアの人びとの暮らし

● 巨大なタラバガニの画像（**資料1**）を見せる。「産地はどこでしょうか？」
　「北海道」「実は、ロシアからの輸入品です」

　地図帳で日本とロシアの位置関係を確認する。何本もある不思議な国境
線（ポーツマス条約後の国境、現在の日本の主張する国境）、北方領土に
ついても簡単にふれる。成田からウラジオストクは飛行機で2時間。

　ロシアは世界一の面積を有する国。まず統計からロシアを見る。

　「面積は？　日本の面積の何倍？」「人口は？　日本と人口密度をくらべ
ると？」「首都は？　大統領は？」（できれば大統領の画像を提示）

　「ロシアはアジアですか、ヨーロッパですか？」スポーツの分野ではヨー
ロッパの国になる。ウラル山脈を探す。西側はシベリアでアジアに属する。

● 「これほど広いと不都合なことはありませんか」グループで話しあう。

　国境警備、時差（テレビ番組）、気候、物流、郵便、天気予報、言葉（方
言）、出張、自然災害、行方不明者の捜索、道路・鉄道の整備…etc.

　東と西では約1万1000キロメートル隔たり、時差10時間、11種類の
現地時間がある。世界一広い湖、深い湖もある。

● 「広いロシアを体験できるシベリア鉄道のツアーは有名です。東のウラ
　ジオストクから首都のモスクワまで何日かかるでしょう？」

　路線図（**資料2**）を提示。（A）3日　（B）5日
（C）7日　（答え：C）

　「シベリア鉄道は総計9288キロメートル。時
速約70キロで1週間かかります」

　日本列島は、稚内を朝6時台の始発に乗ると
23時前に東京に到着する。

　「列車の窓から見える風景を想像してみまし
ょう。2日目以降は針葉樹林地帯（タイガ）の
変わらぬ風景が延々と続きます」

資料1　タラバガニ

デジタル資料集

▶▶シベリア鉄道の車窓風景
www.asahi.com/and_travel/
20200422/239345/
他にも多くの動画がある。

資料2　シベリア鉄道

モスクワを出発して2日目にエカテリンブルク、3日目にノボシビルスク、
4日目にイルクーツク、5日目にチタ、7日目にハバロフスク、ウラジ
オストクに着く。

動画を見せて気づいたことを言わせてもよい。

「オイミャコンもシベリアにあります。どんな地域でしたか？　気候の特徴を振り返ってください」「シベリアには多くの少数民族が暮らしています。ロシア人の多くはスラブ民族ですが、どれくらいの民族がロシアで暮らしているでしょうか」(A) 20　(B) 50　(C) 100　(D) もっとたくさん

(2) 成長するロシア経済

●「BRICS」と板書し、経済成長の大きい国であることを確認。ロシアはR。「ロシアの工業製品で身近なものは？」と問う。

ソユーズ宇宙船（資料3）の国旗を確認し、国際宇宙ステーションの写真を提示。宇宙輸送はロシアの技術が中心になっていることを伝える。

「ロシアの輸出品を調べましょう。意外な答えになります」（「原油」「天然ガス」）「ロシア経済の特徴は資源依存の経済です」

(3) ロシア周辺の旧ソ連の国ぐに

●「ロシアは世界一広い国土ですが、20世紀末まではもっと大きな国でした。何と言っていたか知ってますか」（ソビエト社会主義共和国連邦＝ソ連）「ソ連崩壊後、ロシア以外の国ぐには独立しました。どんな国があるか地図帳で調べてみましょう」

・ヨーロッパ……バルト三国（ラトビア・エストニア・リトアニア）、西部のウクライナ、ベラルーシ、モルドバ、カフカス地方のアゼルバイジャン、アルメニア、ジョージア

バルト三国はソ連時代に敵対関係にあったEUに加盟した。

・イスラム教徒の多い中央アジア……ウズベキスタン、カザフスタン、タジキスタン、トルクメニスタン、キルギス

(4) ロシアによるウクライナ侵攻

板書：「2022年2月　ロシア軍が＿＿＿＿＿＿＿＿＿＿＿に侵攻」

・当時の新聞記事、破壊された市街や難民の写真などを提示し、生徒に覚えていることを発表させる。

2014年クリミア併合、2008年南オセチアをめぐるジョージアとの紛争、1994年以降のチェチェンなど、旧ソ連内での軍事的な問題がたびたび起きていることを紹介。ウクライナ侵攻の当初、ロシア軍に一時占領されたチョルノービリ（チェルノブイリ）原発について、1986年の原発事故から40年近くたった現在のようすも紹介できるとよい（資料4）。

留意点

●ロシア革命や旧ソ連時代、ソ連崩壊については歴史の学習でおこない、深くは扱わないでよい。

●ロシアと国境を接する国の数を調べ、ロシアの広大さを認識させるのもよい（海を隔てている国も含め16か国にのぼる）。　　　　　（長屋勝彦）

答え：D　およそ200、人口の80％がスラブ系ロシア人で20％が少数民族。

資料3　国際宇宙ステーションとソユーズ宇宙船

デジタル資料集

(NASA)

資料4　チョルノービリ（チェルノブイリ）原子力発電所

デジタル資料集

事故当時　　　(CC by IAEA Imagebank)

デジタル資料集

2007年撮影　　(CC by Cs szabo)

17 北アメリカの国ぐに（1）アメリカ合衆国
①広がるアメリカ

1 時間

ねらい

● わずか240年ほどの期間に、人口が約80倍（393万人から3億人超）に増えたアメリカ合衆国の成り立ちを、白人の移民、西部征服（開拓）、黒人奴隷の（強制）移住、世界中からの移民などの歴史から理解する。

● アメリカ合衆国は多民族・多文化の社会だが、課題を抱えながら今に至っていることを知る。

授業の展開

(1) アメリカ合衆国に住む人びと

● 「アメリカ人で、知っている人の名前をあげてみましょう」

「バイデン大統領」「トランプ元大統領」の名前はすぐにあがる。では、「アメリカの副大統領は誰か」と聞き、女性のカマラ・ハリス氏であることを伝え写真を見せる。そして、彼女のルーツについて予想させ、母がインド人、父がジャマイカ人であることを紹介する。さらに2020年に警官の暴行で殺されたジョージ・フロイドさんの写真を見せ、どんな人か聞く。少し説明して、アメリカにはどんな人たちが住んでいるか、教科書などで探させる。そして、戦前の日本人の移民やヒスパニックと呼ばれる人たちについても説明し、「アメリカにはいろんな人種や民族が住んでいる。それはどうしてか、アメリカの歴史から考えよう」と投げかける。

(2) 星条旗から学ぶアメリカ合衆国の由来

● 昔から今に至るアメリカ国旗（たとえば、13州、15州、30州、50州のもの）の画像（**資料1**）を見せ、「ここに4枚のアメリカ国旗（星条旗）があります。この4枚を、古いものから順に並べてみよう」と問う。アメリカ国旗は、インターネットで調べると移り変わりがよくわかる。

生徒と正解を確認したあとで、「この4枚の星条旗は何が同じで何がちがうだろう」と問い、独立当時の13州（縞の数）と、その時々の州の数（星の数）であることを確認する。そして、一般に使われているUSAという言葉が、正式国名 The United States of America の略称であることを説明し、独立した州（state=国）が連合した連邦国家であることを補足する。

(3) アメリカ合衆国はどのように広がってきたのか

・白人の移民たちがつくった13州がイギリスから独立した

資料1　星条旗の変遷

① ③

② ④

（参照：http://www.usflag.org/toc.flags.html）

のが1783年。その7年後の1790年にアメリカの人口は393万人。そこからわずか240年後の現在は50州で3億人を超える。

● 「アメリカ合衆国はどのようにして州を増やし、人口を増やしてきたのか」その謎を班で話しあい、発表する。（「フランスやイギリスとの争いに勝って領土を増やした」「先住民の土地を奪って白人が移り住んだ」「アフリカから黒人を奴隷として連れてきた」「豊かな生活や自由を求めて世界中から移民がやってきた」）

・生徒の発表をひとつひとつ確認したあと、特に南部への黒人奴隷の移住については、奴隷船の船倉の図（**資料2**）を示して説明する。映画『アミスタッド』（1997年、アメリカ）の一部を視聴するのもいい。奴隷船の中でアフリカの人びとがどんなあつかいを受けたのか、そのひどさが伝わる。

資料2　18世紀の奴隷船ブルックス号の船倉

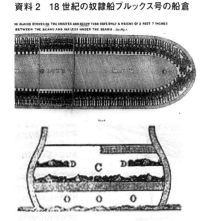

船倉の断面図

● ここで、①広がったアメリカ合衆国の面積は日本の何倍か、②首都や経済の中心地はどこかを確認する。さらに、アメリカ合衆国の広大な自然から、2つの地形に目をむける。

「フランス人が『岩だらけ（ローシューズ）の山脈』と呼び、そこに住んでいた人たちの名前（ロッキー族）がそのまま山脈名となった所はどこか」（ロッキー山脈）「『大きな川』（メス＝大きい、シピィ＝川）という意味からきた、北アメリカ最大の川の名前は何か」（ミシシッピ川）「また、それは何語か」（先住民の言葉）などとやりとりして、地名の由来から先住民（ネイティブ・アメリカン）の存在に気づかせる。

また、ケンタッキー（平原、牧草地）、テキサス（友人）、ハワイ（ポリネシア語で「神のおわす所」）などの州名も確認し、白地図やワークシートに書きこむ。

このように、アメリカ大陸には先住民がいたこと、白人たちが先住民を不毛の土地に追いやりながらアメリカ合衆国の国土を広げていった歴史も記憶したい。1907年に46番めの州となったオクラホマは、先住民の言葉、オクラ（人びと）とホマ（赤）が語源。白人が先住民を差別して呼んだ「赤いやつら」からきていることなども紹介する。

先住民族の今について、ニューメキシコ州に住む先住民族（タオス・プエブロ）の領土返還運動や、危険を知らされぬままウラン鉱山労働に従事し放射線被ばくに苦しむナバホ民族のことなども紹介できるとよい。

参考文献
本多勝一『新・アメリカ合州国』（朝日新聞社）
21世紀研究会編『地名の世界地図』（文春新書）
川北稔『砂糖の世界史』（岩波ジュニア新書）
本田創造『アメリカ黒人の歴史』（岩波新書）

留意点

● 先住民族や黒人奴隷の視点を忘れないようにしたい。

● 展開（1）（2）の資料では、生徒の発見（気づき）を大切にしたい。そこから「なぜ」という学習課題の探究へすすめたい。　　（佐々木孝夫）

18

北アメリカの国ぐに（1）アメリカ合衆国
②世界に影響を与えるアメリカの農業

ねらい

● 多くの農産物を世界に輸出し「世界の食料庫」といわれるアメリカの農業は、どのように営まれているか、その特色を理解する。

● 日本が食料の最大の輸入先としているアメリカとどうつながっているか、具体的なものをとおして今とこれからを考える。

授業の展開

（1）私たちの食卓に載るアメリカ産の食べもの

● 「スーパーで売っているアメリカ産の食べものには、どんなものがありますか」と聞く。（「牛肉」「オレンジ」など）

「今日の授業のために、アメリカ産のものを買ってきました」と言いながら、近くのスーパーで購入した、アメリカの農業とつながりの深いものをひとつずつ袋から取りだす。ひとつめに「パン！」と生徒が答えたら、「では、この原料は何ですか」と問う。「小麦」という答えに、「実は、日本で消費する小麦の49％（2020年）はアメリカから輸入しています」と話す。牛肉やオレンジのように形が見えるものばかりでなく、原料として形が見えないものに気づかせることも大切である。

それからひとつずつ、醬油（大豆）、サラダ油（とうもろこし）、ビーフジャーキー（牛肉）と見せていく。同時に、それぞれのアメリカからの輸入割合を、大豆（75.1％）、とうもろこし（63.4％）、牛肉（42.5％）と紹介していく（資料1）。「どれくらいだと思いますか」と聞いたり、3択クイズにして答えさせたりしてもいい。

さらに、「パン以外に、小麦からできるものにどんなものがありますか」と挙げさせ、うどん、パスタ、中華麺などの麺類や、菓子類の原料となっていることを確認する。また、大豆は味噌、納豆、豆腐、豆乳などの原料になっていること、とうもろこしは牛などの家畜のえさとしても使われていることを、生徒とのやりとりのなかで確認していく。アメリカ産の農産物が、私たちの食生活に大きく影響していることをつかみたい。

資料1　日本のおもな農産物の輸入国とその割合（2020年）

農産物名	自給率	輸入量(t)	輸入1位	輸入2位	輸入3位
小麦	16%	537万	アメリカ 49.0%	カナダ 36.1%	オーストラリア 14.8%
大豆	6%	316万	アメリカ 75.1%	ブラジル 14.1%	カナダ 9.9%
とうもろこし	0%	1577万	アメリカ 63.4%	ブラジル 35.0%	南ア共和国 1%
牛肉	36%	60万	オーストラリア 43.8%	アメリカ 42.5%	カナダ 6.3%

（『日本国勢図会 2021/22年版』より）

(2)「世界の食料庫」アメリカ合衆国

● ここまでをノートやワークシートに記入しながら確認し、「このアメリカとのつながりをどう思いますか」と聞く。（「アメリカからたくさん輸入できていい」「日本はアメリカに助けられていると思った」「アメリカの小麦や大豆は、農薬などの面で安全なのか」「もしアメリカから輸入できなくなったらどうなるのか」「食べものはもっと日本でつくったほうがいい」など）生徒の意見は共感的に評価したい。

● 「では、これらの農産物を、アメリカは世界で何番めに多く生産しているのか、地図帳の統計資料で調べよう」と指示し、ワークシートに記入させ、発表させて全体で確認する（小麦＝4位、大豆＝1位、牛肉＝1位、とうもろこし＝1位。さらに、これらの農産物は日本だけでなく、世界中に輸出されている。輸出についてもワークシートにまとめ、全体で確認する（小麦＝2位、大豆＝2位、牛肉＝3位、とうもろこし＝1位）。アメリカが「世界の食料庫」といわれるゆえんを実感させたい。

(3) アメリカの農業がこんなにすごい理由を調べ、考えよう

● アメリカの農業は、生産も多く、世界中に輸出する強さをもっている。「日本の農業とくらべて、何がちがうのだろう」と問う。

　具体的なものとして牛肉をくらべてみる。実物を見せるのがよいが、無理な場合は写真を撮って示すとよい。そして、具体的に「アメリカの牛肉と日本の牛肉、何がそんなにちがって、アメリカ産のほうが売れるのか」と考えさせる。（「肉づき」「味」「脂の割合」「値段」）

　「そのとおり。アメリカの牛肉は安い！」スーパーで購入した日本産とアメリカ産の牛肉パックに貼ってある価格表示ラベルをくらべると、生徒にもちがいがよく伝わる（例：某スーパーで日本産は100グラムあたり690円、アメリカ産は230円）。「では、アメリカの農産物はなぜ安いのか。安くつくれる理由を調べ、考えよう」と、班で話しあうことを指示する。

・調べて話しあった内容を黒板に書かせ、①広い農場・企業的農業、②大型機械・化学肥料、③少人数での労働、などの要点を、教科書の写真や資料（センターピボット方式やフィードロットなど）で押さえる。

・アメリカの農業分布図をノートやワークシートにまとめさせる。

・資料2の事実なども示した上で、ふたたび「日本の食料に大きな影響をもつアメリカの農業について考えたことは何か」と問い、自分の意見を書いてまとめとする。

資料2　気候に影響を受ける農産物

1973年……世界的な不作で、アメリカ産大豆の価格が3倍に上がる。アメリカでは輸出規制もおこなわれた。

2005年……ハリケーン・カトリーナによりアメリカ産とうもろこしの港からの積出が困難になり、日本は備蓄で対応した。
（農林水産省HPより）

　留意点

● 知識を蓄えることはもちろんだが、学んだ事実をどう考えるかという思考も大切にしたい。食料供給に混乱が起きた過去の例などを補足し、アメリカの農業と日本のくらしをむすびつけて考えさせたい。（佐々木孝夫）

ねらい

● 世界一の国内総生産(GDP)を誇るアメリカ合衆国は、どのように工業を発展させているのかを理解する。

● アメリカ合衆国が圧倒的な実力をもつ航空宇宙産業が、軍需部門の発展とともにあることを理解する。

授業の展開

(1) この工業製品は何?

● 「**資料1**は、ある工業製品の国別保有台数(2017年)です。1位＝アメリカ合衆国、2位＝中国、3位＝日本、4位＝ロシア、5位＝ドイツ。さて、人口3億人あまりのアメリカで、2億7000万台も普及しているこの製品は何だろう?」と問う(あらかじめ模造紙などに数字を書いておくとよい)。班で話しあわせ、理由もつけて発表させるとおもしろい。

・「パソコン」「携帯電話」「ゲーム機」などと出たら、それぞれ生徒の家では何台あるか挙手させたり、たとえば携帯電話契約者数(2019年)だと、①中国(17億2570万人)、②インド(11億5148万人)、③アメリカ合衆国(4億2200万人)などと示したりするのもよい。

・すぐに正解は言わず、この工業製品を1年間でどれくらい造っているか、あえて2000年の資料(**資料2**)を示す。①アメリカ合衆国(1280万台)、②日本(1014万台)、③ドイツ(553万台)、④フランス(335万台)、⑤韓国(312万台)。そしてふたたび、「2000年では、生産もアメリカが世界一。さて、これは何だろう」と問う。

1980年以前と、1990年代中ごろから2005年まで(80年〜94年は日本に抜かれた)世界一の自動車生産国だったアメリカ。自動車工業とともに発展してきたアメリカの工業を印象づけたい。そして、正解(自動車)を言う。

(2) アメリカ合衆国の自動車工業

・アメリカ自動車工業の成立について、まず、フォード・モデルTの写真(**資料3**)を見せる。1903年にヘンリー・フォードがデトロイトに設立したフォード・モーター社が、1908年以降、改良を加えながら造った自動車であることを話す。「1908年では、その組み立て(シャーシ)に1台あたり14時間かかった。それが1914年には、1台あたり1時間33

資料1 世界各国の自動車保有台数(2017年)

順位	国名	保有台数(台)
1	アメリカ	2億7602万
2	中国	2億907万
3	日本	7808万
4	ロシア	5296万
5	ドイツ	5009万

『世界国勢図会 2020/21年版』より

資料2 世界の自動車生産(台)推移

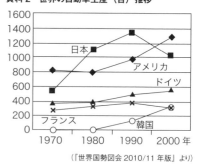

『世界国勢図会 2010/11年版』より

資料3 フォード・モデルT

デジタル資料集

分に短縮。何が変わったのでしょうか」と投げかける。ベルトコンベア
による流れ作業の生産方法がここから始まったこと、1910年には年間2
万台弱だった生産台数が1916年には50万台、1923年には200万台を
超したこと、大量生産により価格が1910年に950ドルだったものが、
1915年には490ドル、1925年には290ドルまで安くなったことを説明
しながら、数字をワークシートに記入していく。

・そして、自動車生産に欠かせないものとして鉄が必要であることを確認
し、石炭や鉄鉱石の産地（五大湖周辺）、鉄鋼業の街（ピッツバーグ）
を地図帳で調べ、工業発展の成り立ちをつかむ。

「最近はアメリカの自動車工業はどうなっているのだろう」と言って、
2019年の自動車生産台数（**資料4**）を示す。1～3位の国名は空欄にして
生徒に答えさせるとよい。

時間があれば、アメリカが以前のように1位でいられなくなった理由を
話しあってみたい（値段の安い車を生産する韓国・中国やインドの台頭）。

(3) 自動車工業から先端技術産業（IT産業や航空・宇宙産業）へ

●「それでも、アメリカは世界最大の経済大国。何をつくりだして世界に
売っているのだろう。知っているアメリカの会社をあげよう」と問う。
GoogleやCoca-colaなど、企業のロゴマークを示すとわかりやすい。

・自動車工業以外にもさかんな産業があることを確認し、**資料5**を示し
て地図帳にマークさせる。

「工業がさかんな地域は、どのあたりに集まっていますか」と問う。

五大湖周辺（自動車）とサンベルト（航空機や電子機器）であることを
地図帳で確認し、サンベルトで工業が発達した理由を教科書等で補足する。

さらにシリコンバレー（サンフランシスコ近郊）の写真を見せ、ここに本
社を置くICT関連企業を確認する。GAFA（Google・Apple・Facebook・
Amazon）についても確認したい。また、日本の空を飛ぶ大型旅客機の多
くがアメリカのボーイング社のものであることにもふれる。

そのうえで、世界の兵器製造企業（2021年）の売上高ベスト5（**資料6**）
に名をつらねている企業（①ロッキード・マーチン、②ボーイング、③ノ
ースロップ・グラマン、④レイセオン、⑤ゼネラル・ダイナミクスのすべ
てがアメリカの航空機産業の会社であることを示して、「どんなことが考
えられるか」と問いたい。

留意点 ....

●アメリカ自動車工業の成立と発展について、具体的な数字をもとにつか
ませていきたい。

●航空宇宙産業という先端技術産業が、一方で兵器の開発と製造で発展し
ている現実にも目をむけさせたい。 （佐々木孝夫）

資料4　世界各国／地域の自動車生産台数（2019年）

順位	国名	生産台数（台）
1	中国	2572万
2	アメリカ	1088万
3	日本	968万
4	ドイツ	466万
5	インド	452万
6	メキシコ	399万
7	韓国	395万

※ドイツはトラック・バスを含まず。
（『世界国勢図会2020/21年版』より）

資料5　アメリカの工業製品出荷額（2008年）上位10州

順位	州名	出荷額（ドル）
1	テキサス	6439億
2	カリフォルニア	5203億
3	オハイオ	2982億
4	イリノイ	2703億
5	ペンシルバニア	2493億
6	ルイジアナ	2282億
7	インディアナ	2208億
8	ミシガン	2107億
9	ノースカロライナ	2017億
10	ニューヨーク	1653億

（『世界国勢図会2010/11年版』より）

資料6　世界の兵器製造企業と売上高（2021年）

順位	企業名（国名）	出荷額（ドル）
1	ロッキード・マーチン（米）	473億
2	ボーイング（米）	292億
3	ノースロップ・グラマン（米）	262億
4	レイセオン（米）	234億
5	ゼネラル・ダイナミクス（米）	220億

（『世界国勢図会2020/21年版』より）

20 北アメリカの国ぐに（1）アメリカ合衆国
④豊かな国の貧困・アメリカの素顔

1 時間

ねらい

● 超大国アメリカのもつさまざまな面に、いくつかの視点からせまり、アメリカへの認識を深める。

● 豊かな国の貧困について考えを深める。

授業の展開

(1)「○○大国」アメリカ合衆国

● 「アメリカ合衆国を『○○大国』と名づけるとしたら、どんな言葉を入れますか」と問う。「何がすごいか、有名か」と補足してもいい。前に出てきて、黒板に次々と書かせる。これまでのアメリカ学習や、生徒個々のさまざまな知識をもとに、生徒一人ひとりが今もっているアメリカ像を豊かに出させたい。

「工業大国」「農業大国」「金持ち大国」「有名企業大国」「映画大国」「貿易大国」「スポーツ大国」などのほかに、「銃大国」「軍事大国」「肥満大国」などが出れば、ほめてあげたい。ときには「イケメン大国！」などの声も上がり、なごやかになる。

これらからいくつかをとりあげて、生徒のアメリカ像が正しい一面をとらえていることを地図帳などの資料で確認する。たとえば、①貿易大国（輸出額と輸入額の合計は世界2位。ただし、輸出は2位で輸入がダントツ世界一）、②銃大国（アメリカ国民の所有数は約2億7000万丁。複数の銃を持っている人もいれば、まったく持っていない人もいる。1960年代にはアメリカの約半数の世帯が少なくとも1丁の銃を所有していたが、今日では全世帯の3分の1まで減少している。アメリカ大使館ホームページより）、③スポーツ大国（アメリカ4大プロスポーツはNBA＝バスケットボール、MLB＝メジャーリーグ、NHL＝アイスホッケーがそれぞれ30チーム、NFL＝アメリカンフットボールは32チームもある。チームの売上高もNYヤンキースの725億円をはじめ、すべてのチームが200億円を超えた。**資料1**）、④軍事大国（軍事費が7780億ドルで世界の39%を占めダントツの1位。**資料2**）、⑤企業大国（売上高世界トップ500社中アメリカ企業は121社。**資料3**）。

・10億ドル以上の資産を持っている世界の億万長者は2755人（2021年、米『フォーブス』誌）。そのうちアメリカ人は最多の724人（日本人48人）。1位はアマゾン創始者のジェフ・

資料1　MLB（メジャーリーグ）のチーム売上高（2019年）

1位	ニューヨーク・ヤンキース	725億円
2位	ロサンゼルス・ドジャース	596億円
3位	ボストン・レッドソックス	560億円
4位	サンフランシスコ・ジャイアンツ	501億円
5位	シカゴ・カブス	490億円

（『世界地図2020年版』成美堂出版）

資料2　世界の軍事費（2020年度）

順位	国名	軍事費額（ドル）
1	アメリカ	7780億
2	中国	2520億
3	インド	729億
4	ロシア	617億
5	イギリス	592億
6	サウジアラビア	575億
世界合計		1兆9810億

（「世界軍事費報告」ストックホルム国際平和研究所より）

資料3　売上高で世界の上位を占めるアメリカの大企業（2018年度）

順位	会社名	売上高（ドル）
1	ウォルマート・ストアーズ	5144億
8	エクソン・モービル	2902億
11	アップル	2656億
12	バークシャー・ハサウェイ	2478億
15	アマゾン・ドットコム	2329億
17	ユナイテッド・ヘルスグループ	2262億

（『世界地図2020年版』成美堂出版）

ベゾス氏で19兆2900億円、2位は電気自動車メーカーのテスラのイーロン・マスク氏で16兆4600億円（**資料4**）。3兆8300億円を超す40位までにアメリカ人は20人も入っている（日本人は2人）。確かに金持ち大国だ。

(2) 貧困大国アメリカ

●「でも、こんな本を出した人がいる」と注目させ、堤 未果の著書『ルポ貧困大国アメリカ』（岩波新書）を見せて、「アメリカが貧困大国とは、どういう意味だろう」と問いかける。

（「お金持ちだけど心は貧しい」「自由だけど銃などの犯罪が多い」「白人と黒人の人種差別がある」「ホームレスも多い」）

生徒の説明に耳を傾け、以下の3点を紹介する。

「日本で、病院に行ったのに診てもらえないことはあるか」と聞く。（「新型コロナかどうかわからないとき」「患者が多すぎるとき」「待てば診てもらえるよ」）

アメリカは日本のような公的な医療保険がなく、無保険者はおよそ3000万人。人種別の人口比だと、白人の無保険率5.9％に対して黒人10.6％、ヒスパニック16.1％と非白人系の無保険者が多い。だから医療費が高くなり、民間の保険に加入していない人は治療を拒否されることもある。

「10年前の新聞に、『アメリカ合衆国の4500万人（7人に1人）が空腹とたたかう』とあったが、どういうことか」と問う。（「太りすぎのためダイエット」「作物がとれなかった」「断食の祈り」）

アメリカには「フードスタンプ」（食料交換クーポン）と呼ばれる低所得者向け食料品購入補助制度があって、これを受給して食いつないでいるアメリカ人が2020年3月時点で約3300万人もいることを説明。「どう思うか」と聞く。

「みんなが同じように貧しいわけではない。格差がある」と話し、「白人世帯の所得（中央値）が約7万1300ドル、黒人世帯はどれくらいか」と問う。約4万3300ドルで、白人世帯の6割に過ぎないと説明。さらに、白人世帯の資産（中央値）が14万4200ドルに対して、黒人世帯では1万1200ドル（白人世帯の7.8％）と、人種間に大きな経済的不平等が存在することも伝える。そして、黒人のジョージ・フロイドさんへの白人警官による暴行と、全米に広がった「BLM」（黒人の命も大切）の抗議活動を紹介し、多文化主義をめざすアメリカの現状にもふれたい。

資料4 世界の億万長者（10億ドル以上）の中のおもなアメリカ企業人

順位	名前（企業名）	資産（ドル）
1	ジェフ・ベゾス（アマゾン）	1770億
2	イーロン・マスク（テスラ）	1510億
4	ビル・ゲイツ（マイクロソフト）	1240億
5	マーク・ザッカーバーグ（フェイスブック、現メタ）	970億
8	ラリー・ベイジ（グーグル）	915億
25	フィル・ナイト（ナイキ）	499億
27	チャールズ・コーク（コーク・インダストリーズ）	464億
30	マイケル・デル（デル）	451億

（「世界長者番付」2021年版、『フォーブス』より）

留意点 ....

●黒人差別とそれを克服しようとする人びととのたたかいについて、奴隷貿易、奴隷制度、人種隔離政策、「奇妙な果実」（ビリー・ホリデイ）、キング牧師と公民権運動などを軸に1時間の授業を考えてみたい。 （佐々木孝夫）

参考文献
堤未果『ルポ貧困大国アメリカ』（岩波新書）
矢部武『アメリカ白人が少数派になる日』（かもがわ出版）
黒崎真『マーティン・ルーサー・キング』（岩波新書）

北アメリカの国ぐに(2)中米
軍隊を捨てた国コスタリカ

ねらい

● 中央アメリカ（中米）には、カリブ海地域もふくめると 21 もの国があり、そこには、これまで内戦や大国の圧力に苦しみながらも、平和で安定した社会を求めてきた人びとがいることを知る。

● 特に、軍隊を捨てた国として名高いコスタリカの人びとの平和に対する考えかたを学ぶ。

授業の展開

(1) 南北アメリカ大陸のあいだに位置する中米の国ぐに

● 中米にはいくつ国があり、人口はどのくらいか予想させ、「地図帳を開いて調べよう」と指示する。

　21 か国、およそ 2 億人（メキシコに約 1 億 2600 万人）が住む。21 か国のなかで知っている国があればあげさせ、どんなことで有名か（陸上のジャマイカ、地震のハイチ、医療のキューバなど）をたずねて関心を高める。

　そして、「21 か国のうち、7 つの国（ドミニカ国、セントルシア、グレナダ、セントビンセントおよびグレナディーン諸島、パナマ共和国、セントクリストファー・ネービス、コスタリカ共和国）は『○○がない国』。何がない国だろうか」と問う。班で話しあわせ、予想を発表させる。（「鉄道がない？」「大きなビルがない？」「犯罪がない？」）

　世界（約 200 か国）には、軍隊のない国が 27 ある（前田朗『軍隊のない国家』日本評論社）。その 27 のうち 7 つが中米にある。そのなかでも特筆すべき国、コスタリカを学ぼうと呼びかける。

(2)「軍隊を捨てた国」コスタリカはどんな国か

・コスタリカという国をほとんどの生徒は知らない。映画『ジュラシック・パーク』の撮影の舞台になった豊かな自然をもち、エコツーリズムのメッカとして注目されていることを紹介する。

・コスタリカの位置を地図帳で確認。コスタリカが軍隊を捨てた当時（1949 年）やその後、まわりの国ぐににはどんなようすだったか、資料 1 から読みとる。（「内戦ばかり」「アメリカや軍人の支配」「貧困」）

●「それなのに、なぜコスタリカの人びとは軍隊をもたないことがいいと考えたのか」と問う。生徒の意見に耳を傾けつつ、「軍隊をもつから相手を疑って戦争の危険性が高まる。だから、軍隊をもたないことが最大の防衛力だ」という人びとの考えを紹介する。

資料 1　1950 年代から 80 年代の中米の国ぐにのようす

①パナマ共和国
パナマ運河のあるこの国には、アメリカが軍事的にも経済的にも大きな影響力を及ぼしている。1989 年まで軍人の大統領が続いた。

②ニカラグア共和国
地震や内戦、相次ぐ巨大台風などの影響で貧困にあえぐ借金大国。1979 年に内戦が起きた。

③エルサルバドル共和国
1979 年〜92 年まで内戦にあけくれていた。

④グアテマラ共和国
中米地域でもっとも長い 36 年にわたる内戦が続いていた。
（足立力也『平和ってなんだろう』岩波ジュニア新書より）

・コスタリカについて、クイズ4題（自然、歴史、産業）。

①緯度は北緯10度で日本よりずっと南だから、12月末まで半袖で過ごす。しかし、夏でも昼は30度を切り、夜は15度ぐらいになる。なぜか。

②公用語はスペイン語。なぜか。

③国名（コスタ・リカ）の由来は？　それを名づけたのはだれ？

④かつて、先進国のデザートをつくるので「デザート経済」と言われた。何を栽培してきたのか。

そして、1948年の内戦で死者2000人を出したことをきっかけに、当時のフィゲレス大統領は「兵舎を博物館に変えよう」と軍隊の廃止を宣言。翌年発布の新憲法12条で軍隊の禁止を定めて、以来、軍事費を教育予算に替えてきたことを紹介。さらに今では、医療費も無料とする国になっていることを補足する。

(3) 積極的平和主義の国コスタリカ

● 1979年、平和主義のコスタリカに大きな危機が訪れる。**資料2**を読んで、コスタリカはどうしたか考えさせる。

班討議のあと、意見を出しあう。「コスタリカは積極的永世非武装中立宣言（1983年）をして国際社会の注目を集め、世界の国から支持・賛同を得る。だから、アメリカもコスタリカに手出しできなくなった」と説明。そして、「1986年大統領になったアリアス・サンチェスは、あることをしてノーベル平和賞（1987年）を受賞した。何をしたのか」と問い、「アリアス大統領は、ニカラグア、グアテマラ、エルサルバドルの3国の内戦を終わらせた。それは、コスタリカの特使を3国に派遣し、内戦当事者どうしの話しあいをおこなって合意をつくることができたから」と、コスタリカの積極的な平和外交を説明する。

・コスタリカの小学5年生に「平和って何？」と聞くと「民主主義と人権と環境」と言い、では「民主主義とは？」と聞くと「対話で問題を解決すること」と答えたという。

・イラク戦争でアメリカを支持した当時の政府を憲法違反だとする大学生（ロベルト・サモラ氏）の訴えに対して最高裁判所憲法小法廷は全員一致で違憲判決を出した。判決を受け大統領はアメリカ支持を撤回した。

・2017年の核兵器禁止条約交渉会議で、コスタリカは議長国としてその成立に大きな貢献をした。

3つのエピソードを紹介し、「コスタリカの人びとにとって平和とは何だろう」と問うてみたい。

留意点 ......

●憲法で軍隊を廃止したコスタリカという国や人びとを、21世紀の希望を見つけられる国として中学生に伝え、日本の未来をともに考えたい。

(佐々木孝夫)

〈答え〉
①都市が標高1100mの高地にあるから
②昔、スペインの植民地だったから
③「豊かな海岸」の意味。コロンブスが命名
④コーヒーとバナナ

資料2　ニカラグア内戦で危機に直面したコスタリカ

1979年、隣国のニカラグアで革命が起きて独裁政権が倒された。しかし、新政府（サンディニスタ）に反対する反政府勢力（コントラ）ができ、アメリカがこれを支援し内戦となる。アメリカは、コントラの基地をコスタリカ領内につくるよう圧力をかけてきた。一方、サンディニスタ政府はコントラを支持しないように要求した。サンディニスタ政府の要求を認めればアメリカにつぶされる。しかし、アメリカの要求を鵜呑みにしてしまうと、ニカラグアの正当な政府を敵に回してしまうことになる。どちらをとっても国の危機に立たされてしまうコスタリカは、いったいどうするのだろう。
（前掲『平和ってなんだろう』より要約）

22 南アメリカの国ぐに

2時間

ねらい

● 「人種のサラダボウル社会」といわれている南米、とりわけ BRICS の一角として国際社会で発言力を増すブラジルの現在について理解する。

● 1990年代以降、日本で日系ブラジル人や日系ペルー人が多く就労するようになった。日系人が多く住む南米の国ぐにと日本との歴史的関係について理解する。

● 白地図作業をとおして、南米の国ぐにの地形的特徴などを学習する。

授業の展開

(1) 人種のサラダボウル社会

● 資料1の写真を見せて、「写真の人は何をしているのだろう？」と問い、自由に発言させる。「『この国の輸出世界一』を見て、この国はどこかを書きましょう」コーヒー豆などから、すぐにブラジルだとわかる。

● 資料2を見せ、「写真は、この国の都市のものです。どんなことがわかりますか」と問う。さまざまな人種が混在するサラダボウルのような社会であることを指摘する。「ブラジルの人口を構成する3つのおもな集団の名前を言ってみましょう」(「ムラート」「インディオ」「メスチーソ」)

● ブラジルについて、次のような質問をして調べさせ、資料3の空欄を埋める問題を解かせる。

①ブラジルの面積は世界第何位ですか？

②ブラジルの人口は世界第何位ですか？

③ブラジルにある南アメリカ最大の都市はどこですか？

④ブラジルの首都はどこですか？

⑤ブラジルを代表するスポーツは何ですか？

⑥毎年2月に国内各地でおこなわれるカーニバルの音楽は何ですか？

(2) 日系人の住む南米の国ぐに

● 資料4の写真を見せながら、「ここはブラジル・サンパウロのリベルダーデ。気づいた点をあげてみよう」と聞く。(「提灯がある」「日本みたい」)「ブラジルには、約150万人の日系人が住んでいる。そのなかにはブラジルの社会で中心的な役割を果たしている人もいれば、日本に出稼ぎに来る人もいる」

身近で日系ブラジル人を見かけた経験のある生徒がいれば発表させる。

● 資料5を読み、日系人が置かれている立場について自由に発言させる。

BRICS（ブリックス）
近年高度経済成長を続けるブラジル、ロシア、インド、中国、南アフリカの頭文字を合わせた総称。

資料1 農場のようす

(PANA)

この国の輸出世界一（農業）
砂糖 (36%)
コーヒー豆 (27%)
オレンジジュース (76%)
大豆 (51%)
鶏肉 (38%)
牛肉 (22%)
とうもろこし (20%)
豚肉 (10%)
(2019年、ブラジル農畜産連盟)

資料2 サンパウロの街

(CC by rede Brazil Atual)

資料4 サンパウロの東洋人街
（リベルダーデ）

資料3　ブラジルの経済と社会

　かつてのブラジルは（　　　　　）などを中心とするモノカルチャー（単一耕作）の農業国でした。世界恐慌（1929〜33年）後にとられた工業化政策によって、1960年代には「ブラジルの奇跡」とよばれる年10%以上の経済成長をとげました。現在、工業製品の輸出は、輸出総額の55%にたっしています。近年は（　　　　　）を原料とするバイオエネルギー（生物からつくられる燃料）の開発もおこなわれ、BRICS（ブリックス）と呼ばれる新興経済国の一角を占め、国際社会で発言力を増しています。
　ブラジルは（　　　　　）がすすんだため、人種などによる差別はほとんどありませんが、（　　　　　）の格差が広がり、深刻な社会問題（ストリートチルドレンやスラムなど）になっています。そのため、社会的格差を少なくしようと訴えた大統領が当選するなど、新しい社会をつくろうとする動きもみられます。

（答え：コーヒー／サトウキビ／混血／貧富）

資料5　「私のかぞく」

私のかぞく　　弓場幸江 14歳
　私のかぞくは、4人です。だけどお父さんとお母さんは日本へ行きました。私とお兄さんはおばあちゃんとおじいちゃんの家に住むことになりました。
　お父さんとお母さんが行って2年半たちました。たまに手紙や電話をしてくれます。電話がかかってきたときは、とても一日楽しいです。
　お母さんが今までやってくれていたことは、おばあちゃんがしてくれるので、お母さんがいなくてもだいじょうぶだけれども、やっぱりお父さんやお母さんはいつも幸江のそばにいてほしいなと思います。お母さんたちは来年の5月ごろに帰ってくるそうです。はやく5月がきたらいいなと思います。

（サンパウロ州奥地のアリアンサ村にある弓場農場日本語学校の生徒作文）

　「日本へのデカセギで、子どもたちがさみしい思いをしている」などの発言があるだろう。ブラジルだけではなく、南米の国ぐににはたくさんの日系人が住んでいるが、その歴史について、**資料6、7**を見せながら、かんたんにふれておく。

(3) 白地図作業
●「白地図に南米の国ぐにの国名を記入しましょう」
　白地図が完成しない場合は宿題にする。

資料6　ブラジル移民募集のポスター（1925年ごろ）

デジタル資料集

資料7　農場で働く日本人移民

デジタル資料集

> **留意点**
>
> ●現在のブラジルや南米の国ぐにのようすについて伝える最新の映像資料は、インターネットの動画サイトを検索すれば手に入れることができる。これらの動画は、同時代をあつかう地理学習には不可欠なツールになっていくと思われる。新聞各社のサイトから最近放映されたニュースなども視聴が可能なので、リアルタイムで「現在のブラジルのすがた」を授業では紹介することができる。
> ●日系人の歴史については歴史学習、日系人労働者の人権問題については公民学習のなかであつかうので、地理学習のなかでは、現在の日系人のようすがわかるような教材を探すことが必要である。身近な地域に日系人の学校や商店があれば、訪ねてみよう。　　　　　　（本庄 豊）

23 アフリカの国ぐに（1）
アフリカ州の自然環境と歴史

1時間

ねらい

●アフリカ州の地形を調べ、理解する。

●イスラム教の歴史的背景と生活とのかかわりについて考える。

授業の展開

(1) アフリカ州に関するブレインストーミング

●「アフリカ州といえば、思いつくことは何がありますか？」と問いかけ、
生徒自身が知っていること、抱いているイメージをノートに書かせる。

　「出てきたことを全体に発表してください」（「ナイル川」「砂漠」「植民
地」「黒人」など）

(2) アフリカ州の地形

●「アフリカ州の地形について確認していきましょう」と問いかけ、地図
帳を開いて調べさせる。

　「アフリカ大陸を流れる世界最長の川を知っていますか？」（「ナイル川」）

　「では、北アフリカに広がる世界最大の砂漠は？」（「サハラ砂漠」）

　「それぞれ、どこにあるか調べてみましょう」

　位置の確認。ナイル川については、青ナイルと白ナイルに分かれている
ことに気づかせる（資料1）。

　「サハラ砂漠の東西南北の幅と面積はどれくらいでしょう」（東西が約
4800キロ、南北が約2000キロ、面積約900万平方キロ」）

　「砂漠の自然について、○×クイズをします」

①砂漠でおぼれて死んだ人がいる。（○）

②砂漠で凍死した人がいる。（○）

③サハラ砂漠の80％以上は砂におおわれている。（×）

④砂漠には、毎年、緑の草原になるところがある。（○）

・山地と岩石台地が約10％、礫砂漠が70％弱、砂砂漠が20％強である。

(3) イスラム教とその生活

●「北アフリカで多く信仰されている宗教は何でしょう？」（「イスラム教」）

　「イスラム教の特徴としてどんなことが挙げられるか調べてみましょう」

・信仰の告白…「アッラーのほかに神はなし、ムハンマドは神の使徒なり」
　と言うこと。

・礼拝…1日5回、メッカの方向にむかって礼拝をおこなうこと。

・断食…イスラム暦の9月（ラマダン月）に、太陽が昇っている間は飲食

資料1　ナイル川

(Derivative work: Jugger90 - White_and_
Blue_Nile-en.svg, CC BY-SA 2.5)

をしない。

・ハラル…イスラム法において合法なものを指す。イスラム法に基づき生産・処理された食品以外を口にしない。認証を受けた製品には認証マークが付される（**資料２**）。

（4）歴史的背景

●「アフリカ州の中でもとりわけ、古代文明が栄えた国があります。どこか知っていますか？」（「エジプト」）

「その歴史は紀元前まで遡ります。古代文明が栄えた地域の共通点として、大河、ここではナイル川が挙げられますね」ここで以下の発問をする。

①現在に至るまでのエジプトの歴史はどれくらいか。（約5000年）

②なぜ昔は、川の近くに人が住んでいたと考えられるのか。（農業や漁業のため）

③なぜエジプトで古代文明が栄えたのか。（ナイル川と肥沃な土壌のため）

川の氾濫によってもたらされる肥沃な土壌、これを活用して農業がさかんになったこと、氾濫時期を予測するために発展した天文学については歴史的分野でふれる。

④エジプト文明といえば、どのような建築物や遺物が挙げられるか。（ピラミッド、ミイラ等）

⑤では、なぜ現在は先進国に名を連ねていないのだろうか。（植民地支配による影響）

●「16世紀以降、アフリカ州では植民地支配の歴史が始まります。新大陸発見後、南北アメリカ大陸へ労働力として連行されたのがアフリカ州の人びとです。こうした人びとの立場を何といいますか？」（「奴隷」）

「その名残りが地図帳に残っています。探してみましょう」

地図帳で「奴隷海岸」を確認する。

●「19世紀末までに、アフリカ大陸のほとんどの国はヨーロッパ諸国に支配されます。このことを何と言いますか？」（「植民地（支配)」）

「1960年代以降、アフリカ州の多くの国が独立を果たします。このため、1960年代を『アフリカの年』とも言ったりします」

留意点 ‥‥‥‥‥‥‥‥‥‥‥‥‥‥

●アフリカ州について知っていることを生徒からなるべく多く挙げさせ、興味関心を引きつけたい。

●地図帳で地形等の確認をさせる。Google Earth なども使い、生徒自身に発見させたい。

●自然環境や宗教と実際の生活が関連しあっていることについて、多様な視点からの発問で考えを深めさせたい。　　　　　　（猪股千央）

資料２　ハラル認証マーク

実際にハラルマークつきの商品が多く流通するのは東南アジア地域。もともと国民の大部分がイスラム教徒の国では、認証がなくてもハラル食品であることがほとんどのため。

▶▶ハラル・ジャパン協会
「ハラル認証について」
https://jhba.jp/halal/certification/

資料３　ギザのピラミッド

デジタル資料集

資料４　砂漠ツアーでの宿泊

デジタル資料集

（筆者撮影）

24

アフリカの国ぐに(2)
アフリカ州の産業の変化とこれから

1時間

ねらい

● アフリカ州の鉱産資源の産出国を調べる。

● アフリカ州のおもな産業と経済状況について調べ、考えを深める。

● アフリカ州と私たちのつながりを知る。

授業の展開

(1) 豊富な鉱産資源

● 「教科書にあるアフリカ州の鉱産資源の地図を見てください。アフリカ州で産出される鉱産資源には、どんなものがありますか?」と問い、読み取らせる。(「原油(石油)が多くとれる」)

「では、以下の条件に合うように資料から読み取って答えてみましょう」と問いかける。

①原油(石油)はどの国、あるいはどのあたりで多く産出されているか。(アフリカ北部や赤道付近で原油が多く産出されている)

②産出される鉱産資源の種類が多い国はどこか。(南アフリカ共和国)

③原油やダイヤモンド以外で、アフリカ州で多く産出される鉱産資源は何か。(クロム、コバルト)

「これらの資源は、自然界にもともと埋蔵量が少ない資源です。これらをまとめて何と言いますか?」(「レアメタル(希少金属)」)

(2) モノカルチャー経済

● 「アフリカ州で豊富に産出される鉱産資源。あなたならどう活用しますか?」(「輸出する」)

「では、これだけ資源が豊富なのにもかかわらず、なぜアフリカ州の国ぐにには先進国に名を連ねていないのか、考えてみましょう」

ここで植民地支配の影響に気づかせたい(**資料1**)。

「植民地時代に、宗主国によって形成された大農園のことを何といいますか?」(「プランテーション」)

「ここで生産された物を輸出することで、アフリカ各国は長年経済を成立させてきました。単一の資源もしくは農作物の生産に特化してきたことから、これをモノカルチャー経済といいます」

(3) チョコレートと私たち

● チョコレートの空き箱を提示して「この商品の原材料は何ですか?」と問いかける。(「カカオ」)

資料1 アフリカの植民地分割

1913年の欧州列強によるアフリカの植民地分割状態

ベルギー	イタリア
イギリス	ポルトガル
フランス	スペイン
ドイツ	独立国

デジタル資料集

(Eric Gaba-Wikimedia Commons user: Sting, CC BY-SA 3.0)

「カカオはどこで生産されているでしょうか？」（「ガーナ」「コートジボワール」など）

カカオの生産量の多い国（**資料2**）と日本が多く輸入している国（**資料3**）では、国順位が多少異なっていることに気づかせる。

「カカオは、いくつかの条件を満たす場所でしか栽培することができない作物です」

「カカオが栽培されてからチョコレートになるまでの工程を知っていますか？」

明治製菓のウェブサイトには漫画で学べる資料もあるため、生徒の実態に応じて活用する。

● 「他にも、アフリカ州の国から私たちは多くのものを輸入しています」

タコや、綿花などの商品作物にふれつつ、地図上では遠く離れたアフリカ州を身近にとらえさせ、発問や課題を自分ごととして考えさせる。

（4）アフリカのこれから

「アフリカ州の国ぐには、植民地支配や戦争、紛争などを経験し、それを乗り越えながら今日まで発展してきました。それに対する支援・援助をおこなう団体もあります。たとえば、学校の建設や農業支援、生活用水の確保のために井戸の掘り方や作り方を現地の人に教える活動をおこなっている人たちがいます」

国際協力 NGO や NPO 団体、JICA や青年海外協力隊についてふれる。学習当初に抱いていたイメージから、発展や経済成長に視点を向けさせる。

● 「このような影響があるとわかったうえで、最初の地図に戻って再度考えてみましょう。国の発展のために、あなたならこれらの資源をどのように活用しますか？」

ここでフェアトレードにふれる（**資料4**）。生産者と、輸出相手国やその企業との間の取引をより公正におこなうことで、適正な賃金や労働環境の改善等に活用することを指す。

資料2　カカオ豆の生産量の多い国（2019年）

順位	国名	生産量（千トン）
1	コートジボワール	2,180
2	ガーナ	812
3	インドネシア	784
4	ナイジェリア	350
5	エクアドル	284
6	カメルーン	280
7	ブラジル	259
8	ペルー	136
9	コロンビア	102
10	ドミニカ共和国	89

（総務省統計局「世界の統計2022」より）

資料3　日本のおもなカカオ豆輸入国　　　　（トン）

国名	2016	2017	2018	2019	2020
ガーナ	48,669	40,412	43,595	39,338	38,564
エクアドル	4,185	5,804	5,816	5,128	3,702
ベネズエラ	5,653	4,130	3,813	4,277	2,357
コートジボワール	1,770	1,464	2,647	1,891	1,584
ドミニカ共和国	1,060	1,268	1,620	1,523	1,037
ブラジル	169	496	280	477	448
ペルー	332	271	415	192	447
カメルーン	495	300	148	498	200

（日本貿易統計による）

▶▶ Hello, Chocolate
（明治製菓）
www.meiji.co.jp/hello-chocolate/basic/05.html

資料4　国際フェアトレード認証ラベル

（特定非営利活動法人フェアトレード・ラベル・ジャパン）

留意点　　　　　　　　　　　　　　　　　　　　　　　　　　

● 資料や地図帳などから、おもな鉱産資源の産出国と、その種類の多さに気づかせたい。

● 植民地支配の影響を受けモノカルチャー経済になっている側面と、一方で世界の産業を支えるような側面にも気づかせたい。

● 貧困や課題だけではなく、これからのアフリカのすがたや、さらなる発展のためにどんなことが必要か、あるいはできそうか、生徒自身がイメージし自分の言葉で表現できるように支援したい。　　　　（猪股千央）

25

オセアニアの国ぐに(1)太平洋の島々

1時間

●オセアニアの意味と地域分けを知り、太平洋のサンゴ礁の島々に住む人びとの暮らしと文化を理解する。

●ビキニ環礁、ムルロア環礁など太平洋地域が、第二次大戦後、アメリカなどの核実験場にされてきたこと、また、それに対する人びとの行動を理解する。

授業の展開

(1)「オセアニア」の意味

●「オセアニアってどういう意味かわかる?」という問いから授業を始める。(「大洋州」=大洋の世界という意味で、オーストラリア〔「南方大陸」という意味〕と太平洋の島々からなる)

(2) オセアニアの地域分け

　太平洋地域は、赤道・日付変更線を基準にして、大きく3つの区域に分けられていることを地図帳で確かめる。①ポリネシア(ハワイ・イースター島・ニュージーランドを頂点とする大きな三角形の中にある「多数の島々」)、②メラネシア(ポリネシアの西側の赤道をはさんで南に位置する、ニューギニアをふくむ「黒い島々」)、③ミクロネシア(ポリネシアの西側の赤道をはさんで北に位置する「小さい島々」)とそれぞれ呼ばれる。

(3) 太平洋地域の人びとの暮らしと文化

　ビデオ教材(NHK『人間は何を食べてきたのか』シリーズなど)や写真などを使って、太平洋地域の人びとの風俗や習慣、暮らしと文化を紹介する。タロイモやヤムイモ、ココヤシやパンノキの実、ヤシガニ、魚介、海鳥、ウミガメなどを食べ、飲用と調理用の水はスコールの雨水を使い、自然の恵みによって生活してきた。

(4) 水没の危機に瀕する国ぐに

　ツバルやキリバスなど、地球温暖化の影響で水没の危機に瀕している南太平洋のサンゴ礁の国ぐにもとりあげる(**資料2**、29ページ「こんな国知ってますか?」の項目も参照)。

(5) 核の実験場にされたマーシャル諸島とパラオの非核憲法

　マーシャル諸島が第二次世界大戦後、アメリカの核実験場にされてきた

資料1　オセアニアの区分

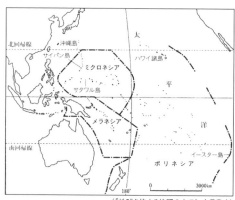

(『地球を旅する地理の本7』大月書店)

映像教材

NHK クローズアップ現代『終わりなき核被害〜50年目のビキニ事件』(2004年3月放送)

（朝日新聞 2007 年 3 月 19 日　傍線・ルビは引用者）

（読売新聞 2010 年 8 月 2 日　傍線は引用者）

歴史と、それに対するマーシャルの人びととの行動（国連への訴え、アメリカに補償を求める訴訟、「プロジェクト4・1」＝島民を実験材料にした疑惑の追及など）にふれる。時間があれば、発展「ビキニ水爆被災事件とマーシャル諸島の人びと」（92 ページ）でさらに深める。2010 年 8 月に、ビキニ環礁が「負の世界遺産」に登録されたことにもふれる（資料3）。

（6）パラオの非核憲法

　パラオ（パラオ語ではベラウ）の非核憲法の成立（1981年）について簡単にふれる。しかしその後、アメリカ合衆国との自由連合協定をめぐって住民投票がくり返された結果、93 年に憲法の非核条項を凍結し、防衛・軍事権を合衆国に移管する一方、自治権を獲得。94 年 10 月独立した（ブリタニカ国際百科事典より）。

資料4　パラオ共和国憲法の非核条項（抜粋）

第 13 条（総則）
第 6 項　戦争での使用を目的とした核兵器、化学兵器、ガス兵器、生物兵器、さらに原子力発電所、およびそこから生じる廃棄物などの有害物質は、パラオの司法権が行使される領域内で使用、実験、貯蔵、処分をしてはならない。ただし、この特別な問題に関し、国民投票で投票総数の 4 分の 3 以上によって明白な承認が得られた場合は例外とする。

留意点

● ビキニ水爆被災から 70 年近く経った現在のマーシャル島民の核被害の実態と、今も廃炉までの工程の見通しが立たない福島第一原発の事故による放射能汚染問題とをリンクさせて学習させたい。　　　　（滝口正樹）

参考文献
歴史教育者協議会編『知っておきたいフィリピンと太平洋の国々』（青木書店）＊絶版

26 オセアニアの国ぐに(2)オーストラリア

2時間

ねらい

●オーストラリアの自然や歴史のあらましと産業（農牧業や鉱工業）との関係を知り、白豪主義（イギリス本国とのむすびつき）から多文化社会（アジアとのむすびつきの強化）へと変化してきていることを理解する。

●鉱産資源の開発と日本企業のかかわりを考える。

授業の展開

(1) 南北を逆さにした世界地図

オーストラリアで発行されている、南北を逆さにした世界地図（**資料1**）を黒板に貼って、ふだん見慣れている北半球中心の地図との印象のちがいを発言させる。

(2) オーストラリアの気候

「サンタクロースがサーフィンをしている」絵柄の切手（**資料2**）から、北半球と季節が逆転しているオーストラリアの気候について理解させる。

(3) 先住民族アボリジニー

●「オーストラリアの先住民族を何といいますか」（「アボリジニー」）

白人がつけた呼称で、「原始的な住民」という意味の英語である。

「アボリジニーのなかには、投げた人のところに戻ってくるめずらしい道具を使っていた部族がいた。この道具は何？」（「ブーメラン」）「これも、イギリス人がつけた呼び名なんだ」「はね返る・戻ってくる」の意味。

(4) 世界一の牧羊国

●「オーストラリアで多く飼われている家畜は何ですか」（「羊と牛」）

「羊の背中に乗った国」と言われたオーストラリアだが、もともと羊は一頭もいなかったことにふれ、世界一の牧羊国になったいきさつを略年表（**資料3**）でまとめる。この略年表から、①イギリス人が羊を持ちこんだのは毛織物の原料を本国に売るためであったこと、②イギリス人は羊を飼うための広大な土地をねらってアボリジニーを迫害し（タスマニア・アボリジニーは絶滅）、さらに奥地へ追いやったことを押さえる。

・羊や牛がどこで飼育されているかを調べさせ（大鑽井盆地）、鑽井＝掘り抜き井戸（**資料4**）の自噴水を利用して飼育してきたことにふれる。

資料1　南北逆さの世界地図

資料2　オーストラリアの切手

資料3　オーストラリアと羊の歴史

1770 年	クック（イギリス人）がボタニー湾（現在のシドニー）に上陸 →東海岸のイギリス領有を宣言
1788 年	イギリスの流刑地となる→囚人約 700 人などが上陸（アメリカの独立で、これまでのようにアメリカに囚人を送りこめなくなったため）
1790 年	囚人船に乗っていた兵士が羊を運び、飼育を始める
1797 年	入植した将校の 1 人が、スペインで普及していたメリノ種の羊を輸入（当時イギリスはスペインと戦争をしていたため原料難だった） イギリス人は先住民アボリジニーを奥地に追いはらって広大な土地を占有し、羊毛を生産してイギリス本国に輸出 →オーストラリアはイギリスの毛織物工業の原料供給地となる

資料4　掘り抜き井戸

（『地球を旅する地理の本6』大月書店）

(5) 白豪主義から多文化社会へ

オーストラリア連邦の成立（1901 年）とともに始まった白豪主義（「連邦移民法」をつくり白人以外の移民を制限・禁止）にふれ、それが移民法の改正（1972 年）から多文化社会（アジアとのむすびつきの強化）へと変化してきたことを説明する。

オーストラリア政府が 2008 年 2 月、議会で「先住民アボリジニーに対する正式な謝罪」をおこなったことも補足する。

(6) オーストラリアの鉱工業（資料5）

マウントホエールバック鉱山では、日本企業が鉄鉱石を専用の大型機械で採掘

資料5　オーストラリアの鉱工業の分布

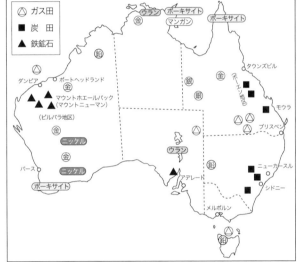

し、海岸まで鉄道で輸送し、港（ポートヘッドランド）から日本まで鉱石運搬船で運んでいる（鉄道も港も日本企業がつくった）。しかし現在は、鉄鉱石の最大輸出先が日本から中国に変わっていることも補足する。

(7) ウラン開発と日本企業

原発を 1 基ももっていないオーストラリアが、核燃料になるウランの原産国（世界の約 4 分の 1 を産出し、その 33％を日本に輸出）になっており、開発に日本企業がかかわっている。ウラン産出地域（北部のジャビルカ・レンジャー地域）はアボリジニーの聖地であり、処理の際に出る放射性廃棄物や廃棄水による汚染が、地元の自然保護団体などから抗議されている（資料6）。この問題をどう考えるか、子どもたちにぜひ問いたい。

資料6　アボリジニーの聖地を踏みにじる日本企業のウラン開発

留意点

●福島第一原発事故以後、「原発をどうするか」は大きな問題であり続けている。特に日本企業によるウラン開発は、この問題を考えるうえでもたいへん重要であることを強調したい。　　　　　（滝口正樹）

参考文献
歴史教育者協議会編『知っておきたいオーストラリア・ニュージーランド』（青木書店）＊絶版

ビキニ水爆被災事件とマーシャル諸島の人びと

2時間

ねらい

● ビキニ水爆被災事件が、平和と人権にかかわる、地域（焼津・高知・沖縄・東京など）・日本（全国の漁港）・世界（アジア・太平洋諸島の人びとやアメリカの被ばく兵士など）をつらぬく未解明・未解決の核問題であることを理解する。

授業の展開

（1）ビキニ水爆実験

● 「ゴジラが誕生したいきさつを知っている人？」と問いかけ、そこからビキニ水爆実験につなげる。

「このビキニ水爆実験に遭遇した、日本のマグロ漁船の名前を聞いたことがある人は？」「この船の展示館が、東京の夢の島の埋め立て地にあるのを知っていますか」と問いかけ、読み物資料「ビキニ水爆実験と第五福竜丸」（**資料1**）を読む。または、当時のニュース映像を視聴する（そのなかで、第五福竜丸の元乗組員・大石又七さんに生徒たちを出会わせる）。

「実験がおこなわれた、ビキニ環礁（2010年に負の世界遺産に登録）がある国はどこだった？」（「マーシャル諸島共和国」）

・読み物資料「マーシャル諸島の核被害」（**資料2**）を読む。読み物資料「大石又七さんからのメッセージ」（**資料3**）で深めたり、大石さんがマーシャル諸島を48年ぶりに訪れた際の映像資料『第五福竜丸元乗組員48年目の航海』（TBS、2002年7月5日放送）を視聴できるとイメージしやすい。大石又七さんは2021年3月に87歳で亡くなった。

（2）ビキニ事件は終わっていない

● 「ところが、被災した船は第五福竜丸だけではなかった。その事実を最初に明らかにしたのは、高知の高校生たちの調査だった」と切り出し、**資料4**「ビキニ事件は終わっていない」を読む。日本船だけでも1000隻以上が被災し、韓国船も被災した可能性が高いこと、沖縄やフィリピン近海まで放射能雨に汚染されたことなどにふれる。

「マグロは放射能検査したが、人間は検査しなかった」ために、被災船員の健康被害（晩発性障害）の実態はいまだに明らかにされていないこと、被災船員・被ばく島民・アメリカの被ばく兵士らが「核被害者」としてむすびついてきていることなどにふれ、「ビキニ事件は終わっていない」ことを補足してまとめる。

資料1　ビキニ水爆実験と第五福竜丸
第五福竜丸平和協会編、川崎昭一郎監修『フィールドワーク第五福竜丸展示館』（平和文化）などより作成

資料2　マーシャル諸島の核被害
安斎育郎・竹峰誠一郎『ヒバクの島マーシャルの証言』（かもがわブックレット）などより作成

資料3　大石又七さんのメッセージ
大石又七『これだけは伝えておきたいビキニ事件の表と裏』（かもがわ出版）、同『矛盾』（武蔵野書房）などより作成

資料4　ビキニ事件は終わっていない
高知県ビキニ水爆実験被災調査団編『もうひとつのビキニ事件』（平和文化）などより作成

読み物資料の一部をデジタル資料集に収録。

デジタル資料集

▶▶都立第五福竜丸展示館
http://d5f.org

〈板書例〉

1954 年 3 月 1 日…ビキニ環礁でアメリカが水爆実験
→ マーシャル諸島共和国にある（ミクロネシア地域）
→広島型原爆の 1000 倍

- 第五福竜丸（マグロ漁船）をはじめ、856 隻以上の船が被災（第二次大戦中の爆薬量 5 回分）
- マーシャル諸島の人びとも「死の灰」を浴びる
  →600 人以上　　→ 放射性物質をふくむサンゴの粉

◎核実験は体と心を傷つけ、マーシャルの人びとのくらしや文化全体を破壊
（ビキニなどの島民はいまだに帰島できない）

- アメリカに被害補償を求める裁判を起こしている
- 核実験の被害を伝える→核実験被害記念館（ロンゲラップ平和ミュージアム）の建設をめざす

★ビキニ事件は終わっていない

- 事件そのものが未解明のまま（被災船の数は 1000 隻をこえる）
  → マグロは検査したが人間は検査しなかった
- 沖縄、台湾、フィリピン、グアム、韓国など、アジア・太平洋諸島の人びとの影響
- 被災漁船員の深刻な健康被害（晩発性障害→ 25 〜 30 年で発がん）
- ビキニ事件による医療保障制度の充実を国際的な連帯で発展させることが必要

ビキニ被災船員・被ばく島民・アメリカの被ばく兵士が核被害者としてむすびつく

〈まとめ〉

◎ビキニ水爆被災事件は、平和と人権にかかわる地域・日本・世界を串ざしにした
未解明・未解決の核問題

留意点 ....

● 福島第一原発事故の問題とビキニ水爆被災事件をむすびつけて、ていね
いに学習することが重要である。

● その後、ビキニ被ばく船員訴訟が起こされ、2023 年 2 月現在、2 つの裁
判（①東京地裁で、全国健康保険協会を被告として、労災申請却下の取
消しを求める裁判、②高知地裁で、国を被告として、憲法 29 条に基づ
いて損失補償を求める裁判）がたたかわれていることも取り上げたい。

（滝口正樹）

映像教材
NHK『核戦争後の地球』（1984
年放送）
NHK-BS『ビキニの黙示録』
（1997 年 8 月放送）
TBS『第五福竜丸元乗組員48
年目の航海』（2002年7月放送）
DVD 高知県高校生ゼミナール
『ビキニの海は忘れない』（1990
年制作）
NHK クローズアップ現代『終
わりなき核被害〜 50 年目のビ
キニ事件』（2004 年 3 月放送）

参考文献
飯塚利弘『久保山愛吉物語』
（かもがわ出版）

「世界の国調べ」新聞と大使館への手紙

● 長期休暇の課題として、調べ学習や聞き取り調査などが考えられる。１年生の夏休みは、１学期に世界の国ぐにやさまざまな気候のもとでくらす人びとのようすを学んだ生徒たちが、世界の国について自分で調べ、新聞にまとめることをとおして、世界各地の人びとに関心をもつことができる課題に挑戦させたい。ここでは中学１年の夏休みにおこなう「世界の国調べ」とまとめ新聞づくり、そして新聞の発表会と「大使館への手紙」送付の学習活動について紹介する。

● 自分が調べた国の人たちと少しでもつながることができれば、より一層世界の国や社会とのかかわりに興味をもつことができる。まして、大使館の人たちから返信をもらえたなら、生徒たちは達成感や誇らしい気持ちを抱くだろう。時には、大使館から「中学校を訪問して生徒たちと直に交流したい」という嬉しい申し出を受けることもある（実践校ではこれまでにガーナ大使、コスタリカ大使、UAE 大使、ヨルダン参事官、韓国大使館から職員４名の訪問があった）。生徒たちの世界を広げる「大使館への手紙」は、とても楽しい教育活動になる。

授業の展開

(1)「世界の国」新聞づくりの課題を提示する

　夏休みに入る前に、子どもたちに次のような内容をプリントした課題を提示する。時間に余裕があれば、調べたい国の本を図書室で探したり調べたりすることも大切。また、毎年積み重ねていけば、卒業生の作品のコピーを見せてイメージを持たせることもできる。

〈夏休みの課題〉「世界の国」新聞をつくる

　「新聞記者になったつもりで、その国を紹介しよう」

①調べてみたい国をひとつ決め、その国を紹介する新聞を所定の用紙（B4 のファックス原紙）に作成する。

②新聞の題となるテーマを決める。たとえば「軍隊を捨てた国コスタリカ」「老人が幸せな国デンマーク」「14 億人がくらす中華人民共和国」「地球温暖化とたたかう国ツバル」「人種差別を乗り越えた南アフリカ共和国」など。テーマを考えるのは、その国のどんな点に関心があるのか、知りたいのかをはっきりさせることで、深く調べたり考えたりできるからだ。

③どんなことを紹介するか、その内容が大切。その国の優れていること、誇れること、他の国ではあまりない珍しいこと、人びとが楽しんでいること、その国の人びとが苦労していること、がんばっていることや課題など。

④調べ方：図書室や図書館の本で探す。インターネットで資料を集める。

⑤調べたら、紹介する内容を４〜６程度にしぼる。それぞれの内容について深く掘り下げて（どうしてそうなのか等）記事を書く。

〈新聞の書き方〉

- ・全体を2〜4段（3段が書きやすい）に分ける。
- ・記事を紹介する「小見出し」をつける。
- ・イラストや絵、図や表などを入れて見やすくまとめる。
- ・写真などのコピーを使う場合は3つ以内にすること。
- ・新聞の最初に「その国を調べようと思った理由」について書く。
- ・新聞の最後に「その国についてあなたが考えたこと」を書く。
- ・黒ペンで書くのを基本とし、文字の太さや色ペンの使用など工夫する。

（2）クラスごとに新聞の発表会をおこなう

　2学期がスタートしたら新聞の発表会をおこなう。発表の仕方は学級の人数による。

①人数が多いときは、4人班で1人3分程度の発表を順番におこない、その後に班代表者がクラス全体の前で発表する。

②人数が少ないとき（学級人数が30人程度）は、1人につき1分30秒程度の持ち時間で、クラス全体の前で順番に発表する。

　どちらの場合も、自分がつくった新聞をもとに、みんなに伝えたいことを中心にした発表原稿を準備してから発表をおこなう。新聞はあらかじめスキャンしておき、大型テレビなどで子どもたちに見せながら作成者が原稿を読むスタイルがいい。発表会が終わったら廊下などに掲示するのもいい。

（3）大使館への手紙を書く

　この学習をさらに発展させてみたい。東京には世界各国の大使館がある。そこには、それぞれの国の大使や参事官、書記官などのスタッフが働いている。自分が調べた国の大使館に生徒自身が手紙を書くという学習活動である。生徒にとっては、自分が調べてわかったことをもう一度整理でき、もっと知りたいことや疑問に思ったことに答えてもらえれば、さらに学習を深めることができる。大使館の人たちも、日本の中学生が自国についてどのような理解をしているか知ることができ、新聞や手紙をもらえば嬉しいにちがいない。生徒数によるが、2020年度は約50か国の大使館に手紙を送り、30近い大使館から返信をもらった。実践にあたっては、校長に趣旨（国際交流、国際理解、持続可能な社会などをキーワードに）を説明すれば、まず許可してもらえる。

- ・生徒の手紙や新聞のコピーを送付する際には、かならず担当教師の手紙も添える。日本語の読める職員がいれば、この活動の趣旨を伝えてもらえるからである。教師の思いが伝わる手紙を書きたいものだ。英語の手紙も添えられるとさらによいが、可能な範囲でおこなうことが大切。

（4）返信を読みあい、共有して学習を深める

　大使館からの返信があれば、その手紙をコピーして生徒に配布し紹介する。さまざまなプレゼントを添えてくれる大使館もある。2020年度は、中国大使館からパンダのぬいぐるみ、エジプト大使館から文字や絵画の刺繍を施した布、オランダ大使館から美術の本、韓国大使館からお菓子などが贈られた。これらも紹介し、手紙を書いた生徒と教師からのお礼状を大使館に送る。

（5）主権者教育につながる

　このような取り組みをとおして中学生が世界を身近に感じ、「もっと学習していきたい」と学習意欲を高めてくれれば、それが何より大切だ。しかし、それ以上に、自分が疑問に思ったこと、関心をもったこと、伝えたいこと等を手紙にして社会に発信することは、今後のさまざまな教育活動につな

がる。

　たとえば、1年生の世界地理のまとめ学習では、「持続可能な世界」をテーマに、地球温暖化や核兵器廃絶などを学習することができる。その際にも、自分が調べたことを、その問題に関して社会で積極的に活動している人に宛てて手紙に書くことが可能だ。持続可能な世界やSDGsといったキーワードを、学習指導要領なども使って説明すれば、校長も取り組みに賛成してくれる。実践校では、「核兵器の廃絶」をテーマにした学習活動で、学習したことをもとに政党や被爆者の方々（被団協）、ICAN（川崎哲さん）などのNGOに手紙を書き、ていねいな返事をもらったり、被爆者の講演会につながるなど、学習を深めることができた。3年生では、模擬投票から政党に手紙を書くなどの公民分野の学習につなげることもできる。「大使館への手紙」は、中学生が社会に自分の意見を発信するさまざまな活動のきっかけにできる。

　また、主権者教育という側面からも大きな意味をもつ。世界の国やそこでの人びとの生活には、私たちとはちがう文化や歴史や暮らしがあり、当事者とつながることで、さまざまな人びとへの共感や理解を深めることができる。そして、それぞれの国や人びとが抱える課題や努力などを知ることで、「困難をつくりだしている原因は何か」「どうしたら良い方向へ解決できるか」「自分にもできることはないか」などと、自分に引きつけて考えることができる。社会で活動している人たちから、「社会は変えることができる」「一人ひとりの行動は小さくてもゼロではない。小さな行動が集まれば大きな力になる」などのメッセージをもらい、中学生でも「自分たちの行動で社会を変えていきたい」と考えていくことが可能だ。社会科教育の神髄がここにあるのではないだろうか。

留意点

● 手紙の場合、相手に読んでもらうことを考え、文字はていねいにはっきり書くことを指導する。
● 手紙という形にしたくない場合は、学習内容を自分がまとめたレポートという形で提出することも可能とする。
● 返事をもらった場合は、その都度、お礼の手紙を送ることを忘れないようにする。　　（佐々木孝夫）

参考　教師が添える手紙の例

デジタル資料集

生徒が書いた手紙（例）

（オーストリア大使　○○○○様）

　こんにちは。私は△△中学校の1年生です。地理の課題で貴国について調べました。それは、音楽の文化の魅力について知りたいと思ったからです。調べてみると、歌劇場や音楽に関する行事が多くて、さらに自然も豊かということに驚きました。オーストリアでは人々が昔から音楽に親しみ、地球温暖化への対策がたくさんされているのだとわかりました。また、国から認定を受けている民族の方々も尊重しており、9つの州それぞれに観光地がたくさんあって素敵だなと思いました。ひとつ質問があります。自然や街並みの美しさを守るために、どのような活動をしているのか教えてください。昨年、日本との友好150周年を迎えました。東日本大震災での支援、ありがとうございます。これからも日本との友好関係にご活躍ください。

（フィンランド大使　○○○○様）

　こんにちは。私は△△中学校の1年生です。私は夏休みの課題としてフィンランドを調べました。私はオーロラが大好きで、フィンランドのことをもっと知りたいと思い調べました。今回調べて、特に学力のすごさに驚きました。「学力世界一の国フィンランド」。この言葉を聞いて、より一層フィンランドのことを知りたくなりました。そして、疑問に思ったのは、どうして教育費が無料で、しかも0歳児から保育園に通えて24時間保育可能なのですか。ここまでできるのは本当にすごいと思います。私はフィンランドのことをもっと知りたいです。日本との友好にご活躍ください。

（カタール大使　○○○○様）

　こんにちは。私は中学校の地理の課題で貴国を調べました。それは、世界一豊かな国のカタールはなぜ豊かなのか、そしてカタールの人たちがどのような生活をしているのか気になったからです。調べてみると、カタールは天然ガスや石油などの資源国だから豊かなことがわかりました。また、所得税や消費税を徴収していなくて、光熱費、医療費、学費などが無料ということを知って私はびっくりしました。私たちの住む日本とはだいぶ異なった生活をしていて、うらやましいと思います。また、2022年のサッカーワールドカップへの期待も高まっています。ひとつ質問です。石油が無くなってしまうことはあるのですか。そして、無理なことかもしれませんが、カタールにあるお金を少しでも貧しい国に分けてあげたら、世界が明るくなっていくと思います。日本との友好関係にご活躍ください。

プラスチック汚染問題とSDGs

ねらい

● マイクロプラスチックについて、自分たちの生活とのかかわりから関心を深め、その原因や対策について探究する。それにより自分の行動を見直し、社会に対して問いを持って生きるきっかけとする。

● 本授業は、中学1年生・地理的分野の終結部の授業や単元となることを想定している。「世界の諸地域」の学習を終えたうえで本授業をおこなうことで、特定の課題についてグローバルな視点や、空間的な広がりを意識して取り組ませることができる。

授業の展開

(1) 自分たちの生活から生じるゴミの量を自覚する

授業までに「自分が出した1週間のプラスチックごみを集めてこよう」と呼びかけ、自分がどれくらいの量のプラスチックを捨てているのか自覚させる。次に、校区のゴミ拾いをおこない、分別をすることで、「どこに」「どのような」ゴミが捨てられているのか把握する。

例として「荒川クリーンエイド・フォーラム」のまとめによると、2016年に全国でのゴミ拾いで拾われたゴミとして、もっとも多かったのは飲料ペットボトルで4万1786個、2位は食品のポリ袋（菓子など）となっている。校区のゴミ拾いをおこなうことで、河川や路上にプラごみが多いことがわかるだろう。ゴミが多く散乱し

資料1　散乱ゴミの種類

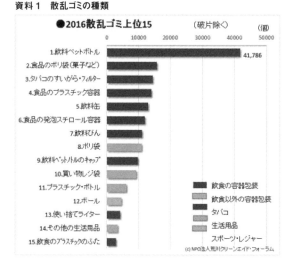

（荒川クリーンエイド・フォーラムHP https://cleanaid.jp/cleanaid/cleanaid_report/all_report）

ている場所を記録したり、写真を撮ってそのときの感情を書かせたりすることで、「なぜこの場所にゴミが多いのか」「路上や河川のゴミはどうなるのか」「ゴミを減らすためにどうすればよいか」など、生徒はさまざまな問題関心をもつと考えられる。

(2) プラスチック汚染について学ぶ

「校区に落ちているプラスチックごみのゆくえ」に注目し、海洋プラスチック問題を取り上げる。海洋プラスチック問題を端的に表す写真（「ウミガメが餌と間違えてビニール袋を食べる」「太平洋ゴミベルト」など）を提示し、プラごみが海洋に流れ出ることによって国際的な問題となっていることを理解する。そのうえで、「世界のプラスチック生

資料2　海岸に流れ着いたプラスチックごみ

産量」「１人あたりの年間プラスチック消費量」などの統計資料を提示し、今後もプラごみは増えることが予想されるなかで、どのように自分たちがプラスチック問題と向きあっていくべきか考えさせる。

(3) プロジェクトの提案「巨大新聞をつくって脱プラスチックを喚起せよ！」

新聞をつくるにあたって、自分たちが調べたい（明らかにしたい）課題は何か、ブレインストーミングをおこなう。調べたい課題を整理したうえで、課題ごとにチームをつくり新聞を作成する。課題として次のようなものが挙げられるだろう。

①プラスチック汚染の被害

②プラスチック汚染の原因

③地域のプラスチックごみ問題（私たちとプラスチックごみとの関係）

④プラスチック汚染への対策（世界各国、日本）

⑤プラスチック汚染をなくすために私たちができること

(4) 探究活動の実施

課題ごとのチームで、課題を整理し役割分担を行ったうえで、調べ活動をおこなう。それぞれの課題についての基本となる資料や視点については教師が用意しておくとよい。また、インターネットをとおして調べ活動をおこなう際は、かならず問いを明確にし、その問いに答えるために何を調べる必要があるのか指導したうえで、探させるようにする。割り当てられた部分の記述や資料を収集、分析した後、グループ活動をおこない各チームの新聞を完成させる。

(5) 巨大新聞の完成

黒板に自分たちのグループの新聞を貼りつけ、他のグループと合わせる。各チームがそれぞれの調査結果を発表したうえで、新聞の構成を考え新聞を完成させる。完成した新聞は、地域の商店街やスーパーマーケットに掲示できると、地域の住民に向けて脱プラスチック社会の実現を呼びかけることができる。

(6) 学習のふり返りとして、その後１週間や学習期間中に、自分たちの行動に変化があったか考えるのもよいだろう。実際に行動に移すことの難しさを実感することで、この問題の解決の難しさについて考えを深めることができる。

留意点

● SDGsについては批判的な見方も存在する。筆者も企業がSDGsを掲げることで、資本主義が引き起こすさまざまな問題を免罪するような動きには違和感をもっている。しかし、SDGsをどのように教室で取り上げるかは教師の裁量しだいである。これまでとスタイルの異なる挑戦的な授業も、SDGsを掲げることで実践可能になる場合もある。もちろん、授業をとおして生徒が理解するSDGsのとらえ方はさまざまであってよい。終結部の単元を有効活用して、社会に対する生徒自身の問題関心を深める学びを実現してほしい。

●生徒の意欲を高めるために、事前に地域のスーパーや商店街に声をかけ、新聞を掲示する許可を得ておくとよい。新聞づくりと言われると乗ってこない生徒もいるかもしれないが、地域のスーパーに自分の新聞が掲示されるとなると、取り組むモチベーションも上がるだろう。　　　　（岩崎圭祐）

参考文献
保坂直紀『海洋プラスチック』角川新書
保坂直紀「海洋プラスチック問題と市民の意識」『歴史地理教育』2021年3月号

日本のすがたと
身近な地域

1 日本の領域

2時間

ねらい

●日本の範囲を考え、日本の領土・領海・領空・排他的経済水域を理解する。
●日本の領土問題を理解する。

授業の展開

(1)「日本はユーラシア大陸の東側にある島国ですが、日本
列島を構成する4つの大きな島をなんといいますか」(「本
州」「北海道」「四国」「九州」)

「日本の面積は38万平方キロメートルで、世界で61番目
の広さです。日本と同様な面積の国を地図帳でさがしてみよ
う」(「ドイツ」「ジンバブエ」「ベトナム」「ノルウェー」等)

「38万平方キロメートルが日本の領土面積です。独立国が
もつ領域には、他にどんなものがありますか」(「領海」「領
空」「排他的経済水域」)

「領海は領土から12海里(約22.2キロ)です。領土・領海
の上空が領空です。排他的経済水域とは、沿岸から200海里
(約370キロ)までの水産資源や地
下資源を自国のものとすることが認
められているものです」(資料1)

(2)「日本の領土の東西南北の端を
調べてみよう」(資料2)

(「最東端は南鳥島」「最西端は与
那国島」「最南端は沖ノ鳥島」「最北
端は択捉島です」)

「それぞれの島を見てみましょう。
どこの都道府県に属しているのか。
人は住んでいるのでしょうか」

●「最東端と最南端の島は、どこの
都道府県ですか」(「東京都です」
「どうやって行くのですか」など)

「2つの島の住所は東京都小笠原
村です。南鳥島は東京から1950キ
ロ離れています。面積はわずか1.2

資料1 領土・領海・領空の模式図

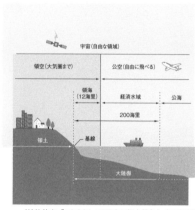

(松竹伸幸『これならわかる日本の領土紛争』大月書店)

資料2 日本の東西南北端と排他的経済水域

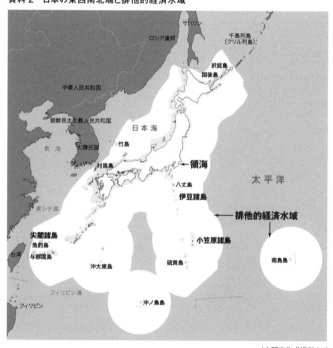

(内閣府作成資料より)

平方キロ、住民のいない無人島で、海上保安庁、海上自衛隊、
気象庁の職員、合わせて40人ほどが駐在しています。沖ノ鳥
島（資料3）は東京から1740キロもあり、郵便番号は100-
2100、東京都小笠原村沖ノ鳥島1番地（北小島）、2番地（東
小島）です。無人島で、最高標高は約15センチメートルです」
（「2つの島に人が住んでいるようには見えません」「沖ノ鳥島は、
どこが島かわからない」「標高15センチって、どんな島なの？」
「岩みたいに見える」）

資料3　沖ノ鳥島

（CC by Rockien）

「満潮時には東小島、北小島がわずかに海面上に姿をあらわすだけにな
ります。『島』と『岩』はどうちがうのでしょうか？　資料4を見てみよう」

資料4　国際海洋条約での規定

・島とは、自然に形成された陸地であって、水に囲まれ、高潮時において
　も水面上にあるものをいう。（第121条第1項）
・人間の居住又は独自の経済的生活を維持することの出来ない岩は、排他
　的経済水域又は大陸棚を有しない。（同条第3項）
・人工島、施設及び構築物は、島の地位を有しない。これらのものは、そ
　れ自体の領海を有せず、また、その存在は、領海、排他的経済水域又は
　大陸棚の境界画定に影響を及ぼすものではない。（第60条第8項）

「沖ノ鳥島は満潮時でも水面上にあるので、経済水域の権利があります。
人間が住めない岩には経済水域の権利がありません。この島があるから、
日本の国土面積以上の経済水域を確保できているので、1988年から300
億円かけて護岸工事をおこないました」
●「最西端の与那国島はどこの県ですか」（「沖縄県です」「Dr.コトーの撮
　影地だよ」「行ってみたいな。どうやって行くの？」）
「与那国島は、約29平方キロの面積をもち、日本の東西南北端のなかで
唯一、一般の交通機関で行ける島です。東京から沖縄の那覇空港まで2時
間10分、それから石垣空港まで1時間、そこから与那国空港まで30分。
与那国島から石垣島まで124キロ、台湾までは111キロです」（「東京から
遠いね」「与那国島の人には、台湾のほうが近いんだね」）
●「教科書にある地図の最北端の択捉島周辺の国境線で、奇妙なところは
　ありませんか」（「国境線が2つある」「千島列島と樺太島の半分が白くな
　っている」）
「択捉島は面積3185.65平方キロの島ですが、国後島、歯舞諸島、色丹
島とともに『北方領土』と呼ばれロシアが実効支配をしています。国際的
にはロシアの国土として扱われています。北海道本島から歯舞諸島の貝殻
島までわずか3.7キロ、国後島までは16キロで、知床半島から見えます」
（3）排他的経済水域と領土問題
　「海や海底にある水産資源や地下資源を所有できるのが排他的経済水域

です。その範囲は沿岸から200海里（約370キロ）以内で、ひとつでも島があると約40万平方キロの経済水域をもつことになります。日本は領土面積の12倍の経済水域をもっています。資料5で、排他的経済水域の面積を比較してみよう」

資料5　国土面積と排他的経済水域の比較

	アメリカ	ブラジル	インドネシア	日本	ニュージーランド
国土面積	963万	851万	191万	38万	27万
経済水域	762万	317万	541万	447万	483万
比率	約0.8倍	約0.4倍	約2.8倍	約12倍	約18倍

（単位は平方km。『中学生の地理』帝国書院より）

「経済水域の割合が高い国はどこですか」（「海に囲まれた国」「日本はたくさんの島があるから経済水域が多い」「沖ノ鳥島の護岸工事をした理由がよくわかる」）

「どこの国にとっても、経済水域は大切なものです。近年、中国・韓国と領有権を争っている島があり、大きな問題になっていますね」（「中国とは尖閣諸島」「韓国とは竹島」）

「2012年に日本政府が『尖閣の国有化』を宣言してから、中国で大規模な反日運動が起きた。日本政府の立場はどうなっているのでしょうか」

・竹島（島根県）について……日本政府は「歴史的にも国際法上でも日本固有の領土であるが、韓国とのあいだに主張の相違がある」としている。今は韓国が灯台を築き、警備隊を置いて実効支配している。

・尖閣諸島（沖縄県石垣市）について……政府は「日本固有の領土であり、日本が実効支配をしている。1970年代から中国が尖閣諸島の領有権を主張し始めた。尖閣諸島は、そもそも日本固有の領土であることは明らかで、領土問題自体が存在しない」という立場。

●「竹島と尖閣諸島を地図帳で調べてみよう」（「ウルルン島と竹島の中間点に国境線が引かれている」「尖閣諸島のところに魚釣島とある」「石垣市とも書いてある」）

・生徒からは「日本の領土なのに、勝手に『自分の国のもの』と言っている韓国や中国が悪い」「尖閣諸島付近で中国漁船が日本の船にわざと衝突した事件もあった」「最近も中国の船が日本の領海に入ってきているというニュースがあった」などの発言が予想される。

●「日本は『固有の領土』というけれど、尖閣諸島、竹島を日本が領有した当時の中国・韓国は、どのような状態だったのでしょうか」

・尖閣諸島領有は1895年1月。中国（当時は清）との日清戦争のさなかで、この戦争で清が敗北し、4月に下関講和条約をむすんだ。

・竹島領有は1905年1月。日露戦争のさなかで、日本が武力で韓国の支配権を強化していた時期。9月にロシアとポーツマス講和条約をむすんだ。

（「日本が領有したのは戦争中だったんだ」「だから、中国・韓国は武力で取られたと思っているんだ」）

(4) 領土問題は解決できるか

2020年からの新型コロナ感染症拡大、2022年2月に起きたロシアによ

尖閣諸島の所有者は栗原家（魚釣島・久場島・北小島・南小島を購入）。2002年以降、政府が年間約3000万円で魚釣島・北小島・南小島を借り上げた。2012年に日本政府が購入した価格は20.5億円。

るウクライナ侵攻は世界と日本に大きな影響を与えた。戦場となったウクライナの悲惨な状況を報道で見た生徒たちは、「武力ではなく話し合いで解決してほしい」と願っている。

　国と国の間の領土問題を話し合いで解決することは、むずかしいが事例はある。1959年に南極大陸を「平和的利用に限る」とした南極条約がむすばれ、南極は「人類共通の大陸」となった。また中国とロシアは、アムール川支流にある中州ダマンスキー島の領有権を話し合いによって解決したことなどを説明する。

● 「ロシアのウクライナ侵攻で、自国をどう守るかへの関心が以前より高まっていますが、中国との軍事的緊張が続く尖閣諸島や台湾とも近い与那国島の人々は、どう考えているのでしょうか」

・与那国島の人口はおよそ1700人（2021年）。2015年の1489人から2016年に1686人と急増している。2016年に「南西諸島における、中華人民共和国の軍事的脅威に対して、日本の離島防衛態勢の強化を目的とし」自衛隊基地が建設されたため。沿岸監視部隊を主体とする150人程度の自衛隊員が駐留している。

・2015年に基地建設をめぐる住民投票が行われ、賛成632票、反対445票で賛成が上回った。それから6年、島に住む自衛隊員とその家族は250人程度にのぼり、島人口の15％に。隊員が地域の諸行事に参加する「地域貢献」や自衛隊関連の税収入も島の財政に貢献している。しかし、台湾有事などを考え「自衛隊基地があれば、島が真っ先に攻撃を受けるのでは」との住民の不安も根強い。

　2013年6月23日、沖縄県の全戦没者追悼式で、与那国島小学校1年生（当時）の安里有生君が朗読した詩を絵本にした『へいわってすてきだね』（資料6）を紹介する。

　「この詩が書かれたのは、与那国島に自衛隊基地が建設される前です。詩の最後は『これからも、ずっとへいわがつづくように　ぼくも、ぼくのできることから　がんばるよ』と終わっています」

　「平和のために君たちががんばれることは、どんなことか考えてみましょう」と生徒たちに問いかけて終わる。

資料6 『へいわってすてきだね』

（安里有生詩、長谷川義史画、
ブロンズ新社）

留意点

● 日本の東西南北端や経済水域から、日本の領域・領土問題の実状を学ばせたい。

● 竹島・尖閣諸島の問題は、歴史的経緯、相手国や地元の視点も取り入れた内容にする。領土問題解決の例も示し、外交交渉・話し合いが大切なことを理解させたい。
（桜井千恵美）

2 日本ってどんな国（1）日本の地形

1 時間

ねらい

● 日本の複雑な地形の成因と特色を調べ、世界的な視野から理解する。

● 地形と生活、災害とのかかわりを考える。

授業の展開

(1) 世界の中の日本列島

● 日本の活発な火山活動の迫力ある写真や映像を見せる。「日本にはたくさんの火山があるね。世界全体から見たらどうかな」

　世界のおもな火山と地震の分布図（**資料1**）を見せて、「日本列島は新しい火山の連なった造山帯の一部だね。日本が属しているグループは？」（「環太平洋造山帯」）アンデス山脈から太平洋を一周してニュージーランドまでたどる。「造山帯に火山とともに集中しているのは？」（「地震」）「まさに地震の巣で、列島のまわりも含めて、日本のどこでも起こりうるんだね」

● 「火山や地震が集中しているのは、何の境目？」（「プレート」）

　日本列島付近は複数のプレートが重なる、世界でもめずらしい地域だ。日本列島はもともとアジア大陸のへりにあったものが、プレートの移動とともに切り離され、二つに分かれて移動し、それが再びひとつにつながった。つながった境目がフォッサマグナ（大地溝帯）とよばれ、その西の端が「糸魚川・静岡構造線」である。

資料1　世界のおもな火山と地震の分布

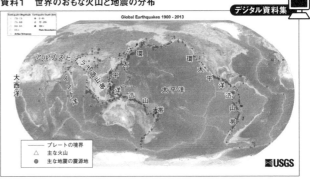

（USGS 作成、1900 年から 2013 年）

日本列島の誕生にまつわるダイナミックな動きを伝えるため、NHK「列島誕生ジオ・ジャパン」（2017 年、2020 年放送）やその書籍（宝島社）を紹介したい。

(2) 日本の山地

● 「日本で一番高い山は？」（「富士山」）「標高は？」（「3776 メートル」）

　遠くから見た美しい山体の写真だけでなく、複数の火口を持ち江戸時代にも噴火した活火山であること、それが3つのプレートの重なりに位置すること、古くから信仰の対象とされ 2013 年に世界文化遺産に登録されていることなど、富士山にまつわる話題は調べ学習にすることもできる。

● 日本列島の背骨のように連なる山脈・山地を、それぞれの名称を確認しながらたどってみる。

　東日本ではほぼ南北方向、西日本では東西方向に並んでいる。「日本の屋根」と呼ばれる日本アルプスはフォッサマグナの西側にあり、美しい景

観を楽しむために多くの人が登山や観光に訪れている。

（3）日本の平野と川

●日本地図を見せ、「山地と平野のどっちが多い？」（「茶色が多いから山地」）

地形の割合を示すグラフ（資料2）で、山地・丘陵約73％、低地・台地など約27％を確認。「人口が多く集まる低地はどうやってできた？」

「山を崩したり削ったりするのは？」（「地震」「雨」「川」）「理科で学んだ、地形に対する川の3つの作用って？」（「浸食、運搬、堆積」）「雨が降って川ができると、山地を削ってその先に土砂を運んでいくんだね。堆積する平地のできる場所によって呼び方がちがうね」

盆地と平野・台地、そして扇状地と三角州の写真を見て、模式図を書きながら、でき方を確かめていく。各地の果樹園や田畑等の作物の特色を調べながら、傾斜のちがいや水はけの良さ、水の得やすさなどを考えて土地利用に取り組んだ人びとの工夫を考えさせたい。

●「日本の川は、世界的に見るとどんな特徴があるだろう」と問い、日本と世界の川の距離と高低差を示したグラフ（資料3）を見る。

ナイル川やアマゾン川にくらべると「まるで滝みたい」。その利用の仕方もちがうが、「ここにたくさんの雨が降ったら？」（「洪水」「土砂崩れが起こる」）

日本の自然災害の背景を押さえておきたい。

（4）日本の海岸線

●「日本の海岸線はとても複雑だ。どれだけの長さがあるだろう？」選択肢で予想させ、4万キロという数字が地球一周にあたることを伝える。

「なぜこんなに長いのか？」（「リアス海岸がある」「島がたくさん」）

自分たちが林間学校や観光で訪れた山の位置やようすについて出し合いたい。

資料2　日本の地形の割合

その他 2.4%
13.8% 低地
11.0% 台地
72.8% 山地、丘陵

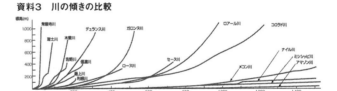

資料3　川の傾きの比較

（国土交通省関東地方整備局 HP「水資源の関連情報」より）

リアス海岸の写真を見ながら沈降海岸のでき方を説明する。日本の海岸線の多くが岩石海岸で砂浜海岸は少なく、鳥取砂丘は日本海側の季節風がつくりだしたこと、沖縄などサンゴ礁の海岸は温暖な環境がつくりだしたことにも目を向けさせたい。海岸にたくさんのごみが流れ着いていることや、海水温の上昇でサンゴが影響を受けるなど、環境や気候変動の問題につなぐことも視野に入れておきたい。

留意点

●知っていることを生徒からなるべく多く挙げさせ、関心を惹きつけたい。

●地図帳や写真・映像を使い、地形の特色をリアルにとらえさせたい。Google Earth など、生徒自身で調べることにも取り組ませたい。

●地形が人びとの生活や災害に大きな影響を与えていることを多様な視点から考えさせ、災害や産業の学習につなげていきたい。　（石戸谷浩美）

3 日本ってどんな国(2)日本の気候

1時間

ねらい

● 日本に四季があることや、地域で異なる気候の背景と特色を調べ、理解する。

● 気候と生活、災害とのかかわり、近年の変化に関心をもつ。

授業の展開

(1) 日本にはなぜ四季があるのか

● 「世界の気候の学習を振り返り、日本の特色を探ろう」

　東京を含む世界の5つの気候帯の代表的な雨温図を、地名を隠して見せ、「東京の雨温図はどれだろう。選んだ理由は？」と問う。5つの気候帯で言えば東京は温帯で、他にくらべて夏と冬、つまり四季がはっきりしているという特色を押さえる。なお、日本は温帯だと言っても、北海道は冷帯に分類されていることに気づく生徒も出てくる。それを褒めて、南北に長い日本は地域で異なる気候が見られることを確認し、後の学習に生かす。

● 「なぜ日本は四季がはっきりしているのだろう？」

　季節風という言葉を出す生徒もいる。「夏は南風、冬は北風」という生徒の言葉をより正確にしていく。東京で言えば、夏は太平洋から暖かく湿った風（南東季節風）が吹くから蒸し暑くなる。冬は大陸から冷たくて乾燥した風（北西季節風）が吹いてくる。それぞれの季節の生活実感を重ねながら、季節風が気温と降水量に大きく影響していることを確認したい。

● 「東京で降水量が多いのはいつ？」

　東京の雨温図で降水量の棒グラフを読み取ると、9月がもっとも多く、次いで6～7月も多いことに気づく。「この雨はなぜ？」（「台風」「梅雨」）太平洋側の夏前後に雨をもたらす「梅雨前線・秋雨前線」や「台風」が、長雨や大雨による災害の原因になっていることを確認する。

(2) 地域で気候が異なるのはなぜ？

　日本の6つの気候区分を示した地図（海流も表記）と代表的な雨温図を、地名を隠して示す。

● 「この中から北海道と沖縄の雨温図を探そう」「なぜそう言える？」

　気温グラフの形、平均気温の数値から判別できる。冬の同じ時期の写真などでも確認し、緯度のちがいだけでなく、まわりを流れる暖流・寒流の名前を調べながら海流の影響などにも目を向けさせる。

　12～1月の降水量が特に多いグラフをもとに、「冬だから雪が多い地域

季節の変化は、日本付近のおもな気団（高気圧）の配置に注目すると、夏の小笠原気団（暖・湿）、冬のシベリア気団（寒・乾）、春・秋のオホーツク海気団（寒・湿）、長江気団（暖・乾）の季節による交替を略図で説明することもできる。

地域と雨温図の組み合わせをグループワークで考えさせてもいい。

だね。ということは？」（「日本海側」）「なぜ雪が多いのだろう？」（「北西季節風が吹くから」）「北西季節風は寒冷で乾燥した風のはず。なぜ雪になるのだろう？」日本海が果たす役割に目を向ける。

「日本海を北上する海流は？」（「対馬海流」）「これは暖流だね。暖流なのになぜ雪に？」ここからは日本列島の断面図（**資料1**）を使って、暖流と冷たい風の温度差から水蒸気が上がることで湿気を含み、日本海側の山にぶつかって上昇するときに雪が降るというしくみを確認する。

「では冬の太平洋側はどうだろう。雪が少ないのはなぜ？」冬の北西季節風が本州の山々を越えて、乾燥した「からっ風」になる。「夏の太平洋側の雨は？」やはり断面図で生徒自身に説明させたい。

「残る2つの雨温図は内陸と瀬戸内の気候だ。どちらも降水量は少なめだが、決め手は？」（「平均気温がちがう」）「なぜ降水量が少ないのかな？」

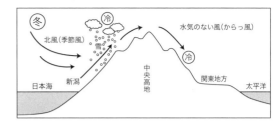

資料1　夏と冬の季節風のちがいと気温・降水量の変化

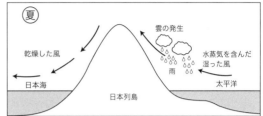

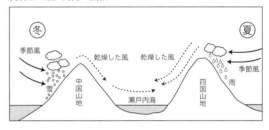

資料2　瀬戸内海の気候

これも断面図（**資料2**）をもとに、大きな海から離れて季節風の影響を受けにくいことを確認する。瀬戸内の気候では、海に面していることもあり年中温暖な気候であるのに対して、内陸の気候では、夏冬の気温差とともに一日の昼夜の温度差が大きいことも付け加えたい。海と陸地の暖まりやすさ・冷めやすさにも注目させたい。

(3) 最近の気候の特色

都市型の「ヒートアイランド現象」で夜でも気温が下がりにくいことや、狭い地域で短時間に大雨が降る「ゲリラ豪雨」、また近年の地球温暖化によると思われる台風の強大化（「スーパー台風」）や、北海道でも夏に30度を超える日がみられるようになっていることなど、人間の生活の変化が気候にもたらした影響と考えられる例を、新聞記事などで示したい。

留意点
- 雨温図の読み取りを丁寧におこない、その数値を生活実感や写真の風景とむすびつけて理解できるようにしたい。グループワークも活用したい。
- 東京の雨温図に代表される「日本は温帯」という発想から、「地域による気候のちがい」の理由を、そのしくみから説明できるようにしたい。
- 気候が人びとの生活や災害に大きな影響を与えている一方で、近年の気候変動による変化や災害の激化などにも目を向けさせたい。(石戸谷浩美)

4 日本ってどんな国(3)
日本の地震・火山災害

1時間

ねらい

● 日本列島が地震や津波、火山災害にくりかえし襲われてきたことを確認
し、その原因とともに、実際の被害がどんなものだったか、事例をとおし
して理解する。

● 地震や津波に対する防災・減災の取り組みの現状を調べ、これからのま
ちづくりのあり方を考える。

授業の展開

(1)「火山・地震列島」日本

●「地形の学習で学んだように、日本列島は環太平洋造山帯にある
ため火山が多く、また地震による災害の多い国ですね」(資料1)

「日本列島付近は、プレートと呼ばれる巨大な岩盤が複数重なり、
互いに押し合っている位置にあります。プレートどうしの境界でず
れが起こると、プレート境界型と呼ばれる大地震が起こる。これが
海底で起こると何が発生しますか?」(「津波」)「資料1で探そう。
2011年に起こったのは?」(「東日本大震災」)「大地震は、日本海溝
や南海トラフと呼ばれるあたりで何度も起こっているね」

「地表に近いところでも、岩盤がずれた断層(活断層)が動くと、
内陸直下型と呼ばれる地震が起こるよ。1995年に起こったの
は?」(「阪神・淡路大震災」)「2016年には?」(「熊本地震」)

「日本列島付近には約2000の活断層があるそうです」(資料2)

(2) 地震による被害

●「大きな地震が起こると、住民や建物に大きな被害が生じます。
過去にどんな被害が起こったか調べてみよう」

震災に関するさまざまな写真・映像や体験談を、新聞・書籍やテ
レビ番組・インターネットなどを利用して示す。可能ならば、いくつ
かの地震・震災の被害状況を分担して生徒自身に調べさせたい。

阪神・淡路大震災(M7.3、死者6000人以上)では、高速道路
が倒れた写真、密集した住宅街で火災が発生したようす、狭い路
地や火災のために建物の下敷きになった住民の救助の困難など、
当時の状況をできるだけ詳しく伝えたい。熊本地震(M7.3)では、
前震と本震がほぼ同規模だったことや、熊本城の石垣の被害だけ
でなく、南阿蘇村などでの地滑り被害なども紹介したい。

資料1　日本周辺で発生したおもな地震と海溝

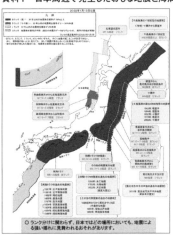

資料2　日本のおもな断層

(資料1・2とも地震調査研究推進本部発表資料より)

www.jishin.go.jp/evaluation/evaluation_
summary/#danso

（3）東日本大震災の地震と津波

　2011年3月11日、日本周辺では過去最大級の地震（M 9.0）が起こった。広範囲に津波の被害があり、東京電力福島第一原発の事故にもつながった。東京などでは液状化や帰宅難民の問題も発生した。体験者の言葉で当時のようすを伝えたい。報道番組などの映像を見せ「長い揺れ（約3分）の後、住民はどうしていただろう」（「家の中の片付けをしていた人もいた」）「海沿いでは津波警報が出て、住民たちはどうしただろうか」（「海岸が見えないところでは、自宅に家族や荷物を探しに戻った人もいた」）「実際に津波が迫ってきたときは？」（「あっという間に迫ってきて、パニックになる人もいた」「低い建物に避難して犠牲になった人がいた」）など、時間を追って住民の動きを見ると臨場感が伝わるだろう。そして、身近な人を失った人びとの悲しみを伝えることも大切にしたい。

　津波被害は、青森県から千葉県に至る6県にまたがり、浸水範囲は500平方キロメートルを超えた（国土地理院による）。リアス海岸であり津波の常襲地帯の三陸海岸では、多くの場所で防潮堤を越え、陸に駆け上がった高さでは40メートルとなったところもある。これまでの津波対策では対応できなかったことを確認したい。

　震災から10年以上たち、新しい防潮堤の建設や土地のかさ上げ、高台への集落移転など、新たなまちづくりが各地ですすめられている。ハード面の事業の進展の一方で、一時避難した住民が必ずしも戻ってこないという課題もある。震災後の人口や産業の動きも調べさせたい。

（4）火山の噴火に伴う災害

●「日本には活発に活動している火山がいくつもあります。火山の噴火による災害にはどんなものがあるか調べてみよう」

　鹿児島県の桜島（御岳）は頻繁に噴火をくりかえし、噴火の規模や風向きによっては鹿児島市などに大量の火山灰を降らせる。その他の例では、1991年の長崎県雲仙岳の火砕流被害（犠牲者40人以上）、2000年の東京都三宅島の火砕流・火山性ガス（全島民4000人余が避難）、2014年の長野県御嶽山の噴石被害（登山客の死者・不明者60人以上）など。観光や温泉、地熱発電といった火山の恵みと、その危険性とをあわせて理解させたい。

┌─ 留意点 ─────────────────── ‥‥‥‥‥‥‥‥

●今の中学生にとっては東日本大震災もすでに歴史の一部である。残された映像や新聞記事、身近な地域の事例や家族の経験などを生徒自身に調べさせ、地震・津波や火山災害の教訓を受け継いでいきたい。

●震災復興の名のもとに行われていることが本当に住民のためになっているか、住民の意思がどこまで反映されているかなど、さまざまな角度から材料を集めて生徒に考えさせたい。

（石戸谷浩美）

津波の高さは、検潮所の記録（痕跡高）では10メートル前後でも、陸に駆け上がった高さ（遡上高）では40メートル前後を記録した（岩手県宮古市や大船渡市など）。岩手県沖では、当時別の海底地滑りも起こっていて津波を増幅したという説もある。「リアス海岸だから」というだけでは説明できないという。

参考資料
「『40m巨大津波』の謎に迫る"サイレント津波"とは」（NHK「災害列島」）
www3.nhk.or.jp/news/special/saigai/select-news/20200306_01.html

5 日本ってどんな国（4）日本の気象災害 1 時間

ねらい

● さまざまな気象災害の実態と背景を調べ、人災の側面がないかを考える。

● ハザードマップを使って実際に歩いたり、自治体や地域の人と関わりを
　持って地域の災害対策を検証するなかで減災のための取り組みを考える。

授業の展開

(1) 日本ではどんな気象災害が見られるか？

　「日本の気候」の学習を振り返り、季節風によって気温と降水量が変化
し「四季がはっきりしている」ことと、緯度、季節風、海流の影響のちが
いなどにより「6 つの地域区分」ができることを確認する。

● 「風水害にはどんなものがあるだろう？」（「大雨」「川の氾濫」「崖崩れ」）

　「日本の各地で台風や梅雨などによる大雨の被害が出ているね。台風に
よる沿岸部の高潮や強風、局地的な竜巻の被害もある。逆に、雨が少なす
ぎると？」（「水不足」）「干害と言うね。ダムが空っぽになることもある」

　「東北地方の太平洋側では、夏にやませと呼ばれる風が吹くと何が起こ
る？」（「冷害」）「北東風が吹き続けると気温が上がらず、農産物が不作と
なることがあります」

　「日本海側で起こる雪害とは？」（「冬の大雪」）「短時間でたくさん降り積
もると、交通がマヒしたり、建物が壊れたりすることもある。東京などで
はわずかな雪でも交通が乱れるね」「最近は積雪が少なくなったといわれ
ています。山に雪が降らないと、スキー場が営業できなかったり、雪解け
水が少なく、春から夏に水不足になることもあります」

　資料 1 のように、局地的な豪雨の増加、猛暑日やスーパー台風が増えた
ことなど、最近の気候変動（地球温暖化）との関わ
りにもふれておきたい。

(2) 気象災害は防げないか？〜人災の側面に迫る

　各地の大雨による洪水や土砂災害（土石流、土砂
崩れ）の例を新聞記事などで紹介したい。短期間の
集中豪雨には「線状降水帯」の発生という説明も見
られるようになった。想定を超えた極端な降り方が
災害をもたらしているのは事実だが、自治体による
避難勧告が遅れたり、もともと災害が起こりやすい
ところに十分な対策なしに住宅を建てていたりする

資料1　アメダス 1 時間降水量 50mm 以上の年間発生回数
（1976 〜 2021 年）

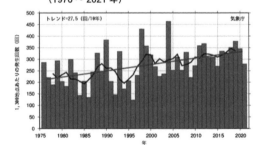

棒グラフは各年の年間発生回数。折れ線は 5 年移動平均値、直線は
長期変化傾向（この期間の平均的な変化傾向）を示す。
（気象庁 HP　www.data.jma.go.jp/cpdinfo/extreme/extreme_p.html）

など、人災の側面も見られる。

　2014年8月20日に起きた広島県の土砂災害では、線状降水帯による豪雨で土石流が発生し、広島市安佐南区では斜面に建てられた住宅地が襲われ77人が犠牲となった（関連死含む）。もともと土石流地帯だった斜面に宅地造成がすすみ、知らずに買った住民が犠牲になっている。自治体（広島県）による住宅開発行政や市街化区域・土砂災害警戒区域の指定が適切だったかも問題となる。当時のドキュメンタリー映像がネットで公開されているので、これを紹介して「住民」「地主・開発業者」「自治体」のそれぞれの立場から何をすべきだったかを考えさせたい。

　平地での川の洪水被害でも、低地の氾濫危険地帯での住宅開発や河川整備の遅れなど、自治体が責任を負うべき課題がみられる（2018年岡山県倉敷市真備町の洪水被害の例など）。また、気象庁が発表する警報・注意報などに伴う避難勧告を出すタイミングや、避難所の確保も自治体の仕事である。災害後の総括に注目したい。さらに、山地の森林伐採や手入れの不足などにより土砂崩れが発生しやすくなっている場合がある。人間の活動が間接的に災害を発生・拡大させる原因になっている例について、世界的な気候変動の影響も含めて、生徒に調べさせることもできるだろう。

(3)　身近な地域のハザードマップで身を守る〜減災をめざして

　「国土交通省ハザードマップポータル」では、全国の災害想定区域の情報が得られる。また、各自治体の防災情報サイトにもここから入ることができる。土砂崩れの危険箇所、洪水や高波による浸水想定範囲、津波の際の避難場所なども書かれている。学校周辺のハザードマップを手に、生徒とともに歩いて確認したい。東日本大震災における「釜石の奇跡」のように、想定を超える事態にも対応できるよう、日頃の訓練の積み重ねと、ハザードマップを鵜呑みにせず適切な判断ができるための正確な知識を身につけていることが求められる。犠牲者の少なかった地域での経験に学びたい。

　自治体ごとの災害対策は万全か。避難所とされる施設は安全か、避難生活に必要なものがすぐに準備されるようになっているか。地域のさまざまな組織の協力体制ができているかなど、日頃から点検しておく必要がある。自治体の広報に頼らず、議会での議論のようすをチェックしたり、地域の人びとと生徒たちで議論し、自治体の担当部署に提案してみるなど、教室の外に広げる活動につなげたい。

参考映像
「テレメンタリー2014　家はなぜ"谷"に建ったのか」（広島ホームテレビ制作、2014年11月放送）
https://youtu.be/Gpdtmo2v7wc
このほか、NHKスペシャルや日本テレビ系「NNNドキュメント」などでも同時期に番組が放送された。

▶▶**国土交通省ハザードマップポータル**
http://disaportal.gsi.go.jp

『明日の授業に使える中学校社会科　公民（第2版）』所収の「（発展学習）地方自治への参加　防災ハザードマップを利用したフィールドワークを生かした災害図上訓練（DIG学習）」（片岡鉄也）も参照。

```
留意点
```
● 被害事例を検証する新聞報道やドキュメンタリー番組を活用したい。
● 災害が激甚化しているが、「想定外」という言葉で終わらせず、過去の教訓に学び人災の側面をなくしていくために対策を考える場を作りたい。

（石戸谷浩美）

6 日本ってどんな国(5)地図を読む

2時間

ねらい

● 地図の基本を知り、読む力をつける。

● 校外学習の事前学習などで地図を使った作業をおこない、地形や土地利用をどのように表しているかを知り、実際に現地で確かめて、地図の活用の仕方を理解する。

授業の展開

(1) さまざまな地図に親しむ

学校のある地域（ここでは東京）に関する市販の地図を各種用意する。都心部のビル街を立体的に表した図や市区町村別の詳しい地図のほか、観光用の絵図や幕末に作成された江戸の町の絵図など、見て楽しい地図がたくさんあることを伝えたい。江戸時代の地図で学校の場所を探すと、大名の屋敷跡の形がそのまま残っていることがよくわかる。歴史の授業にも生かせるだろう。

(2) 地形図の約束を学ぶ

現在の地形と土地利用が正確に描かれた地形図の約束ごとを学ぶ。国土地理院発行の地形図で、縮尺のちがう何種類かを用意する。学校がある文京区を示すため、20万分の1「東京」、5万分の1「東京西北部」、2万5000分の1「東京西部」、1万分の1「池袋」の4枚の地形図を黒板に貼る。

● 「この4枚の地図は何がちがうかな？」と問う。（「描かれている範囲」「縮尺がちがう」）

各地形図の縮尺を確認し、また、透明なシートに枠を書いて、ある地図の一定の範囲が別の地図ではどんな大きさに描かれているか確かめる。2万5000分の1地形図4枚分の大きさが5万分の1の1枚の範囲になることを、黒板に貼って見せることもできる。

次に、1万分の1または2万5000分の1地形図を使って方位、距離、標高、地図記号の見方から確認していく。縮尺にかかわらず、できればグループに1枚与えたい。

「地図上では、北の方角が上と決まっているね」と、八方位を確認する。自分たちの教室で東西南北を言わせると、かならずしも一致しないので盛り上がる。

● 「地図の中で○○駅を探そう」「続いて△△駅はどこ？」「では○○駅から見て、△△駅はどの方角にある？」八方位で言えるといい。

▶▶地理院地図
https://maps.gsi.go.jp/

資料1　代表的な地図記号

「○○駅と△△駅は、直線距離でどのくらいあるかな？」

定規やコンパスで測り、縮尺に当てはめて確認。1万分の1であれば10センチメートルが実際の1キロメートルとなる。

標高については、都市部では等高線が探しにくいが、水準点や三角点に書かれた標高を探し、小高い山など等高線が見える部分を探して、主曲線と計曲線が示す高低差を確認したい。等高線にところどころ標高が書かれているのを目安にして、その地点の高さを調べさせる。地図記号（**資料1**）は、よく使われる最低限のものは覚えてもらうとして、索引で探すことに慣れさせたい。記号の由来や実際の写真などを紹介して興味を持たせたい。

(3) 校外学習の事前・事後学習として地形図を活用する

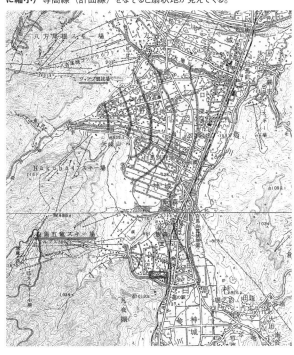

資料2　国土地理院地形図「白馬岳」「大町」（5万分の1地形図をさらに縮小）等高線（計曲線）をなぞると扇状地が見えてくる。

勤務校では例年、長野県白馬村で宿泊行事をおこなっている。事前学習で現地の地形図を配付し、地形をイメージさせる（**資料2**）。等高線が混み合うところが多く標高差がわかりやすい。扇状地など等高線から読める地形もあり、土地利用（畑、森林、別荘地など）を地図記号で確認できる。部分的にでも一人1枚を持たせて、等高線をなぞったり、土地利用の色分けなどの作業をさせたい。その上で現地で確かめると、理解が深まるだろう。

白馬村は飛騨山脈の麓（ふもと）にあってスキー場と宿泊施設が多数あること、JR大糸線が通る細長い盆地は糸魚川・静岡構造線が通ることなど、「日本の地形」の学習とつなげることができる。また、この地域は断層線が多数あり、2014年11月には「長野県神城断層地震」が起こり、局地的に震度6程度の揺れが発生した。全壊した家屋が多数あったものの、死者はゼロだったこと等の教訓を、現地の方から伺うことができた。

┌─────────
│ **留意点**
└─────────

● 学校のある地域によって、地形図が使いやすいかどうかにちがいがある。地元の教育委員会発行の副読本や自治体ごとの地図も活用したい。

● 校外学習などの行事で行く自然豊かな場所は、地形図が読みとりやすいところが多い。事前ないし事後学習に地形図の作業を取り入れ、現地で実際のようすを確かめさせたい。土地利用や自然災害などは現地の方に聞き取りをしておくと学習が深まるだろう。　　　　（石戸谷浩美）

7 日本ってどんな国(6) 身近な地域を歩く

2〜
4時間

ねらい

●地図学習の成果を生かして、身近な地域を歩き、さまざまな情報を収集する。

●地域の特色を理解するとともに、地域の課題を考える。

授業の展開

(1) 学校周辺の地域調査（1日を使った校外活動。実践校での例)

①地域の特色

　勤務校のある文京区小石川付近は小石川台地の上にあり、北西〜南東方向の尾根に春日通りが走り、南東方向の後楽園付近で低地となる。小石川台地は千川と茗荷谷に挟まれて浸食され、北東方向と南西方向には急坂が多く高低差が大きい。

　また、この地域は江戸時代から大名屋敷や下級武士、町人が住んでいた地域で、江戸時代から続く寺社も多く見られる。地名の由来もさまざまで、学校名の「竹早」は、江戸の各地に置かれた幕府の弾薬庫を意味する「箪笥町」の「箪」の文字から作られたという説がある。

　この地域を歩いてみると、台地の上下での高低差約20メートルの地形を実感でき、また、江戸時代からの歴史にふれることができる。広い学区域から電車で通学する生徒が多く、最寄り駅からの大通りの通学ルートしか知らないため、裏道に入る楽しさも実感できる。グループで散策しながら地域の特色を実感させることを目的に、1日の活動を計画した。

②コースの設定

　学校発着で約2時間、15か所の見学地を設定した。史跡だけではなく、坂道や旧町名を説明する看板のみの場所もあるが、地図（**資料1**）を頼りにグループで歩き、写真を撮りながら周辺の景観を記録していく。

③活動計画

・1班6名…班長、副班長、記録係（タブレットを持って撮影)、保健係を置く。

・学年24班を2つに分け、逆コースで同時スタート。2分ごとに順次出発。

・学校で出発・到着チェック、途中3か所のチェックポイントで教員に報告。

・8：50〜9：12学校出発、11：00〜11：30ごろまでに学校到着。昼食。

・午後は約2時間、班ごとにまとめの活動をおこなう。

1) 伝通院　…本堂左奥に看板「伝通院の墓所・史
　　　　　　　　跡巡り」
2) 善光寺坂のムクノキ（空襲被災樹木）
　　…現物と看板
3) 慈眼院・沢蔵司稲荷　…看板・鳥居
　　善光寺坂　…看板（善光寺の由来も）
4) こんにゃく閻魔　…観光スポット
　　　チェックポイントＡ
5) 旧町名案内「富坂」　…看板のみ、景観
6) 牛天神・北野神社　…境内、看板
　　　チェックポイントＢ＆班の写真撮影
7) 安藤坂　…看板のみ、景観
8) 金富小前「文京区平和宣言」、旧町名「金冨町」、
　　「神田上水路」　…看板のみ
9) 徳川慶喜公屋敷跡・徳川慶喜終焉の地　…大学
　　の敷地外の看板
10)「庚申坂」看板と丸ノ内線方向の階段からの景観（電車が入るといい）
11) 切支丹屋敷跡石碑・看板、旧町名「茗荷谷町」「小日向一丁目東遺跡」看板
12) 拓殖大学正門前「茗荷坂」看板とミョウガ畑
13) 深光寺・滝沢馬琴の墓　　チェックポイントＣ
14) 茗荷谷交番前「水準点」　…この場所の標高を示す。警官にあいさつを！
15) 旧町名「竹早町」　…看板（木の枝で隠れ気味、折らないように）

資料1　コース地図

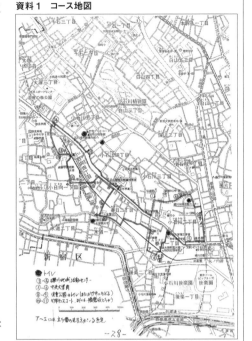

（文京区教育委員会発行の副読本と白地図を利用）

④まとめの活動

参考文献
地理教育研究会編『地理院地図で東京を歩く①』清水書院

・記録係の撮影した写真をグループで共有する（Teams やロイロノート
　を利用）。

・一人２〜３か所を分担して１か所ごとの「調査記録」（次頁に例）を作る。
　テンプレートに従って１か所につき１枚の写真を選び、その解説を
　Word で入力する。

・「コース全体の感想」を一人ずつまとめる。地域の地形やまちのようす
　について、歩いてみたからこそわかったことを記入して提出。グループ
　で共有する。

・後日、提出された記録と感想を教員が印刷して各班に渡す。班ごとに１
　枚の模造紙を使って活動のまとめを作り、教室に掲示して発表会をおこ
　なう。クラスで優秀作品を選び、廊下に掲示して学年で共有する。文化
　祭などの掲示物として、他の学年や保護者にも見てもらうとよい。

番号 ___①___ 名称 伝通院
組 班 名前

＜解説と感想＞

解説

学校から横に行ったところを曲がると、道の両脇にマンションが立っていてその先に位置している。浄土宗のお寺で、徳川家康が生母をこの地に葬ったとされている。正式名称は無量山 伝通院 寿経寺という。

感想

今回はお葬式が行われていて入ることができなかったけど、お葬式が行われるくらい地域では親しまれ、有名なんだと実感した。また徳川家康の生母が葬られていて徳川家ゆかりの地であることを知りすごく驚いた。

番号 __2__ 名称 __善光寺坂のムクノキ__
組 班 名前 ___

＜解説と感想＞

受講約13m（主幹約5m）、推定樹齢約400年の古木である。第二次世界大戦中、昭和20年5月の空襲により樹木上部が焼けてしまったが、それ以前の大正時代の調査によると樹高は約23mもあった。この場所は江戸時代、伝通院の境内であった。その後、本樹は伝通院の鎮守であった澤蔵司稲荷の神木として現在に至っている。本樹は、戦災をくぐり抜け、地域住民と長い間生活を共にし、親しまれてきたものであり、貴重な樹木である。

この場所は伝通院のから少し下ったところにあり、ひっそりとしているけど、いつもちゃんとそこにあって、見守っているような優しい木だなと思いました。

（2）地域の現状と課題を探る

地域や学校の実情に応じて、学区域や自治体単位の地域学習を工夫したい。

①統計資料を使って地域の変化を調べる

地域の変化を知る手がかりとして、国勢調査を元にした自治体の統計資料を、インターネットなども活用して生徒自身に調べさせる。自治体の歴史をたどり、少なくとも戦後の市町村合併による範囲の変化をあらかじめ確認しておく。

人口、年齢別人口構成（人口ピラミッド）、産業別人口、土地利用面積、農林水産物の生産高、工業生産高、商業統計、観光客の動向など、5〜10年ごとの変化を表にまとめ、どんな時期に何が増減しているかを調べる。比較のため他の市町村や都道府県、日本全体の数字の変化も確認する。

②地図や空中撮影写真を使って地域の変化を調べる

自治体や教育委員会発行の地図を使って地域のようすを探る。また、国土地理院発行の地形図で新旧を比較すると、道路・住宅地の開発や土地利用の変

まとめ発表の例

化がよくわかる。色塗り等の作業をさせたい。

　国土地理院のウェブサイトで、さまざまな地図や異なる時代の空中撮影写真などを閲覧できるので、画面上で変化を確かめることができる。また、個人で白地図の作成（載せる情報を選択できる）や印刷も可能なので、地域調査のまとめなどに活用できる。

③聞き取りを中心にした調査

　地域の特徴的な産業に携わる人や会社、地域に長く住み地域の変化を知る人を訪ねて、グループで聞き取り調査をさせたい。教員による事前調査が不可欠だが、話をしてもらえる人材を年々増やしてリスト化し、学校に呼んで話してもらう形から、放課後や休日、あるいは１日学年行事として一斉に調査に出かける形も考えられる。一人の社会科教員だけでは大変なので、教科を越えた学校の行事として、多くの教員や保護者を巻き込み、発表会も保護者に見てもらう形をめざしたい。

④ハザードマップを利用した防災・減災学習

　自治体ごとにハザードマップが公開されている。どこにどんな危険が想定されているか、地図で確かめるだけでなく、地域調査と組み合わせて、実際に現地に行って浸水や崖崩れなどの危険性や、避難場所へのルートも確認したい。

留意点

● 「(1) 学校周辺の地域調査」の例は、学年一斉におこなう校外活動で、おもに地形のようすを実感することと、史跡や寺社を実際に見ることをねらいとした。２時間コースのため、地域の人の話を聞く余裕はない。また、安全管理上すべての班が同じコースを回るため、班ごとの多彩な報告は期待できない。班によってコースを変えたり、地域や学校の実情に応じて、地域の現状と課題を探る学習を工夫したい。　（石戸谷浩美）

日本の諸地域

1 九州・沖縄地方(1)
九州・沖縄の自然と特色

1 時間

ねらい

●九州・沖縄の地形・気候を概観する。

●九州・沖縄とアジア諸地域とのむすびつきを理解する。

授業の展開

(1) 九州・沖縄地方の位置を調べよう

　　長崎県の北端　対馬市　（北緯34度43分）

　　沖縄県の南端　竹富町　（北緯24度2分）

　九州島とそこから1000キロメートルにわたる南西諸島（北緯30度以南の島々）からなる。

(2) 島が多い県はどこだろう

●島とは、満潮時にも海面上にあり、海岸線が100メートル以上のものである（海上保安庁の定義）ことを生徒に話し、「九州・沖縄地方には、日本で島の数が多い都道府県ベスト5に入る県が3県あります。それはどこでしょう」と問う。

　1位　長崎県（971島）　2位　鹿児島県（605島）　5位　沖縄県（362島）

(3) 気候について調べよう

●資料1を生徒に提示し、「福岡市と那覇市の気候のちがいは何ですか」と問いかけ、気がついたことを発表させる。（「那覇は冬の気温が15度を下まわらない」「平均気温が高い」「全体的に降水量が多い」）

　「近年、毎年のように、記録的豪雨災害が起きている」（資料2）

　九州北部豪雨（2017年）、球磨川流域氾濫（2020年）など

(4) 火山を調べてみよう

●気象庁によると、九州には17の活火山がある。そのなかで、噴火警戒レベルがレベル3（入山規制）の火山が桜島と口永良部島、レベル2（火口周辺規制）が阿蘇山と諏訪之瀬島。「それぞれ、どこにあるか地図帳で調べてみよう」

　「次の写真（資料3）を見てください。1991年に起こった雲仙・普賢岳（長崎県・島原半島）の大爆発のようすです。どんなようすですか？」（「噴煙が立ち込めている」「手前の建物は学校ですか？」）「溶岩ドームが形成され、発生した火砕流が押

資料1　雨温図

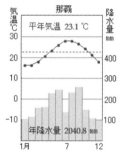

資料2　熊本日日新聞（2020年7月5日）

（熊本日日新聞社／共同通信）

し寄せて、学校が巻き込まれました。校舎の中も焼けています」

「日本にはユネスコが認定する世界ジオパークが9地域あり、阿蘇もそのひとつです。阿蘇について調べてみよう」

ジオパークとは「地球・大地（ジオ）」と「公園（パーク）とを組み合わせた言葉で「大地の公園」を意味し、地球を学び、丸ごと楽しむことができる場所をいう。大地（ジオ）の上に広がる動植物生態系（エコ）のなかで私たちヒトは生活し、文化や産業などを築き、歴史を育んでいる。ジオパークでは、これらの「ジオ」「エコ」「ヒト」の3つの要素のつながりを楽しく知ることができる。

2008年には日本ジオパークネットワークが設立され、2022年1月現在46地域が認定されている。九州には「島原半島ジオパーク」「おおいた姫島ジオパーク」「おおいた豊後大野ジオパーク」「阿蘇ジオパーク」「霧島ジオパーク」「桜島・錦江湾ジオパーク」「三島村・鬼界カルデラジオパーク」「五島列島ジオパーク」がある。

(5) アジア諸地域とのむすびつきを調べよう

●「資料4から九州とアジア諸地域とのむすびつきを調べよう」

福岡市から500キロ以内にある都市：大阪、ソウル

福岡市から1000キロ以内にある都市：東京、上海

福岡市から1500キロ以内にある都市：札幌、北京、台北

2005年から毎年10〜11月に「釜山花火大会」が開催されている。釜山から約50キロ離れた対馬市でもその花火大会を見ることができる。2014年、日韓国交正常化50周年を前に「対馬国境花火大会」（資料5）が開催された。（対馬では10月26日、釜山では10月24、25日開催）。現在では、対馬厳原港で毎年8月第1土曜日・日曜日に、「対馬厳原港まつり」がおこなわれている。

●福岡空港からの国際線……ソウル、釜山、北京、上海、台北、香港、マニラ、バンコク、ハノイ、シンガポールなど

●福岡空港に入国した外国人の割合（2019年）

韓国（49.3％）　台湾（14.8％）　中国（10.4％）　香港（10.0％）

法務省「出入国管理統計表　2019年」より。

留意点

●とりあげた地名は地図帳を使って位置を確認する。

●九州・沖縄とアジア諸地域の関係については、歴史的学習ともあわせて学習させたい（金印、朝鮮通信使、琉球王国など）。　　　　（小浜健児）

資料3　火砕流のようす

（朝日新聞社提供）

資料4　福岡市の位置

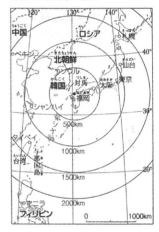

資料5　対馬国境花火大会

九州・沖縄地方(2)
九州の農業と畜産

1 時間

ねらい

●南九州で畜産がさかんになった経過を理解させる。

● TPPや家畜の伝染病などから、農家や畜産家の直面する問題を知る。

授業の展開

(1) 九州の畜産の状況

「乳用牛」「肉用牛」「豚」「採卵鶏」「肉用若鶏」の県別飼育頭数（資料1）で九州が占める割合を調べる。

(2) 小規模経営から大規模経営へ

・1970年代は、牛1～2頭、ニワトリ5～10羽ほどを飼育するのが典型的な農家だった。

・1969年に株式会社ジャパンファームが鹿児島に進出してから、個人経営の畜産家もJAや企業とむすびついて大規模経営をするようになった。

(3) 飼育過程

〈採卵鶏〉種鶏のヒナを約6か月育成する。産卵期を迎えた種鶏は約9か月間、産卵する。その後は肉用に処分される。

〈肉用若鶏〉50日間飼育して約3.0キロになったブロイラー、38～40日間飼育して1.7キロになったブロイラーを出荷。それぞれ食鳥処理工場で処理される。

〈肉用牛の繁殖（子牛をつくる）〉出生後16か月で最初の種付け。1回の妊娠期間は280～285日。1頭の親牛が7回ほど出産し、その後は処分。

〈肉用牛の肥育（子牛を育てる）〉生後10か月の子牛を買って、20か月ほど育てて売る。（以上は鹿児島県農政部畜産課『かごしまの畜産』2002年より）

(4) 家畜の飼料は何でしょう

●「飼料となる大豆、トウモロコシなどは日本でどれだけ自給できるのだろうか。資料2を見て考えよう」

志布志港ではアメリカからトウモロコシなどを輸入し、配合飼料をつくっている。鹿児島県では志布志市と鹿児島市に飼料工場がある。

(5) TPPなどの自由貿易協定の問題について考えよう

●「外国から輸入する製品には関税をかけます。なぜ、関税をかけるのでしょう？」（「外国から安い製品が入りやすくなり、自国の産業が衰退するのを防ぐため」など）

資料1　家畜の都道府県別頭数の割合（2019年）

乳用牛	
北海道	60.1%
栃木	3.9%
熊本	3.3%
肉用牛	
北海道	20.5%
鹿児島	13.5%
宮崎	10.0%
豚	
鹿児島	13.9%
宮崎	9.1%
北海道	7.6%
採卵鶏	
茨城	8.3%
千葉	6.8%
鹿児島	6.4%
肉用若鶏	
宮崎	20.4%
鹿児島	20.2%
岩手	15.7%

（『日本国勢図会 2021/22』より）

▶▶株式会社ジャパンファーム
www.japanfarm.co.jp/
「肉用若鶏」は大崎、垂水工場で年間4100万羽（2014年）
「豚」は大口農場ほかで年間出荷頭数約20万頭（2019年）

▶▶畜産を見よう! ふれあおう!
（三重県畜産協会）
http://mie.lin.gr.jp/furea/
学習用パネルがダウンロードできる。
肉用牛への飼料給与
http://mie.lin.gr.jp/fureai/
paneru/s02.pdf
豚への飼料給与
http://mie.lin.gr.jp/fureai/
paneru/s03.pdf
ニワトリへの飼料給与
http://mie.lin.gr.jp/fureai/
paneru/s04.pdf

ところが、とくに21世紀になって、「自由貿易」をすすめるため、輸出入品の関税率をゼロにしようとする国際的な動きが出てきた。

〈日本のEPA（経済連携協定）〉

2002年にシンガポールとむすび、2019年までにEUをふくむ16の国や地域で発効している。

〈TPP（環太平洋経済連携協定）〉

2006年にシンガポール、ニュージーランド、チリ、ブルネイが最初の加盟国としてスタート。日本は2016年に署名した。現在11か国が加盟している。

・「自由貿易」がすすんだら日本の一次産業はどうなるか

〈日本の農産物を外国に輸出しやすくなる〉という意見

↕

〈日本に輸入される外国の農産物がもっとふえる〉という意見がある。

● 「外国に輸出できる日本の農産物とは、どのようなものか調べてみよう。また、日本に輸入される外国の農産物は、どのようなものかも調べてみよう」

「調べたことから、関税がゼロになることは日本の農業にとって、また日本の消費者にとって、どのような影響を与えるかを話しあってみよう」

(6) 家畜の伝染病について考えよう

「資料3を見て、なぜ、このような伝染病がおこるのか、経営規模、飼料などから考えてみよう」

資料2　日本の自給率（％）

年度	穀物（食用＋飼料用）	米	小麦	大豆	野菜	果実	肉類	鶏卵	牛乳・乳製品
1960	82	102	39	28	100	100	91	101	89
1980	33	100	10	4	97	81	81	98	82
2000	28	95	11	5	81	44	52	95	68
2010	27	97	9	6	81	38	56	96	67
2018	28	97	12	6	77	38	51	96	59

（『日本国勢図会2021/22』より）

資料3　新聞記事

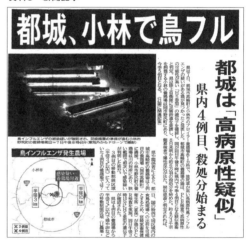

（宮崎日日新聞 2020年12月8日）

留意点

● 大規模経営化がすすむ一方で、TPP問題や家畜の伝染病など、南九州の畜産がかかえる問題を考えさせたい。

（小浜健児）

▶▶家畜伝染病（宮崎県）
www.pref.miyazaki.lg.jp/
shigoto/chikusangyo/
densenbyo/index.html

●諫早湾の干拓問題を例に、干潟の役割を理解する。

●公共事業による自然破壊がすすんでいることを理解する。

(1) 諫早湾と干潟の役割

　資料1を示し、「有明海」「諫早湾」の位置を確認させる。

資料1　有明海と諫早湾

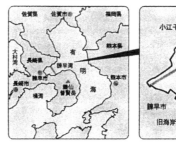

・干潟とは「干潮時に干上がり、満潮時には海面下に没する潮間帯において、砂質または砂泥質の浅場が広がっている場所」をいう。

●「干潟にはどのような生物が生息しているか調べてみよう」

　干潟には水質浄化作用があり、海をきれいに戻す能力がある。アメリカの経済学者の試算によると、1ヘクタールの干潟がもつ浄化能力は、現在の浄化技術に換算すると約40万ドル（およそ4000万円、1996年）の価値があるという。このため、アメリカでは下水処理場を建設するかわりに干潟を造成する事業がおこなわれている。

　「干潟の浄化作用はどのようにしてできるのだろう」（**資料2**）

(2) 諫早湾干拓事業のあゆみ

●「**資料3**からわかることを発表しよう」（「計画―事業開始―中止のくりかえし」「干拓事業の目的が変化している」）

資料2　干潟の役割イメージ図

（水産庁 HP「干潟の働きと現状」www.jfa.maff.go.jp/j/kikaku/tamenteki/kaisetu/moba/higata_genjou/）

（3）干拓事業を終えたら

〈漁業〉89 年に干拓事業が始まると海に異変
　がおきた。92 年、諫早湾沿岸でタイラギが
　大量に死滅。翌年からタイラギ漁ができな
　くなった。また、赤潮の多発で養殖アサリ
　がたびたび死滅。2000 年には有明海での養
　殖ノリが大不作に。

〈農業〉2008 年、41 の農家と法人が干拓地に
　入植。大規模農業でキャベツ、タマネギ、
　ジャガイモなどを生産し農業生産額は増え
　た。しかし地盤沈下で排水が悪く、農作物
　が腐るなどして経営が赤字になる農家も出
　てきた。2019 年には当初の 3 分の 1 の農家
　が営農をやめた。

（4）裁判所に訴える

● 「干拓によって被害を受けた漁業者は裁判を起こしました。その後どう
　なったでしょうか」と問いかけ、次の略年表を提示する。

資料 3　諫早湾干拓事業のあゆみ

1952 年	長崎大干拓事業計画発表（米の増産が目的）
1970 年	事業が中止。長崎南部地域総合開発計画（南総）として再出発（水資源開発と農地の造成が目的）
1973 年	南総事業が中止
1975 年	南総事業再開
1982 年	南総事業打ち切り
1983 年	諫早湾防災対策検討委員会設置（防災が目的）
1997 年	諫早湾が完全に潮止め
1999 年	潮受け堤防が完成
2002 年	国が事業計画を変更（干拓面積を 2 分の 1 に縮小）
2007 年	干拓事業完成
2008 年	干拓農地で本格的な営農開始

（毎日新聞 1997 年 4 月 15 日、時事通信 2019 年 9 月 13 日付記事などから作成）

2002 年 11 月	有明海沿岸の漁民らが工事差し止めを求め佐賀地裁に提訴
2008 年 6 月	佐賀地裁が、3 年以内に「5 年間の開門」を命じる判決
2010 年 12 月	福岡高裁、佐賀地裁の判決を支持。国は上告しなかったため判決が確定した
	しかし、国は期限の 2013 年 12 月になっても開門しなかった
2011 年 4 月	干拓農地の営農者が開門の差し止めを求めて長崎地裁に提訴
2017 年 4 月	長崎地裁が開門の差し止めを命じる判決
2018 年 7 月	福岡高裁、「5 年間の開門」判決を無力化する判決
2019 年 9 月	最高裁、福岡高裁に裁判のやり直しを求める判決

（時事通信 2019 年 9 月 13 日付記事から作成）

▶▶▶有明海漁民・市民ネットワーク
http://ariake-gyomin.net/

● 「裁判の経過から、気づいたこと、考えたことを発表しよう」

留意点

●諫早湾干拓問題をとおして、自然のままの海岸が近くにあるか調べ、関
　心をもたせたい。

●漁業者と農業者の対立として見るのでなく、長期間にわたる国の干拓事
　業によって翻弄されている人びとの気持ちに気づかせたい。（小浜健児）

4 九州・沖縄地方（4）
沖縄の歴史と米軍基地問題

1 時間

ねらい

●沖縄県の自然や歴史を理解する。

●米軍基地の実態について知り、沖縄県に米軍基地が必要かを考える。

授業の展開

(1) ユネスコの世界自然遺産に「奄美大島、徳之島、沖縄島
　北部及び西表島」（鹿児島、沖縄両県）が登録
　資料1の記事を読ませる。

●「沖縄島北部、西表島に生息する生物を調べよう」

(2) 首里城焼失

　資料2の号外を示す。首里城は、1429年から1879年まで
琉球王国の国王の居城。王国統治の行政機関「首里王府」の
本部でもあった。また、各地に配置された神女たちを通じて
王国祭祀を運営する宗教上のネットワークの拠点でもあった。
首里城とその周辺では芸能・音楽がさかんに演じられ、美
術・工芸の専門家が数多く活躍した。首里城は文化芸術の中心でもあ
った。

　沖縄戦において、日本軍が首里城の下に地下壕を掘り、陸軍第32
軍総司令部を置いたこともあり、1945年5月25日から3日間にわた
り米軍艦ミシシッピなどから砲撃を受け、27日に焼失したとされる。

　1992年、沖縄の本土復帰20周年を記念して国営公園として復元。
2000年12月に日本で11番目の世界文化遺産として登録された。

資料1　「沖縄・奄美　世界遺産に」の記事

（沖縄タイムス 2021年7月27日）

資料2　首里城正殿全焼（号外）

（沖縄タイムス 2019年10月31日号外）

資料3　沖縄県の略年表

15世紀	琉球王国ができる
1609年	薩摩藩が琉球王国を支配する
1872年	琉球処分（沖縄県は日本の一部になる）
1945年	アメリカ軍が沖縄に上陸。地上戦のなかで、日本軍による沖縄住民の「集団自決」強要や住民虐殺がおこなわれる　日本の敗戦により、アメリカは沖縄県を占領
1951年	日本が独立。しかし、沖縄はアメリカに占領されたまま
1972年	沖縄が日本に復帰

(3) 米軍基地～「普天間飛行場の移設は辺野古が唯一の解決策」なのか

●「1921年と1974年の普天間基地周辺の地形図（**資料4**）からわかるこ
　とを発表しよう」

▶▶**生物多様性おきなわ戦略
（沖縄県）**
www.pref.okinawa.jp/site/
kankyo/shizen/hogo/bd_
okinawa_senryaku.html
▶▶**沖縄県レッドデータブック**
www.okinawa-ikimono.com/
reddata/index.html
▶▶**首里城公園**
www.odnsym.com/isan/
syuri.html

資料5　普天間基地「返還」にまつわる経過

1995 年	9 月	アメリカ海兵隊員らによる少女暴行事件
	10 月	事件に抗議する県民決起集会（参加者約8万5000人）
1996 年	4 月	橋本首相とモンデール駐日アメリカ大使が普天間飛行場の全面返還を表明
	11 月	日本政府が名護市辺野古沖に海上ヘリポート建設案を発表
	12 月	名護市の住民投票で海上ヘリ基地反対が過半数を占める
1999 年	12 月	政府が「普天間飛行場の移設に係る政府方針」を閣議決定
2004 年	8 月	沖縄国際大学に米軍の大型ヘリが墜落
2009 年	12 月	鳩山首相が普天間基地の「県外移設」を表明
2010 年	4 月	普天間飛行場の国外・県外移設を求める県民大会が開催（参加者約9万人）
	5 月	鳩山内閣、県外移設を断念。日米両政府が辺野古移設確認
2012 年	10 月	普天間基地にオスプレイ配備
2013 年	1 月	県内の41市町村の首長がオスプレイの配備撤回や普天間飛行場の閉鎖・撤去・県内移設断念を求める「建白書」を安倍首相に提出
	12 月	仲井真知事が辺野古埋め立てを承認
2015 年	5 月	新基地建設断念を求める県民集会（参加者3万5000人）
	10 月	翁長知事、辺野古埋め立て承認を取り消す
2016 年	12 月	名護市海岸にオスプレイが墜落
2017 年	4 月	沖縄防衛局、辺野古の護岸工事を始める
	10 月	東村の民間地に米軍の大型輸送ヘリが緊急着陸
	12 月	普天間第二小学校グラウンドに米軍大型ヘリの部品（窓）が落下
2018 年	7 月	翁長知事、埋め立て承認撤回
	12 月	沖縄防衛局、辺野古沿岸部に埋め立て土砂を投入開始
2019 年	1 月	安倍首相は辺野古埋め立て地に軟弱地盤があることを認め、埋め立て完成し基地使用できるまで最低12年かかると表明
	2 月	辺野古移設の是非を問う県民投票で反対票が7割を超える

（名護市 HP「移設問題の動向」などから作成）

資料4　1921 年と1974 年の普天間基地周辺の地形図

2万5千分1地形図「泡瀬」「沖縄市南部」1921年発行（× 0.46）

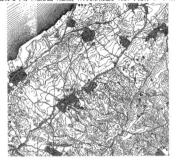

2万5千分1地形図「大謝名」「沖縄市南部」1974年発行（× 0.46）

（田代博『地図がわかれば社会がわかる』新日本出版社）

資料6　自衛隊と米軍の基地をめぐる動き

（西日本新聞 2020 年 3 月 28 日）

　日本の敗戦後、アメリカ軍は「銃剣とブルドーザー」で沖縄県民の土地を奪い、住民を追い出し、軍事基地をつくった。資料5を読ませる。「普天間飛行場移設について、日本政府はどのような対応をしているでしょう」

　自衛隊と米軍の基地をめぐる動き（資料6）を読ませる。

　「なぜ、西南諸島に自衛隊や米軍の基地の建設がすすめられているのでしょうか」

参考資料
『沖縄から伝えたい。米軍基地の話。Q&A Book』（沖縄県作成）
www.pref.okinawa.jp/site/chijiko/kichitai/tyosa/qanda.html

┌─ 留意点 ─────────┐　……………………………

●沖縄県にある貴重な自然環境を考えさせたい。

●琉球・沖縄の伝統文化の歴史的背景を考えさせたい。

●沖縄県にある米軍基地問題の背景を考えさせたい。　　　（小浜健児）

5 中国・四国地方(1)
平和都市・広島のまちづくり

● 広島市の街の歴史を読み取る。

● 平和都市を市民の手でつくるとは、どういうことかを考える。

授業の展開

(1) 広島市は中国地方最大の都市

「中国地方の県名を全部言いましょう」「人口が多い順に並べましょう」

● 「同じ中国地方の県でもこれほど異なっているんですね。今日は、広島市がどんな歴史をもった街かを学習します。広島と聞いて頭に浮かぶことは何ですか」(「広島カープ」「原爆ドーム」「平和」など)

(2)「広島市はどんな歴史をもった街でしょう」

資料1を見る。太田川の下流、三角州や干拓地、広島城の城下町として発達。明治時代以降、日本がアジア侵略の戦争をすすめるなか、広島市は代表的な軍事都市として発達した。

「地形図を見ると、広島城跡に軍隊の記号が読み取れます」

1945年8月6日にアメリカによって投下された原子爆弾は、広島市の市街地を大きく破壊し、多くの人を虐殺した。爆心地からおよそ半径2キロメートルの地域は建物がほぼ全壊し、約14万人といわれる犠牲者を出した。アメリカ軍が目標とした相生橋を地図で確認。

● 「2001年の地形図上で、爆心地に近い原爆ドームから2キロメートルを測ってみよう」

「戦後の復興は、広島市をふくめ全国の都市で困難を極めました」

1970年代になると周辺の町村と合併がすすめられ、市域は拡大し人口も急増。80年に政令指定都市になる。その後、中国・四国地方の地方中枢都市として、政治・経済の中心地になっている。

(3) 広島平和記念都市建設法とまちづくり

● 「原爆被災から復興できたのは、どんな取り組みがあったからでしょう」

「1949年に広島平和記念都市建設法(以下、平和都市法)が国会で可決され、広島市民の投票によって成立しました」(資料2、3)

「この法律で、復興(まちづくり)の目標が明確になりました。具体的には次のことを実行しようと考えました(資料4)」

● 「2001年の地図から『平和』と名のつく施設を探そう」

「広島県庁や旧市民球場(広島カープですね)は、1925年の地形図と比

広島282.6万人、山口136.9万人、岡山190.3万人、島根67.9万人、鳥取56.1万人
広島市だけで120万人(いずれも2020年)

資料1 広島市の地形図(2万5千分の1)
1925(大正14)年

2001(平成13)年

(国土地理院地図)

資料2 住民投票のポスター

特定の自治体にのみ適用される特別法のため、憲法95条に基づき住民投票がおこなわれた。

較して、どんな場所に建設されていますか」

　広島城跡を中心とする旧軍用地で国有地だった。市民病院、高等裁判所、バスセンターなどもある。

(4)「平和記念都市」はどんな都市？

　「当時の市長の意見は、『平和都市』は平和公園があれば十分だ、というものでした。『原爆の悲惨さを突きつける原爆ドームは金をかけてまで残すべきではない』とも語っています」

● 「平和記念公園があれば平和都市と言えるのか。広島市と市民に突きつけられた問いを、自分のこととして考えてみよう」

　「原爆ドームは、市民の保存運動もあって1966年広島市議会で保存が決議され、96年に世界遺産に認定されました。一方、広島市の街全体では、被爆建造物の保存はどうなったでしょう」

　「1945年の50件から、2006年には18件に減少しています。たとえば広島市役所旧庁舎は、保存論争がありましたが95年に解体されました。市は『原爆ドームだけあれば十分』と考えているのでは、と批判する市民もいます」（資料5）

(5) 市民主体の平和都市をめざすまちづくりとは？

　爆心地から2.7キロ、赤レンガのすがたが印象的な旧陸軍被服支廠(ひふくししょう)（資料6）がある。2019年に広島県が解体の方針を発表し、のち保存を表明。耐震化工事のため1棟で5億8000万円が必要と試算している。「多くの費用をかけて保存する必要があるのか、疑問視する意見もあります」

　「被爆体験の継承に取り組む若者たちがオンライン署名を集めたり、SNSで呼びかけるなど、声をあげています。若者たちは『平和公園以外にも、被爆した樹木、建物など、街全体から（平和について）学ぶことができます』と語ります」

　街全体として『平和都市』であるとはどういうことか？　資料7のガイドブックなども例示し考えさせる。

● 「平和公園や原爆ドームさえ残れば、街全体の被爆建造物の保存を優先しなくても平和都市といえるのでしょうか。あなたはどう考えますか」

留意点

● 地形図の比較によって、街の歴史を読み取らせたい。

● まちづくりの事例として広島市を扱いたい。行政が決めたスローガンか、市民とともにすすむまちづくりか。後者を考える力をつけたい。

● 「原爆市長」浜井信三は、原爆ドームについては1966年ごろ保存に舵を切り、東京で募金活動の先頭に立った。今回はふれない。　（辻 隆広）

資料3　広島平和記念都市建設法

> 第1条　この法律は、恒久の平和を誠実に実現しようとする理想の象徴として広島市を平和記念都市として建設することを目的とする。

資料4　広島平和記念都市建設法のおもな内容（広島市都市計画局）

> 1　平和のシンボルとして広島平和記念都市を建設する。
> 2　平和都市にふさわしい文化施設をつくる。
> 3　国と地方公共団体はできるだけの援助を与える。
> 4　必要があれば国有財産を無償で与える。
> 5　市長及び市民は平和都市を建設する義務がある。

資料5　村中好穂さん（原爆遺跡保存懇談会）のことば
（阿部亮吾「平和記念都市ヒロシマと被爆建造物の論争」『人文地理』第58巻第2号）

資料6　旧広島陸軍被服支廠

（CC by Taisyo）

デジタル資料集

▶▶旧広島陸軍被服支廠
www.pref.hiroshima.lg.jp/
site/hihukushisyo/

▶▶旧広島陸軍被服支廠倉庫の保存・活用キャンペーン
https://note.com/hiroshima_
0806/n/n58c764128b60

資料7　広島市全域を平和について考える街としてとらえる試み（例）
原爆遺跡保存運動懇談会『ガイドブックヒロシマ　被爆の跡を歩く』（新日本出版社）
広島市『ヒロシマの「もの言わぬ証人」たち　被爆建物・被爆樹木巡りガイドブック』

「被爆建造物」とは
「被爆時に爆心地より半径2km以内で残存した非木造の（橋などを除く）建物」（阿部亮吾「平和記念都市ヒロシマと被爆建造物の論争」（『人文地理』第58巻第2号、2006年）

6 中国・四国地方(2)
豊かな瀬戸内地方

1時間

ねらい

●養殖漁業（広島のカキ）の工夫を自然環境との関係から理解する。

●現代の食生活のあり方を漁業との関係から理解する。

授業の展開

(1)「瀬戸内海ってどこですか？　地図を見て探そう」

大小3000ほどの島々がある。外海（太平洋、日本海）とつながる。周防灘、伊予灘、安芸灘、播磨灘、豊後水道、紀伊水道、関門海峡。

(2) 瀬戸内海の産業について整理する

「瀬戸内海の産業には3つの顔があります」

・昔から海上交通がさかん……波が穏やか。都があった近畿地方と九州地方、東アジアをむすびつけていた。

・漁業がさかん……養殖漁業がとくにさかん。広島のカキなど（資料1）。

・工業がさかん…海上輸送がさかん。自動車工業（輸送機械）。マツダの工場がある（広島）。

(3) 広島のカキと養殖漁業の工夫に気づかせる

●「広島のカキはどうやって収穫しますか？　これは何をしているところでしょう（資料2）」

「この養殖筏で、カキはどれぐらい収穫できるでしょう？」

一筏に20〜25万個のカキが育つ。（「すごい！」）

「カキのもとは何ですか？」（「海の中を泳ぐ小さな幼生」）

海の中を泳いでいる幼生が勝手にくっついて（資料3）、プランクトンを食べて大きくなる、カキの性質を生かした養殖方法。

「広島県のカキ生産量はどれぐらいでしょうか？」

2015年1万9322トン（全国2万8360トン）。2位岡山（2368トン）、3位宮城（1869トン）で広島県が特に多い。瀬戸内海は波が穏やかで、カキが食べるプランクトンが豊富であり、カキ養殖をはじめ漁業に有利な条件がある。水揚高1位のマグロ類1765億円、貝類の1位がホタテガイ1290億円、カキは貝類の2位で388億円と、重要な水産物のひとつ。

(4) 瀬戸内の工業の立地について説明する

●「それでは、工業はどこで発達しているのだろう」（資料4）

海上輸送がさかんで広大な工業用地があった。塩田の跡や海岸の埋め立て地を利用した。1955年ごろから広島湾の埋め立て面積が1000ヘクター

資料1　広島かき（広島市）

デジタル資料集

資料2　広島のカキの収穫

デジタル資料集

手前が筏、クレーンに下がっているのが連。

資料3　ホタテガイの貝殻に付着したカキの幼生

デジタル資料集

（資料1〜3 ©公益財団法人広島市農林水産振興センター）

ル、それだけ干潟やアマモ場が消失した。海を浄化したり、適度な栄養を補給したりする力がかなり失われた。

(5) 海の汚染の進行とカキの生産量の変化から食生活の変化に気づかせる

広島のカキ（養殖・むき身）の生産は1955年5021トン（全国1万4423トンの34%）。そして1962年には1万7370トン（全国3万75トンの57%）へと大きく伸びている。

● 「干潟が埋め立てられ、海の汚染がすすむ。カキの生産はこの後どうなっていくでしょう」（減る・増える・変わらない）

1968年には3万トンに増加、2015年前出の通りで全国の68.1%になる。

「海の汚染が進行しても、広島のカキが大量に生産され、漁業と食生活を支え続けることができたのは、何があったからでしょう」

1960年ごろ、大都市向けを中心に生鮮カキの出荷が伸びる。東京への出荷が本格化して62年には大阪への出荷量を超える。

「水産物（カキなど）を遠距離地に大量に販売することは、どうしたら可能になるでしょうか」（資料5）

1960年代に生産地、消費地、それをむすぶ港や倉庫、輸送用保冷車、コンテナなど低温流通の「コールドチェーン」の整備がすすむ。

「各地の港や倉庫に造られた、巨大なあるものがあります。それは何ですか」（「冷蔵庫」）

「65年から、高速道路網の発達、食材を保存するための○○の発達など、流通網は全国規模に拡大していく。○○に当てはまるものは何ですか」（「包装材」）発泡スチロールは1959年に国産化（資料6）。

冷凍食品の生産量は4559トン（1960年）から350倍の160万トン（2019年）に。広島のカキは2018年生鮮用7400トン、加工用（冷凍食品や外食産業向けに冷凍加工や缶詰加工など）1万トンになる。

(6) 広島のカキ（養殖漁業）は産業として私たちの食生活を支えている。また、流通に関わる新しい産業と大きく関係している。

● 「カキ養殖の産業としての課題は何だろう？ 調査してみよう」

留意点

● 地理的分野では、人びとの働く姿や産業・生業の具体的な姿に着目させたい。カキの養殖産業、現代の食生活に欠かせない流通産業など。

● 身近だが目に見えないしくみに気づかせたい。広島のカキが大量生産型の漁業で、現代の食生活がコールドチェーンによって成り立っている（依存している）ことを意識化する。 （辻 隆広）

資料4　広島湾ですすむ埋め立て

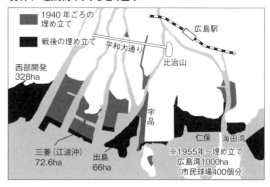

| ■ | 1940年ごろの埋め立て |
| ■ | 戦後の埋め立て |

広島駅
平和大通り
比治山
西部開発
328ha
宇品
仁保 海田湾
三菱（江波沖）
72.6ha
出島
66ha
※1955年〜埋め立て
広島湾1000ha
（市民球場400個分）

資料5　加工用カキ（冷凍製品）

（広島県漁業協同組合連合会）

資料6　コールドチェーンを支える発泡スチロール

デジタル資料集

（CC by David Monniaux）

コールドチェーン勧告（科学技術省、1965年）
食生活の近代化（動物性たんぱく質や人口の都市への集中など）と食料流通システムの近代化のための対策。

▶▶広島市水産振興センター
www.haff.city.hiroshima.jp/
info/suisansc/

広島県水産課『令和2年度広島かき生産出荷指針』
www.pref.hiroshima.lg.jp/
uploaded/attachment/40615
5.pdf
現場の課題が具体的・総合的に書かれている。

本時の内容は、本書旧版の是恒高志『瀬戸内海は里海として再生できるか』を参考とした。

ねらい

●なぜ高知県で促成栽培がおこなわれているか、自然環境や都市部とのつながりから理解させ、促成栽培を生かした「第6次産業化」について学ぶ。

授業の展開

(1) 高知県で生産がさかんな農作物について調べる。

（「生産量第1位の農作物としてはニラ、ナス、生姜。第3位にピーマンがある」「温暖な気候に適した農作物が栽培されている」）

「ビニールハウスなどを利用し、通常よりも早い時期に農作物を栽培・出荷することを『促成栽培』といいます。中国・四国地方の農業には他にどのような特徴があるか確認しましょう」（「降水量の少ない瀬戸内では、みかんやもも、ぶどうなど果物の栽培がさかんになっている」）

(2) なぜ高知県では促成栽培がさかんにおこなわれているのか。高知県の気候や交通網の発達について振り返る。また、卸売価格のグラフ（**資料1**）を見て考える。

●「高知県で促成栽培がさかんにおこなわれているのはなぜだろう？」

（「春・夏は温暖な気候を生かして早く出荷できる」「冬場はビニールハウスを活用することで、他の地域が出荷しない時期に出荷でき、高く売ることができる」「高速道路や航空輸送など交通網や、クール便が発達したことにより鮮度を保つことができる」）

(3) 高知県の農業就業人口について**資料2**のグラフから確認する。

●「促成栽培を含めて、農業がさかんにおこなわれている高知県の課題は何だろう？」

（「農業就業人口が年々減少しており、農家の高齢化もすすんでいる」「若い人たちが農業をしなくなってきている」）

(4) どのようにすれば農業をする人は増えるか予想させる。

資料1　ピーマンの卸売価格

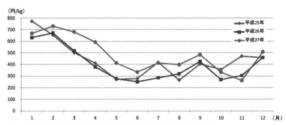

資料：農畜産業振興機構「ベジ探」（原資料：東京都中央卸売市場「市場月報」）
注：外国産も含む。

（独立行政法人農畜産業振興機構　https://vegetable.alic.go.jp/yasaijoho/yasai/1610_yasai1.html）

資料2　高知県の農業就業人口（販売農家）の年齢別構成

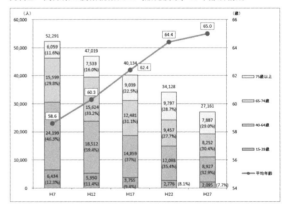

（「令和3年度高知農業の動向」高知県庁農業振興部）
www.pref.kochi.lg.jp/soshiki/162201/files/2020040200152/5-3.pdf）

（「農業は天候に左右されやすく、収入が不安定になりやすい。安定した収入を得ることができれば就農者は増えるのではないか」「若者が農業のやりがいやおもしろさに気づく仕組みが大切ではないか」）

さまざまな意見を出させたうえで、高知県では促成栽培だけでなく、その作物を加工・販売し、付加価値をつけて売る取り組みがすすんでいることを説明する。

(5) 高知県日高村の「フルーツトマト」（シュガートマト）を取り上げ、トマトを活用した第6次産業化について学ぶ。

●「第6次産業とは、栽培（第1次産業）→加工（第2次産業）→販売（第3次産業）のすべてをおこなう産業です。このトマトをどのように活用すれば第6次産業となるのだろう？」

「トマトジュースを作って販売する」「トマトを地域の店で使ってもらう」など、思いつく意見を出させて予想する。

「実際に、フルーツトマトをどのように利用しているか調べよう」

「日高村オムライス街道」のマップ（**資料3**）や、実際に商品を調べる活動をとおして、日高村のフルーツトマトがブランドとして地域を代表する食品となり、観光のシンボルにもなっていることを理解させる。

資料3　日高村オムライス街道 MAP

（日高村オムライス街道　www.hidaka-omuraisu.info/）

●「自分たちの身近な地域で、第6次産業化がすすめられているものはないか考えてみよう」

中国・四国地方での学びを自分たちの地域に置きかえて考えられるか、授業のふり返りをおこなう。日高村の近隣の地域を例にすると、地元の牛乳を活かしてプリンを作って販売している、地元の特産物である生姜を使った「生姜焼き」で生姜焼き街道というイベントをおこなっている、などがある。

╭─────────╮
│ **留意点** │ ·······································
╰─────────╯

●高知県産のフルーツトマトやNPO法人日高村わのわ会の販売するトマトソースなどを実際に購入して、高知県のトマトについて授業者も理解を深めてほしい。

●第6次産業化の例では、高知県馬路村のゆずの村の地域おこしや、徳島県上勝町の「葉っぱビジネス」が取り上げられることが多い。しかし、近年では過疎化に悩む多くの自治体が、地域の産業と関連させた独自の取り組みをおこなっている。今回は、農業による地域おこしの例として日高村を取り上げた。

(岩崎圭祐)

ねらい

● 人口減少や過疎化に直面する四国地方の実情を理解するとともに、その解決に取り組む過疎地域の地域おこしについて学ぶ。

授業の展開

(1) 高知県の人口の推移を資料から確認する。

● 「高知県の人口はどのように変わってきたのだろう」（資料1）

　高知県の人口は 1955 年に約 88 万人でピークだったが、2019 年には 70 万人を割っている。5 年間で人口が 10% 以上減少している自治体もある（資料2）。

(2) 「過疎地域」という用語を確認する。

● 「このように、人口減少によって地域社会の生活を維持することがむずかしくなってきた地域のことを何といいますか。教科書で確認しよう」

　「過疎地域」「限界集落」など教科書の語句を確認する。

(3) 高知県で人口が減少する理由を考える。

● 「なぜ高知県では人口が減少するのだろう？」

　「都市部（県外）に出ることで仕事があるから」「都市部（県外）のほうが遊べる場所も多い」など、さまざまな意見を発表させた後、人口減少の理由のひとつに社会減（県内への転入より県外への転出のほうが多く、結果的に人口が減少する）があること、それが少子高齢化を加速させることを説明する。また社会減の原因として、交通網の発達により教育や仕事を求めて県外に移住する人が増えていることを理解させる。

(4) 過疎化によってどのような問題が発生するか予想させ、確認する。

　「空き家の増加」「孤独死」「店がなくなる」「働き手がいなくなる」など、さまざまな課題があることを確認する。「高知県」「過疎化」「問題」などを検索ワードとしてインターネットで各自調べさせてもよい。

資料1　高知県人口の推移

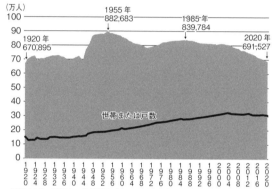

各年 10 月 1 日現在の世帯数及び人口。総務省統計局及び高知県統計分析課推計による。（高知県ウェブサイトより）

資料2　高知県内の自治体の人口（2020 年）

2020年国勢調査県人口（速報）

		人口	男	女	5年間の増減数	増減率
高知	市	326,814	152,482	174,332	-10,376	-3.1
室戸	市	11,744	5,656	6,088	-1,780	-13.2
安芸	市	16,258	7,749	8,509	-1,319	-7.5
南国	市	46,702	22,139	24,563	-1,280	-2.7
土佐	市	25,762	12,369	13,393	-1,276	-4.7
須崎	市	20,603	10,068	10,535	-2,003	-8.9
宿毛	市	19,044	8,924	10,120	-1,863	-8.9
土佐清水市		12,388	5,834	6,554	-1,390	-10.1
四万十市		32,719	15,455	17,264	-1,594	-4.6
香南	市	32,229	15,530	16,699	-732	-2.2
香美	市	26,556	12,851	13,705	-957	-3.5
市	計	570,819	269,057	301,762	-24,570	-4.1
東洋	町	2,193	1,085	1,108	-391	-15.1
奈半利町		3,036	1,405	1,631	-290	-8.7
田野	町	2,498	1,171	1,327	-235	-8.6
安田	町	2,373	1,144	1,229	-258	-9.8
北川	村	1,146	552	594	-148	-11.4
馬路	村	747	359	388	-76	-9.2
芸西	村	3,696	1,720	1,976	-162	-4.2
安芸郡計		15,689	7,436	8,253	-1,560	-9.0
本山	町	3,264	1,510	1,754	-309	-8.6
大豊	町	3,256	1,543	1,713	-706	-17.8
長岡郡計		6,520	3,053	3,467	-1,015	-13.5
土佐	町	3,750	1,780	1,970	-247	-6.2
大川	村	366	189	177	-30	-7.6
土佐郡計		4,116	1,969	2,147	-277	-6.3
いの	町	21,394	10,208	11,186	-1,373	-6.0
仁淀川町		4,824	2,302	2,522	-727	-13.1
吾川郡計		26,218	12,510	13,708	-2,100	-7.4
中土佐町		6,002	2,784	3,218	-838	-12.3
佐川	町	12,336	5,753	6,583	-778	-5.9
越知	町	5,191	2,390	2,801	-604	-10.4
檮原	町	3,308	1,612	1,696	-300	-8.3
日高	村	4,826	2,295	2,531	-204	-4.1
津野	町	5,297	2,516	2,781	-497	-8.6
四万十町		15,596	7,436	8,160	-1,729	-10.0
高岡郡計		52,556	24,786	27,770	-4,950	-8.6
大月	町	4,432	2,127	2,305	-663	-13.0
三原	村	1,440	691	749	-134	-8.5
黒潮	町	10,275	4,950	5,325	-942	-8.4
幡多郡計		16,147	7,768	8,379	-1,739	-9.7
郡	計	121,246	57,522	63,724	-11,641	-8.8
県	計	692,065	326,579	365,486	-36,211	-5.0

（高知新聞 2021 年 4 月 24 日）

2021年5月時点では「免許外教科担任」（専門教科でない教員が臨時教員免許を交付されて教えること）の問題が挙げられていた。また、コロナ禍での地域公共インフラの維持も深刻であり、高知県の路面電車やバスをどのように維持するかが議論されている。

(5) 人口減少を抑えるために、どのような地域おこしがおこなわれているか。高知県佐川町の「自伐型林業」による地域おこしを題材として学ぶ。

● 「どのようにすれば人口減少は抑えられるだろう？」
「高知県（地域内）で働く人を増やす」「県外（地域外）に働くために出る人を減らす」ことの両面が大切であることを理解させ、その視点から佐川町の地域おこしを考える。

● 「なぜ佐川町は自伐型林業で地域おこしを図っているのだろう？」
佐川町の自伐型林業による地域おこしについて動画（**資料3**）を視聴し、自伐型林業を推進することでどのような効果を期待しているのか確認する。

動画から、「林業や木材を使ったイノベーションをおこなう就業者を増やすことで移住者を増やそうとしている」「森林を適切に管理することで災害を防いでくれる」「次世代のクリエイターを育成する」など、さまざまな効果を期待していることがわかる。また、間伐した木材を加工して商品開発や地元の子どもたちへの教育をおこなう「さかわ発明ラボ」（**資料4**）についても紹介、調べることで、佐川町が自伐型林業を町内外へ発信し、ブランド化をめざしていることを理解できる。

資料3 「林業×デザイン×デジタルでものづくり拠点創造事業」（農林水産業みらい基金）
www.youtube.com/watch?v=SQtxwD2m6GY&t=2s

資料4 さかわ発明ラボ

（さかわ発明ラボ　Facebookページより）

留意点

● NHK for School の 10min BOX 地理「なぜ瀬戸内の島々に人が集まるの？〜中国・四国地方」は、アートによる地域おこしや県外からの移住者の声などがまとまっており、参考にできる。また、一事例の紹介にとどめない場合、徳島県神山町や岡山県西粟倉村など、林業とその利用による地域おこしを比較させるのもよいだろう。

● 過疎化に悩む各自治体は、それぞれの自然的特徴や産業を生かして「地域おこし」に取り組んでいる。その評価や効果については立場によって異なり、他の地域と同様に佐川町でも、自伐型林業による地域おこしに賛否は存在する。本時では、各自治体が取り組む地域おこしには、どのような効果が期待されているかという点に絞って考察することで、過疎地域特有の課題を理解させ、その克服のためには何が必要かという視点を獲得することにとどめた。

（岩崎圭祐）

参考文献
岩崎圭祐「中学校地理『自伐型林業』から持続可能な地域おこしを考える」『歴史地理教育』2020年12月号

9 近畿地方（1）
奈良・京都の伝統産業

1 時間

ねらい

● 伝統産業は、需要の低下や後継者問題などさまざまな課題がありながらも、その伝統を守りつつ、革新的な技術をも開発していることを知る。

ワークシート（4-9）

デジタル資料集

授業の展開

(1) 生徒たちが日頃あまり関心のない伝統産業について、クイズにとりくませ関心を高める。

①日本で一番古い「会社」は、何時代にできたでしょうか。
　ア．飛鳥時代　イ．奈良時代　ウ．鎌倉時代　エ．江戸時代
　オ．明治時代
②創業100年以上の会社は、日本におよそいくつあるでしょうか。
　ア．100社　イ．500社　ウ．1,000社　エ．10,000社
　オ．100,000社
③ヨーロッパで一番古い会社は、創業何年でしょう。
　ア．約150年　イ．約650年　ウ．約1150年　エ．約1650年
　オ．約2100年
④経済産業省が指定している伝統的工芸品は、全部でおよそいくつあるでしょう。
　ア．約100　イ．約150　ウ．約200　エ．約250　オ．約300
⑤伝統的工芸品は、京都にはおよそいくつあるでしょう。
　ア．7　イ．12　ウ．17　エ．22　オ．27
⑥京都府の伝統的工芸品をあげてみましょう。「京○○」とよばれることがあります。

答え
①ア（西暦593年から存続する建築会社「金剛組」）
②オ（10万以上といわれる）
③イ（1369年創業のイタリアの会社）
④エ（240）
⑤ウ（17）
⑥西陣織、京友禅、京くみひも、京焼・清水焼、京仏壇・仏具、京人形、京扇子、京うちわ、ほか

資料1　京友禅

デジタル資料集

資料2　京仏壇

(2) 伝統産業の基礎知識を穴埋め問題で確認させる。

　京都の伝統産業の現状についてあげると次の通りである。①売り上げの低迷、②後継者問題、③原材料・用具確保難、④海外生産の増加
〈説明〉たとえば西陣織では、帯の出荷量がピーク時で年間828万本であったものが、2021年度は約30万本、3.7％におちこんでいる。関連して、西陣織の新しい織機の受注もなくなり、その材料や道具の作り手がいなくなり、注文は修理のみになって、やがて廃業へおいこまれる。他にも、漆塗りのハケの毛の原料がなくなる、屏風を削るカンナをつくる職人がいなくなるなど、技術が技術者とともになくなってしまう危機的な状況にある。
　その状況の中でも職人さんは、非常に低い工賃で働き、「ものづくりに専念したい、他のことを考えずに暮らしていける程度のことを行政が支援してほしい」と訴えている。伝統産業を安心して続けられる環境づくりが

デジタル資料集

（資料1〜4　京都市役所提供）

緊急の課題となっている。

(3) 伝統的な技術を生かしながら、革新的な商品を創造している伝統産業のようすを知る。

ワークシートの【クイズで考えよう　伝統工業の伝統と革新】にとりくませ、身近にある筆記具から、応用技術について知る。

---

①次の筆記具のうち、書いた文字がもっとも消えにくいのはどれでしょう。
　　ア．鉛筆　イ．墨　ウ．マジックインク　エ．ボールペン
②墨で書いた字はどのくらい長く品質を保つことができますか。
　　ア．50年　イ．100年　ウ．500年　エ．1000年
③墨の原料になるものは何でしょう。次から選びましょう。
　　ア．油のすす　イ．炭の粉　ウ．イカの墨　エ．黒の岩石
④墨の原料を固めるのに使われるものは、次のうちどれでしょう。
　　ア．でんぷんのり　イ．粘土　ウ．にかわ　エ．松ヤニ
⑤墨を作る季節は、おもにいつでしょう。
　　ア．春　　イ．夏　　ウ．秋　　エ．冬
⑥奈良県は墨の生産で全国のおよそ何％を占めているでしょう。
　　ア．30％　　イ．50％　　ウ．70％　　エ．90％
⑦墨の生産量は年々減少しているが、そのおもな原因は何でしょう。誤っているものを選びましょう。
　　ア．ワープロやパソコンで年賀状を書くようになったから。
　　イ．中国が墨の原料の輸出制限をしたから。
　　ウ．安い中国製品等との価格競争にさらされているから。
　　エ．子どもが少なくなってきたから。

奈良県の株式会社「呉竹」は墨汁を開発し、やがて筆ペンを売り出し大ヒット商品となった。しかしワープロやパソコンで年賀状を書くようになったこと、安い中国製品等との価格競争にさらされていることが原因で、需要は伸び悩んでいる。少子化の影響も大きい。

携帯電話の中にかならずあるのが蓄電装置として使われるコンデンサである。液体墨をつくる際に微粒子を薄く均一に分散させる呉竹の技術を、コンデンサの電極に使えば高い導電性を得られることがわかった。また、墨汁のような黒い液体を雪の上にまけば熱を吸収し、早く雪がとけることから融雪剤を開発した。

（留意点）

●伝統産業が危機的な状況にあること、伝統産業を安心して続けられる環境づくりが必要であることを理解させたい。
●伝統的な技術を今日のニーズに合わせ、革新的な技術としてよみがえらせている人びとの努力をしっかりととらえさせたい。　　　　（岩本賢治）

資料3　京人形

デジタル資料集

資料4　京うちわ

デジタル資料集

答え
①イ（生徒はウと答えるかもしれない）
②エ（奈良時代の文書が現代も読める）
③ア（菜種油を燃やして出てきたすすを円筒につけて集める。松の根を燃やしてつくる松煙墨もある）
④ウ（にかわは動物の骨や皮を煮込んでとったゼラチン質のもの。漆塗りにも使う）
⑤エ（にかわはタンパク質なので、気温が高いと雑菌が繁殖し腐敗する）
⑥エ（奈良明日香で墨作りが始まり、都は移っても奈良には多くの社寺が残ったので墨作りが発展した。現在は全国需要の90％が奈良で作られている）
⑦イ

参考文献
野村進『千年、働いてきました』（角川書店）

▶▶京都府の伝統産業
www.pref.kyoto.jp/senshoku/

▶▶伝統工芸　青山スクエア
（各県の伝統工芸品が見られる）
https://kougeihin.jp/craft_pref/kyoto/

▶▶株式会社呉竹
www.kuretake.co.jp

ねらい

● かつて日本一であった阪神工業地帯は、さまざまな公害問題を起こしてきたが、住民の公害裁判等を通じた反対運動で改善されてきたことを理解する。

授業の展開

(1)「この写真（**資料1**）は、阪神工業地帯の尼崎市のようすです。気がついたことを発表しましょう」（「白い煙が出ている」「工場が大きそう」「埋め立て地に工場がある」「川が流れている」）

「工場を建てて、工業をさかんにしようとすると何が必要ですか」（「お金」「工場の建物」「機械」「原料」「燃料」「土地」「工業用水」「働く人」）

〈説明〉ここは大阪と神戸の一文字ずつをとって「阪神」工業地帯。大阪湾に面した臨海部に埋め立て地を造り工場を建て、原料や燃料を輸入し、人を雇って生産して、できた製品はまた船で海外に輸出することが多かった。近くに神戸港があり有利。水は機械の冷却や原料の希釈などに使うが、河川の水が豊富で地下水も使えた。当初は国の税金も使われた。大河ドラマにもなった渋沢栄一の大阪紡績（**資料2**）や尼崎紡績などの紡績業（綿糸）から始まり、のちに造船や鉄鋼業が中心に。戦争中は武器も造った。

〈作業〉「阪神工業地帯の主な工業」などの地図を読みとらせ、内陸部に機械工業が広がっていることを確認する。教科書の工業出荷額のグラフから、その内訳の特徴や日本第二の工業地帯であることを確認する。

(2)「このような阪神工業地帯では、どんな公害問題が起きそうですか。予想しましょう」（「煤煙や亜硫酸ガス・窒素酸化物による大気汚染」「水質汚濁」「地盤沈下」）「どんな被害が起きますか」（「洗濯物が汚れる」「公害病、ぜんそく」「漁業の衰退」「高潮の被害」）

〈説明〉**資料4**を示し、尼崎大気汚染公害裁判や西淀川公害裁判など、住民が起こした公害裁判を紹介して、市民や住民の努力で公害対策がすすんでいったことを理解させる。動画「手渡したいのは青い空」（**資料5**）も時間が許せば見せたい。

大阪市から堺市、高石市には大規模な埋め立て地に石油化学コンビ

資料1　阪神工業地帯

（尼崎市立歴史博物館「あまがさきアーカイブズ」所蔵絵はがき）

資料2　大阪紡績（現東洋紡）

（渋沢栄一記念財団HP）

資料3　関西電力発電所

（「あまがさきアーカイブズ」所蔵絵はがき）

資料4　大阪の大気汚染

（大阪府HP「環境対策の歴史」）

ナートがある。ここでも住民の公害反対運動があり公害対策が強化された。

(3)「**資料6**の3枚の写真に共通して使われている重要な部品を、東大阪市のある会社が造っています。それはどんな部品でしょう。ヒントは、命にかかわる大事な部品です」(「ネジ」)

〈説明〉ドラマ『半沢直樹』でもネジを造る町工場が登場していたが、日本一のネジの生産地は大阪府。それも東大阪市が一番である。東大阪市を中心とした地域が、なぜネジなどの部品工場の中心地になったのかを「阪神工業地帯の主な工業」(帝国書院教科書)などの地図から考えさせる。(「高速道路や自動車専用道路で、すぐに機械を造る工場に運べるから」)

●「地図帳では門真市のところに『家電』と書いてありますが、何という大会社の工場がありますか」(「パナソニック」)

以前はサンヨーという会社があって、これも門真市や守口市に工場があった。シャープも大阪市住吉区に本社工場を建てた。町工場はこれらの電機製品を造る大工場に部品を供給してきた。しかし、1980年代からの円高の進行や台湾・韓国などアジア諸国の台頭で国際競争力を失い、工場がなくなっていった。しかし、他に真似されない高い技術で特殊なネジを造って、今も世界中から注文が絶えない工場もある。

「池田市には何という大企業の工場がありますか」(「ダイハツ」)

「自動車はいくつの部品でできているか、予想してみよう」(答え=約3万点)これらの部品も、協力工場という名前で中小企業が多くを生産している。

「東大阪市の多くの工場は住宅地にあることから、どんな公害問題が起きやすいですか?」(「騒音や振動」)

(4)「最後に、**資料7**の動画を見てみよう。どんな製品が使われているか、いくつわかるでしょうか」

歯ブラシから人工衛星まで、「なんでもつくれる東大阪」「なんでもそろう東大阪」の高い技術力と多様な製品を知ってもらおうと作られたPR動画である。

留意点

●工業化の進展=生活の向上ではなく、人間らしい暮らしを守るための市民や住民の粘り強い運動があって環境が守られてきたことを、動画などを活用して理解させたい。 (岩本賢治)

資料5 動画「手渡したいのは青い空」(約15分)
(あおぞら財団〔公益財団法人公害地域再生センター〕作成)
http://aozora.or.jp/answer

資料6 3つの技術
スカイツリー

デジタル資料集

(CC by shankar s.)

新幹線

デジタル資料集

(CC by MNXANL)

明石海峡大橋

デジタル資料集

(CC by Tysto)

資料7 動画「MADE IN HIGASHI OSAKA」(東大阪市作成)
www.city.higashiosaka.lg.jp/pr/0000019669.html

▶▶ハードロックナット株式会社
https://hardlock.co.jp/

2009年に種子島から打ち上げられた「まいど1号」(宇宙開発協同組合 SOHLA)
https://sohla.com/maido.html

11 近畿地方（3）
琵琶湖の環境保全

1 時間

ねらい

●高度経済成長による環境破壊により、ひん死の状態であった琵琶湖をよみがえらせることはできるか。多くの人びとが大きな課題にチャレンジしているようすをつかむ。

授業の展開

(1)【○×クイズ　滋賀県＆琵琶湖】（ワークシート）に取り組ませる。興味・関心が高まるように、全員参加の導入をめざしたい。

ワークシート（4-11）

デジタル資料集

①琵琶湖は日本で最大で、滋賀県の8分の1の面積である。
②琵琶湖は約400万年前に生まれた、世界でも3〜4番目に古い湖である。
③琵琶湖は、最初は三重県にあったが、その後現在の位置に移動してきた。
④琵琶湖は地殻変動による陥没でできたが、同時に淡路島が隆起したと考えられている。
⑤琵琶湖に水が入ってくる川は437あるが、水が出て行く川はひとつしかない。
⑥琵琶湖には106種の魚貝類が生息しているが、44種は琵琶湖固有種である。
⑦琵琶湖でとれるニゴロブナを使った「くさや」は、強いにおいで有名である。
⑧琵琶湖には、リエという竹で作った簀に誘い込む漁具があり、魚偏に「入」と書く。
⑨琵琶湖では、淡水なのに「赤潮」が発生した。
⑩琵琶湖の水質を守るために女性たちがすすめたのは、合成洗剤（有リン）の不買運動だった。

答え
①×（正しくは6分の1）
②○
③○
④×（確かにそのような俗説はあるが…）
⑤○（琵琶湖から出る川は淀川のみ。川の名前も予想させよう）
⑥○
⑦×（正しくはふなずし。最近ふなずし味のアメができた）
⑧×（正しくはエリ）
⑨○（1977年5月に初めて大規模に発生した）
⑩○

(2) 滋賀県の基本的な知識をまとめておく。

(3)「資料1の年表を見て、気がついたことをまとめよう」（「経済が成長すると琵琶湖の水質が悪くなり、赤潮やアオコが発生するようになった」）

資料1　琵琶湖の水質に関する年表

1955年〜	高度経済成長がはじまる
1960年〜	水質が悪化しはじめる
1969年〜	水道水にかび臭が発生する
1973年	大量のPCB（発がん性物質）による魚の汚染
1977年	大規模な赤潮が発生する
1983年〜	アオコが発生し、魚類がたくさん死んだ

「琵琶湖の水質が悪化したのはなぜでしょう」（「湖岸に工場ができて工業廃水が流れ込み、人口が増えて生活排水が増えたから」）

(4)「琵琶湖の環境の悪化によって、どんな影響が起きたか考えてみよう」

①「琵琶湖（赤野井湾）でとれた魚の種類の割合はどう変わりましたか」（「71年はモロコ、アユ、タナゴが多かったが、98年はブルーギルがほとんどになった」）

②「生物多様性とはどういうことでしょうか。調べてみましょう」（「数多くの生命の存在を尊重し、それを持続・保全する社会や生活の実現をめざす考え方」）

③「ニゴロブナからどんな郷土料理ができますか」（「ふなずし」）

④「アユやモロコ、ニゴロブナなどが少なくなったのはなぜですか」（「水質が悪化したのと、外来種であるブルーギルやオオクチバスが食べてしまうから」）

(5)〈作業〉ワークシートの地図（資料2）を指示に従って着色させる。

①「琵琶湖のまわりに描かれた矢印は、琵琶湖に流れ込む水の動きを示している。矢印を青色で着色しましょう」

②「琵琶湖の水を利用している地域をオレンジ色で着色しましょう」

③「琵琶湖の水を利用しているのは、滋賀県のほかにどこですか。すべて書きましょう」（「京都府・大阪府・兵庫県」）

④「琵琶湖の水を利用しているのは、人口にしてどれくらいですか」（「1400万人」）

⑤このことから、琵琶湖のことを何と呼んでいますか。（「近畿の水がめ」）

⑥「琵琶湖に入ってくる川は437あるが、水が出ていく川はひとつしかない。このことから、心配される自然災害は何でしょう」（「洪水」）

⑦滋賀県で起こる洪水を防ぐためには放水量を増加させるとよいが、今度は下流の大阪府の人びとは、どんなことが心配になるか」（「洪水」）

資料2　琵琶湖の地図

（パンフレット「琵琶湖水未来」より。発行：独立行政法人水資源機構琵琶湖開発総合管理所）

留意点

●琵琶湖の環境を保全する運動には「菜の花プロジェクト」もある。これを取り上げるのもよい。

●琵琶湖の利水問題は、上流と下流とで利益が相反する場合があるので、これを調整して近畿の水がめを守ることが大切である。　（岩本賢治）

▶▶琵琶湖開発総合管理所
www.water.go.jp/kansai/
biwako/html/about_biwa/ab_
biwa_02.html

▶▶琵琶湖・淀川流域圏の再生
www.kkr.mlit.go.jp/plan/
biwayodosaisei/about/where/
index03.html
琵琶湖の流域・給水域を示す地図が見られる。

12 近畿地方（4）
木（紀伊）の国・和歌山県の林業

1 時間

ねらい

● 材木の低価格化と林業労働者の減少で苦しんでいる林業だが、活用法を工夫し、販路を拡大するとともに、環境に配慮した新しい林業を模索していることを理解する。

授業の展開

(1)「日本の森林率はどれくらいでしょう」（答え＝68.5％）「その日本の中で『木の国』とも呼ばれてきたのはどこの県でしょう」（「和歌山県」）和歌山県は奈良県と並び近畿地方で森林率の高い県で、ともに77％。「木を植えて育て、木材を生産することを何といいますか」（「林業」）

(2)「林業で働く人たちは増えていますか、減っていますか」（「減っている」2015年で4万5000人）「年齢は？」（「高齢化」）

林業の高齢化率は2015年で25％。全産業の13％にくらべて高いが、若年化率（35歳未満）は17％で増加傾向。

「林業が厳しい状態になった原因は何だったかな」（「低価格の外国産木材の輸入自由化による増加」）

(3)「和歌山県では、林業をさかんにするためにさまざまなとりくみをおこなっていますが、同県の田辺市立龍神中学校では校舎の壁や床に紀州材を使うほか、**資料1**のようなある物も使用しています。これを教室まで運ぶことが生徒の係活動にもなっています。ある物とはなんでしょう」（「木質ペレット」「ストーブの燃料」）奈良県でも、木材製品を積極的に学校や保育園、病院に活用するとりくみをしている。

紀州備長炭の写真（できれば本物）を示しながら、「和歌山の特産物ですが、何だかわかりますか」（「炭」）「備長炭といいますが、この炭は何から作りますか」（「木から」）

炭の作り方を説明したうえで、**資料3**を示し「どんな木から作りますか。その木はAとB、どちらの山に生えていますか」（「Bです」）「高級品はカシ（紀州備長炭はウバメガシ）から作ります」

「Aのような針葉樹はおもに材木に使い、Bのような広葉樹は人間の生活に必要ないろいろな物に利用されてきました。材木や燃料にするほかに木材はどんなものに利用されていますか」（おもちゃ、楽器、バットなどスポーツ用品、彫刻・版画、食器・お箸・弁当箱、容器・酒樽、家具・机・椅子、お風呂、紙・パルプ原料・和紙など）

ワークシート（4-12）

デジタル資料集

資料1　木質ペレット

デジタル資料集

資料2　備長炭

デジタル資料集

（CC by STRONGlk7）

炭琴の演奏の動画
www.youtube.com/watch?v
=u00ZRvQv7vY

▶▶紀州備長炭記念公園
www.binchotan.jp/

（4）和歌山県北山村の写真（**資料4**）を提示し、「何をしているところですか」（「筏下り」）「何のためにこんなことをしているのですか」（「観光かな？」）

「今は観光目的の筏下りですが、以前は何かのために筏で川を下っていたのです。何のためですか」（「乗り物？」「荷物を運ぶ船の代わり」）「人は確かに乗っていましたが、人を運んでいるのではありません。荷物を運んでいるにはちがいないのですが、特に荷物を載せているわけではありません」（「筏にした木を運んでいる」）

切り出した木材を筏に組んで川を流し、下流の新宮市まで運んでいた。この筏を作る技術、筏を操る技術を活かして始められたのが北山川観光筏下りである。

（5）「北山村は和歌山県のどこにありますか。地図帳で調べてみましょう。何か変だなと思うことはありませんか」（「和歌山県ではないところに北山村がある」）

「この村は、和歌山県東牟婁郡北山村といって、村の全部の土地が奈良県と三重県に囲まれている、全国唯一の『完全飛び地』です」

「北山村の地理的な特徴を地図帳で調べて発表しましょう。どんな産業が発達していると思いますか。北山村はどんな問題点を抱えていると思いますか」（「山がちで川が流れている」「稲作はむずかしいから、農業はさかんではない」「お年寄りが増えて高齢化している」「若い人が出て行ってしまって子どもが生まれないので、少子化している」「都会へ出て行ってしまうので、過疎の村になっている」）

「確かに、北山村の高齢化率は49.3％（2015年）で和歌山県で第1位です。面積は48.1平方キロで、東京都の千代田区、渋谷区、新宿区をあわせたよりも少し大きな村に、412人（2021年現在）が住んでいます」

じゃばらの写真（**資料5**）を示し、「この作物は何でしょう」（「みかん」）「みかんの仲間ですが、じゃばらといいます。北山村では、じゃばらの果汁などを加工して、その年商は2億円です」

「私たちの学校の生徒数は○○人ですから、この学校の○分の一（○倍）の人口なのに、アイデアを活かし工夫を重ねて、これだけの売上をあげています。平成の大合併の際、北山村もいったんは新宮市との合併を決めましたが、小さいながらも自立した村としてやっていくことを決め、村は高齢者に対する福祉と、子どもたちに対する教育に力を入れています」

資料3　人工林と自然林

A

B

デジタル資料集

資料4　北山川の筏下り

（北山村提供）

資料5　じゃばら

▶▶北山村ホームページ
www.vill.kitayama.wakayama.jp

（ 留意点 ）・・・

●生徒にとって林業はなじみがないが、スギやヒノキの端材、木炭など実物教材を活用したり、観光の話題から学習に入ることで関心を高めたい。

（岩本賢治）

中部地方（1）
東海地方の産業～静岡県

ねらい ●●●●●●●●●●●●●●●●●●●●●●●●●●●●●●

● 中部地方の自然についての概略をつかませ、県の位置を確認する。

● 静岡県の自然や産業についての学習をとおして、東海地方の産業の特色を理解し、地域の課題について考える。

授業の展開 ●●●●●●●●●●●●●●●●●●●●●●●●●●

（1）3つの地方で異なる気候

● 「富山」「長野」「名古屋」の雨温図を生徒に提示し、気温や降水量について発表させる。（「降水量は、富山は冬、名古屋は夏に多い。長野は年間通じて少ない」「名古屋は1年中暖かい」「長野は夏涼しい」「富山は冬寒い」）

・中部地方は、北陸・中央高地・東海地方で異なる特色があることをつかませる。東海地方は、太平洋に流れている暖流の黒潮の影響が大きい。

（2）位置と自然環境

地図から、中部地方の海、湾、川、山脈、平野、半島、県名を確認する。

・「日本アルプス」を確認する。

（3）静岡のお茶

● 「お茶といえば、どうやって飲みますか？」（「ペットボトルで飲む」「急須に茶葉を入れてお湯をそそいで」「茶道の作法をテレビで見たことがあります」「ティーバッグも売っています」）

資料1を生徒に提示する。「日本でお茶がたくさんとれる都道府県はどこですか？」（「静岡県が40％近くを占めている」「鹿児島県」）

地図帳で「牧ノ原」「三方原」など静岡の茶の産地を確認する。教科書や資料集の写真（資料2）を見て、気がついたことを話しあう。（「機械を利用している」「かまぼこのように茶の木が並んでいる」「扇風機のようなものが立っている」）

● 「なぜこの地域で、お茶がよくとれるのでしょう？」（「温暖な気候」）

「気温が下がって霜が降りないよう、春先、空気を対流させるために扇風機が使われます」

資料3を生徒に提示し、「株式会社ハラダ製茶農園の新しい茶園の経営についての特徴を発表してください」（「13ヘクタールの茶園を経営」「系列の農家あわせて50ヘクタール分を生産している」「新しい品種の食品づくりに努めている」）

資料1 お茶の生産量（2019年）

生産県計	76,500 t
静岡	29,500（38.6%）
鹿児島	28,000（36.6）
三重	5,910（7.7）
宮崎	3,510（4.6）

（『日本国勢図会 2020/2021』より）

資料2 茶畑

（CC by ajari）

資料3 新しい茶園の経営

「結いまーる株式会社ではどうですか？」（「茶農家3戸が共同管理をおこなっている」「地域の作業を請け負うなど産地の維持に努めている」）

「なぜ経営の仕方を変えていっているのでしょう？」（「中国のウーロン茶などが出てきているから」）

「経営規模が小さく、兼業農家で、高齢化がすすむなど苦労が多いのです」中国、韓国、ケニア、オーストラリアからも緑茶が輸入されていること、個人経営から「ビジネス経営体」「管理組織経営体」に変わっていることを説明する。

(4) みかんの生産

●**資料4**の表を生徒に提示し、みかん畑の広がる写真パネルを見せる。みかんの生産がどこの都道府県で多いかを質問する。（「和歌山」「愛媛」「静岡」）「茶の生産同様、温暖な気候を利用して、東海地方から西日本にかけて、みかん栽培がさかんです」

(5) 焼津港の遠洋漁業

●**資料5**を提示し、日本で水揚げが多い港はどこか質問する。（「焼津」「銚子」）

遠洋漁業でかつおやまぐろを水揚げしていることを確認する。

「**資料6**を見て、かつお漁の特徴を言ってください」（「一本釣り」）「どれくらいの大きさの船ですか？」（「500トンクラス」「船首から船尾まで60メートル」）「どんな設備がありますか」（「回遊するカツオを追う航行性能」「冷凍設備」「船倉」など）

出港準備から遠洋漁場への航行、30〜60日の船上生活など仕事の内容を確認して、以下の質問をする。

「働く人にとってどのような問題がありますか」「ゆっくりと休日を取ることができるのはいつですか？」「最近は、乗組員としてどのような人も働いていますか？」

資料4 みかんの生産量（2018年）	
和歌山	155,600 t（20.1%）
静岡	114,500（14.8）
愛媛	113,500（14.7）
熊本	90,400（11.7）
長崎	49,700（6.4）
佐賀	48,500（6.3）
愛知	29,400（3.8）
広島	23,700（3.1）
福岡	20,200（2.6）

（『日本国勢図会 2020/2021』より）

資料5　おもな漁港の水揚げ量（2017年）

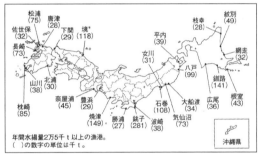

（『日本国勢図会 2020/2021』より）

資料6　遠洋かつお漁のようす

────

留意点

●お茶については静岡県庁のウェブサイト、みかんについてはJAみっかびのウェブサイトが詳しい。お茶とみかんは、年平均気温が16℃で温暖、日照量（日あたり）が多く、耕土が浅く乾燥しやすい（水はけがよい）といった静岡県の自然条件が栽培に適していることにふれたい。

●お茶・みかんとも、輸入品に対抗するためにさまざまな工夫をしている。それらについて生徒に討論させるのもよい。

●遠洋漁業で働く人の労働のようすを、資料をとおしてつかませたい。

（小林 朗）

▶▶静岡県庁
www.pref.shizuoka.jp/j-no1/tea-capital.html

▶▶JAみっかび
www.mikkabi.ja-shizuoka.or.jp/

▶▶漁師.jp
www.ryoushi.jp/

ねらい

●中京工業地帯での輸送機械工業、なかでも自動車工業をとりあげ、先進
国間の国際比較および日本の産業全体の特色を明らかにする。

●トヨタ式生産システムから、労働者の働く環境をめぐる問題を考える。

授業の展開

（1）世界の自動車産業

●「二酸化炭素の排出量が少なく、環境を考えた車を何と呼び
ますか？」（「エコカー」）「街で一番よく見るエコカーは？」

　資料 1 を提示し、世界の自動車生産の多い国をつかむ。「ど
んな国で自動車生産が多いでしょう？」（「日本」「アメリカ」
「中国」「ドイツ」）

　「資料 2 を見て、日本のおもな自動車会社をあげてくださ
い」（「トヨタ」「ホンダ」「スズキ」「日産」「マツダ」）「みなさん
の家では、どこの会社の自動車を利用していますか？」

（2）中京工業地帯

●「トヨタ車の生産はどこでおこなわれていますか？　都市
名で答えよう」（「愛知県豊田市」）「豊田市を中心とした地域
の工場で生産された車は、どこから輸出されますか？」
（「名古屋港」）「工業地帯名を言ってください」（「中京工業地
帯」）

　教科書と地図帳の資料から、中京工業地帯の特徴を調べ発表する。（「三
重県・岐阜県・愛知県・静岡県に工場が広がっている」「生産額が増えて
いる」「輸送機械工業、自動車の生産が多い」「窯業の生産もある」）

（3）多国籍企業とトヨタ式生産システム

●「どのように自動車が生産されているのでしょう？　国内だけで生産し
ているのでしょうか？」（「外国でも生産している」「アメリカでも造って
いる」）

　資料 3 を生徒に示し、ロシア工場でも生産高を上げるためにとられて
いる生産方式をつかむ。「他社や他国の会社との競争に打ち勝つために、
どのような方法がとられているのでしょう」（「昼夜 2 交代制」「追加雇用」）

　無駄なく生産する仕方をカンバン方式ということを説明し、教科書にあ
る工場内の流れ作業の写真を活用し、以下の生産方式を解説する。

資料 1　世界の自動車生産の推移

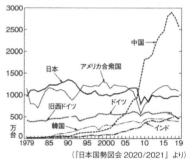

（『日本国勢図会 2020/2021』より）

資料 2　会社別自動車生産台数（2019 年）

（単位　千台）

自動車計		乗用車	
トヨタ	1,547	トヨタ	1,354
ホンダ	722	ホンダ	661
スズキ	696	スズキ	556
ダイハツ	659	ダイハツ	508
日産	568	日産	467
計	5,195	計	4,301

（日本自動車工業会「自動車統計月報」による）

資料 3　新聞記事「トヨタ、ロ
シア工場の生産 2.5 倍に」

2022 年のウクライナ侵攻をう
けてトヨタはロシアでの生産から
撤退した。

参考文献
大野耐一『トヨタ生産方式』
（ダイヤモンド社）

トヨタ式生産システム（カンバン方式）＝トヨティズム

部品倉庫なし → 下請け工場（国内に14工場）＋部品工場

→労働者のジャストインタイム（時間通りに、必要なときに、必要な

部品数だけ、必要な労働者を確保できる）

「一次だけでなく、二次以下の下請けの中小零細の子会社・孫請け会社
が親会社を支えているのです」

(5)　トヨタの労働者のおかれた状況と「トヨタ過労死裁判」

　トヨタ自動車堤工場で働いていた内野健一さんが亡くなる前の状況（妻
の博子さんの話）を要約した**資料4**を生徒に読ませ、質問する。

資料4　トヨタの労働と家族

　夫はトヨタ自動車の堤工場の車体部品品質物流課に勤務していました。結婚し、二人の子どもができま
したが、その頃から連続2交代勤務体制になりました。1直（早番）が午前6時25分から午後3時15分。
2直（遅番）が午後4時10分から午前1時でした。家族生活の歪みが出てきました。夫はその間、イギ
リスとアメリカのケンタッキーにそれぞれ3カ月出張しています。

　ライン1分1台でしたが、ラインタクト1分56秒とか58秒の秒単位になっていきました。派遣法が
成立すると、ライン外では非正規労働者が51％に増えました。夫は亡くなる1年前からライン外へ出て
苦情処理係をやっていました。

　会社が時間外と主張しましたQCサークルで、個人が1カ月に1テーマを作成させられ、3カ月に1
テーマを決めることや交通安全係となって交通安全ミーティング、創意工夫提案の取りまとめ係をおこ
なっていました。……これらはほとんど仕事といってよいものでした。通常の仕事以外にも、定時後に
GL補佐として数々の時間外労働を155時間こなしていました。夫は早朝の午前4時半頃倒れました。
30歳で心筋細動でした。

● 「内野さんの仕事の仕方は？」（「連続2交代勤務」「1直は6時25分か
　ら午後3時15分、2直は午後4時10分から午前1時で1週間ずつ交代」）
　「家族の生活はどんなでしたか？」（「歪みが出てきた」「昼夜逆転」）

・ベルトコンベアのラインの速さが速くなったこと、時間外労働が増えた
　こと、過労死ライン（月80時間）を超えていたことを確認する。

留意点..

●中京工業地帯は、機械工業の出荷額が多く、そのなかで自動車工業が中
　心を占めている。輸送機械工業は、自動車以外にオートバイなどがある。

●内野博子さんの「車をどうして夜つくらなければならないのか」という
　疑問を共通の課題にして討論させてもよい。昼夜2交代の実態を理解さ
　せる。

●公民学習のテーマである派遣労働や外国人労働者の増加にもつなげてい
　きたい。
　　　　　　　　　　　　　　　　　　　　　　　　　　　　　（小林　朗）

中部地方（3）
中央高地の高原野菜と果樹栽培

1 時間

ねらい

● 中央高地で高原野菜や果樹の生産がなぜ多いかを、自然環境や大消費地との関係などから考える。

授業の展開

(1) 高原野菜農業の特色

● 「夏にスーパーで売られているレタスは何県産？」（「長野」「群馬」）

資料1を生徒に提示し、「全国でレタス栽培がさかんなのは何県でしょうか？」と質問する。（「長野・茨城・群馬・長崎」「長野県は全国の約36％を占める」）

「なぜ長野県でレタス栽培がさかんなのでしょうか？」と問いかけ、松本市の雨温図（資料2）を見て気候の特色を発表させる。（「冬は寒く夏は涼しい」「夏でも25度前後の気温」）

このような気候を「内陸性気候」ということを確認する。

● 「どういう土地条件のところで野菜をつくっていますか？」と問いかけ、地図帳で確認する。（「八ヶ岳、浅間山、四阿山の山麓でレタス、キャベツ、白菜を栽培している」）

野菜栽培の工夫を調べる（JA長野八ヶ岳のサイトなどから）。

（「混合農業で酪農もしている」「1000万円以上する大型トラクターを使っている」「農作業は夏に集中、朝5時から働く」「1日中、中腰で働くので、きつい仕事」「収穫時は労働力不足になるため、外国人労働者を雇っている」「野菜づくりは天候によって豊作になったり凶作になったりする」「予冷庫で5℃まで冷やしトラックで運ぶ」）

「資料3はどんなトラックでしょうか？」（「低温輸送車」「高温の外気から遮断できるようになっている」）

● 「スーパーにある野菜は日本産だけですか？」（「外国産のアスパラガスやしいたけなどがある」）

輸入野菜の増加を確認したあと、資料4を提示し「川上村ではどのようなとりくみがあるのか、考えてみましょう」と問いかける。

● 「川上村では、国内にブランドを広げるために、どのようなPRをしていますか？」（「プロ野球やJリーグ会場でレタスをプレゼントする」）

「川上村では、レタス栽培が10〜5月に限定される台湾に、どのような売

資料1　レタスの産地別生産量

全国	585,600 t	
長野	208,900	(35.7%)
茨城	89,800	(15.3)
群馬	46,000	(7.9)
長崎	33,800	(5.8)
兵庫	28,900	(4.9)

（「農林水産統計」2018年より）

資料2　松本市の雨温図

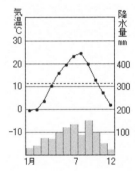

資料3　低温輸送車

（南牧村提供）

デジタル資料集

▶▶川上村ホームページ「野菜ができるまで」
www.vill.kawakami.nagano.jp/yasai/www/contents/1001000000042/index.html

▶▶JA長野八ヶ岳
www.ja-yatugatake.iijan.or.jp/

り込みを始めているのでしょう。台湾は野菜をどこに依存していますか？」（「アメリカ」）「その台湾に向けて、どんなプロジェクトを始めましたか？」（「新規マーケットを開拓する輸出プロジェクト」「台北市でPRイベント」）

「アメリカとくらべた距離を比較してください」（「近い」）「台湾のどんな食品要望にねらいを定めましたか？」（「安全・安心」「新鮮さをねらっていると思う」）

(2) 中央高地の果樹栽培

●資料5を提示し、「中央高地では、内陸性気候に適した果樹栽培として、どんな作物が栽培されているでしょう」と問う。（「長野県はりんご、ぶどう、もも、すもも」「山梨はぶどう、もも、すももが日本で1位だ」）

> りんご……夏涼しい　　ぶどう……夏乾燥する
> もも……盆地で高温になる

・輸入果実の増加を、野菜と同様に確認する。

(3)「なぜ中央高地では、野菜と果実がたくさんつくられているのでしょうか？」（「人口が多い都市圏が近い」「東京や名古屋、大阪、京都などの消費地に近い」「食料となる野菜、果実が都会で必要だから」）

留意点

●中央高地では現在、高原野菜を栽培する畑地が減少している。夏の避暑地としてのゴルフ場や別荘、冬のスキー場などの観光地化も影響しているが、それらも一時期より減少している。

●みかんとりんごは気温の寒暖差によって、それぞれ西日本と東日本でおもに栽培される。ぶどうは全国的に栽培されている。降水量がポイントで、日本は湿気が多いためにヨーロッパとは異なり棚づくりが主流であることにも、時間があればふれたい。　　　　　（小林　朗）

資料4　消費拡大へのとりくみ

〈国内における川上ブランドの促進〉

　川上村ではおいしいレタスを皆さんにご賞味していただけるよう、様々なPRイベントを行っています。

・プロ野球の試合会場にてレタス500個プレゼント
・Jリーグサッカー試合会場にて抽選で500名にプレゼント
・県内波にて川上村高原野菜をPRするCM、天気予報フィラーの放映

〈川上村レタスの輸出〉

　台湾のレタスの栽培時期は、10月から翌年の5月までに限定されています。6月から9月の間はアメリカからの輸入野菜に依存している台湾に着目し、新規マーケットを開拓するため輸出プロジェクトを開始しました。台湾は日本と同様「安全・安心」な食品要望が強く、品質の優れた川上産レタスは台湾の消費者からも好評を博しています。

（川上村ホームページより）

**資料5　くだものの生産の多い県
（2018年）**

りんご		
青森	445,500t	(58.9%)
長野	142,200	(18.8)
岩手	47,300	(6.3)
山形	41,300	(5.5)
福島	25,700	(3.4)
秋田	23,000	(3.0)
群馬	7,890	(1.0)
北海道	7,120	(0.9)
ぶどう		
山梨	41,800	(23.9)
長野	31,100	(17.8)
山形	16,100	(9.2)
岡山	15,300	(8.8)
福岡	7,300	(4.2)
北海道	5,180	(3.0)
もも		
山梨	39,400	(34.8)
福島	24,200	(21.4)
長野	13,200	(11.7)
山形	8,070	(7.1)
和歌山	7,420	(6.6)
岡山	5,950	(5.3)
すもも		
山梨	7,820	(33.9)
和歌山	3,330	(14.4)
長野	3,090	(13.4)
山形	2,000	(8.7)

（農林水産省「果樹生産出荷統計」より）

参考文献
藤田桂久・田村明編『日本の地誌7　中部圏』（朝倉書店）
信濃毎日新聞社編『五色のメビウス』（明石書店）外国人労働者について詳しい。

ねらい

● 中部地方のなかで、なぜ日本海側の北陸地方で米の生産が多いのか、自然条件をふまえて考える。

授業の展開

(1) 雪国の生活風土

● 「上越新幹線は、冬に大雪が降ってもなぜ止まらないのでしょう?」(「トンネルが多いから」「スプリンクラーが回っている」「スプリンクラーからお湯が出ている」)

「この家(**資料1**)で気がついたところはありますか?」(「1階部分が駐車場になっている」「屋根の傾斜が急」)「日本のどの地域に建っているのでしょう?」(「雪の多いところ」)

「日本で一番積雪の多いのは?」(「新潟県」)

「先ほどの写真は、新潟県の魚沼地方の家です」と言って、上越市の雨温図(**資料2**)を生徒に提示し、気がつくことを発表させる。(「夏も降水量が多いが、冬の12月・1月がそれ以上に多い」「夏は雨だけれど、冬は雪だ」「夏は案外暑い」)

「この自然条件は何をつくるために役立ちますか?」(「冬の雪は、春には水になり、水田に利用される」「夏の暑さは稲が成長するのに必要」)

(2) 水田単作地帯

● 資料3を生徒に提示し、どこの都道府県で米の生産が多いかを聞く。(「新潟」「北海道」「秋田」「福島」「山形」「宮城」)

「新潟県でおもにつくっている米の品種は何ですか?」(「コシヒカリ」「寒さに強いと聞きました」)

資料4の写真を見せ、「新潟の水田は、どのように水を入れているでしょうか?」(「用水路が田の脇にある」「信濃川や阿賀野川に関係している」)

「信濃川と阿賀野川下流に挟まれた亀田地区は、もともとどんなところだったでしょう?」と問いかけ、**資料5**を読む。

このような自然条件だった亀田土地改良区が、排水して用水路を完備し、機械を導入して田植えや稲刈りをし、除草は農薬を使うようになった歩みを生徒に説明する。

資料1 雪国の家

(十日町市ホームページより)

資料2 上越市の雨温図

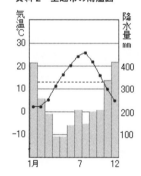

資料3 米の収穫量(水陸稲合計、2019年産)

全国	7,762,000t	
新潟	646,100	(8.3%)
北海道	588,100	(7.6)
秋田	526,800	(6.8)
山形	404,400	(5.2)
宮城	376,900	(4.9)
福島	368,500	(4.7)
茨城	344,200	(4.4)
栃木	311,400	(4.0)
千葉	289,000	(3.7)
青森	282,200	(3.6)
岩手	279,800	(3.6)
富山	205,700	(2.7)
長野	198,400	(2.6)

(農林水産省「作物統計」、「2020年水稲の品種別収穫量」による。『日本国勢図会 2020/21』より)

資料4　亀田郷土地改良区

（亀田郷土地改良区提供）

資料5　「芦沼」

亀田郷一帯を人々は「芦沼」とよび、「地図にない湖」とも表現した。農民は冷たい水に腰までつかりながら田植えや刈り入れの作業を行っていた。しかし、稲は半ば水草のように浮いて育ち、満足のいく収穫は得られない。また、海が荒れると海水が川を逆流し、稲を腐らせてしまう年もあった。

（司馬遼太郎『街道をゆく10　潟のみち』朝日文庫）

（亀田郷土地改良区提供）

　「農家でも、おじいちゃんやおばあちゃんがつくっていたり、会社勤めのお父さんが休みの土日で作業していたりします。こういう農家を、専業農家に対して何と呼びますか？」（「兼業農家」）

(3) 米から製品へ

● 「米を使った品物には何がありますか？」（「お酒」「お菓子」「お餅」）

　「米菓を作っている会社には、どんな会社がありますか？」と言って、実際の商品の袋を見せる。（「亀田製菓」）「どこでつくられていますか」と袋の裏の住所を確認させる。（「新潟市江南区亀田工業団地」）「他にどんな有名なお菓子をつくっていますか？」（「柿の種」「せんべい」）

　「新潟には、三幸製菓、岩塚製菓、栗山米菓、ブルボン、越後製菓などもあるんです」

資料6　米菓の袋

デジタル資料集

▶▶亀田郷土地改良区
www.kamedagou.jp/

▶▶亀田製菓
www.kamedaseika.co.jp/

留意点

● 農業を営む人が高齢化し、後継者がいないため農業をやめる農家が多いことを説明する。

● 新潟県は、首都圏への電力供給地でもある。JR東日本が信濃川の水力発電を小千谷や川西でおこなっており、首都圏の電車を走らせていること、柏崎刈羽原子力発電所が東北電力ではなく東京電力の発電所だということなど、生徒の興味がわく話を紹介したい。

● 亀田製菓は多国籍企業でもある。国内では亀田・水原・白根に3工場（昼夜稼働）、アメリカのイリノイ州や中国の青島・天津にも工場があることなども補足し、学習をふくらませたい。製菓会社は地元の米だけでなく外国米も使用していることを補足したい。　　　　（小林　朗）

関東地方（1）
東京にはいくつ顔がある?〜首都・東京

ねらい

● 東京都の名所をいくつかとりあげながら、自然豊かな地域など、都会の
イメージだけではない、さまざまなすがたがあることを理解する。
● 東京駅周辺の地図や写真、そして統計資料を使って、集中する首都機能
の現状について理解する。

授業の展開

(1) ここも東京?

● 「東京について知っている場所、行きたいところをあげてみよう」

生徒が知っている有名な場所を自由に言わせる。東京スカイツリーや国
会議事堂、東京ドーム、新宿・渋谷・原宿などの地名が挙がるだろう。東
京ディズニーランド（千葉県浦安市）なども挙がるかもしれない。写真や
地図で確かめながら、さらに別な写真も出してみたい。

● 「ここは何というところだろう?」

新宿新都心の高層ビル群、宅地造成された多摩ニュータウンなどのほか、
東京都内で標高がもっとも高い雲取山（2017 メートル、埼玉・山梨県境）、
2011 年に世界自然遺産に指定された小笠原諸島（都心から父島まで約
1000 キロ）、火山活動の続く伊豆諸島なども紹介し、これらも東京都の一
部であることを確かめる。東京都が意外に広く、自然豊かな場所もあるこ
とに気づかせ、また東京都の範囲がどのように広がったか調べさせたい。

(2) 都心はどこか?　首都機能とは?

● 「東京の中心はどこだろうか?」（「東京駅」「皇居」「新宿」）

「都庁はどこにある?」山手線周辺の地図を見ながら都庁を探す。かつ
て淀橋浄水場があった跡地に 1991 年に移転した。所在地は新宿区となる。

「では東京駅は、何の玄関だろうか?　駅の西側（丸の内側）には?」
（「皇居」「国会議事堂」「最高裁判所」…）皇居に沿って霞ヶ関、永田町とめ
ぐり、港区あたりではたくさんの大使館を見つける。政治や外交の中心地
である。議事堂前の公園は旧彦根藩井伊家の屋敷跡で、その目と鼻の先に
江戸城の桜田門がある。港区周辺にはもともと寺院が多く、幕末の開国以
後、仮の大使館に寺院を利用したことが集中した理由のひとつだ。江戸時
代からの歴史的な動きなども関係づけて、地図を眺めさせたい。

● 「東京駅の東側（八重洲口）には?」

デパートや専門店の集まる銀座や、東京証券取引所や日本銀行のある日

資料1　東京の範囲

東京駅からの直線距離は…
雲取山まで約 77km
三宅島まで約 180km
小笠原諸島まで約 1000km

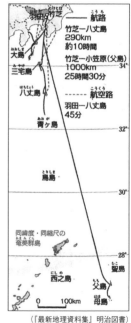

（『最新地理資料集』明治図書）

本橋など、経済の中心である。まさに東京駅の周辺が、首都機能が集まる日本の中心地である。国の役所のまわりには、情報を求めて企業が集まり、そこで働くたくさんの人のためにさまざまな商業施設や文化施設も集まり、さらにはそれらの情報を発信する新聞社・テレビ局・出版社などが集まる。日本の政治、経済、文化、情報の中心地であり、全国や世界への発信地でもある。外資系企業などもあり、国際都市東京の動きを世界が注目している。

● 「JR山手線の略図（資料2）にあるA〜Gの大きな駅はどこ？」（「池袋、新宿、渋谷、品川…」）「どんな私鉄とつながっているか探そう」（「西武池袋線、東武東上線、京王線、小田急線…」）「地下鉄とも乗り換えられるね。こうした駅をターミナル駅という」

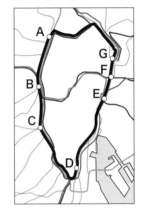

資料2　山手線とターミナル駅

おもなターミナル駅にはオフィスビルやデパートなど大きな商業施設も集まる。これに、レインボーブリッジでつながるお台場など臨海部をあわせて、副都心・新都心と呼ばれる街がたくさん生まれていることを確認する。

江戸時代からの街づくりの歴史や、明治以降の鉄道網の発達、都市部の拡大についても調べさせたい。現在の官庁街や大学のある場所はもともと大名屋敷や軍事施設があったところが多い。東京ドームは旧水戸家の屋敷跡で、明治以降1935年まで陸軍の兵器工場があった。江戸期や旧東京市の地図なども手に入りやすく、現在との比較から東京の変化が見えてくる。

（3）東京に集まるヒト・モノ・カネ

● 「東京が全国1位であるものはなんだろう？」（資料3）

人口・人口密度、外国人登録人口・外国人労働者数、全企業数、資本金10億円以上の企業数、外国企業数、県民所得、出版社数、情報サービス業従事者数、大学学生数、鉄道輸送人員、航空輸送人員など。『データで見る県勢』などを用いて、全国に占める東京の割合をさまざまな角度から調べさせ、首都・東京が日本の中心であるとともに国際都市でもあることを確認する。

資料3　全国に占める東京都の割合

大学数 (2018年)	17.6%
出版社数 (2018年)	76.7%
商業販売額 (2016年)	34.3%
外資系企業数 (2019年)	76.5%
資本金100億円 以上の法人数 (2018年度)	63.3%

さらに、米軍施設が多数ある「軍事都市」であることも地図などから見つけさせたい。横田基地は在日米軍の司令部があり、アメリカ本土との輸送拠点である。首都に他国の軍事基地があることの意味を考えさせたい。

留意点 ....

● 東京にあるさまざまな施設や自然環境の写真、絵図や戦前の地図などを準備したい。生徒が知っている東京の知識を活かしながら、位置関係とともに首都・東京がもつさまざまな顔を理解させたい。また、都道府県別統計を活用し、東京への集中度を明らかにしたい。　（石戸谷浩美）

18 関東地方（2）
人口が集まりすぎると？〜東京の都市問題

1時間

ねらい ....

● 人口の集中による都市問題の実態を理解する。都市部での災害による大きな被害の可能性や、終わっていない公害問題の現状を理解する。

授業の展開 ....

（1）都心は過疎地？

● 「東京周辺に住む人口はどれくらいだろう？」

　統計で調べると、都心から半径70キロ以内の「東京大都市圏」には、日本の人口の約4分の1が住み、関東全体では日本の3分の1を占めることがわかる。東京都の人口は約1400万人（2020年）、都道府県別面積で45位の範囲に日本の人口の10分の1が住む。まさに過密地域である。

人口密度では
都全体　6400人／km²
23区　1万5255人／km²
（北海道は66.7人／km²）

● 「**資料1**で、千代田区の昼と夜の人口をくらべてみよう」

　丸の内や大手町など、大企業の本社や商業施設の集まる地域では、昼間人口にくらべて夜間人口が極めて少ない。まさに「過疎地域」。オフィスビルが集中した結果、地価が高騰した。バブル崩壊以降は地価が多少下がり、都心周辺にも人口が戻りつつある。

資料1　都心（千代田区）の昼と夜の人口（2015年）

	面積（km²）	昼間人口	夜間人口
千代田区全体	11.66	853,068	58,406
丸の内1〜3丁目	0.65	112,379	8
大手町1〜2丁目	0.48	76,301	5

（東京都総務局統計課「東京都の統計」HPより）

（2）「痛勤地獄」「自動車洪水」

● 「都心で働く人はどこからどうやって来るのだろう？」

　東京23区に通勤通学する人びとは、東京の郊外や隣接県から300万人以上（**資料2**）。鉄道の混雑や道路の渋滞は以前より緩和されたが、依然として非人間的である。

　地価の安い郊外に住宅を求めたことにあわせて、通勤に便利な鉄道沿線を中心に宅地開発がすすんだ。1970年代には東京近郊の台地・丘陵地にニュータウンが建設され、東京・多摩、千葉、横浜・港北など、大規模な開発で農地や里山が住宅地に変わった。しかし多摩ニュータウンなどは、建設から40年以上たち、住宅の老朽化と住民の高齢化で「オールドタウン」化している。

資料2　東京23区への通勤通学者（2015年）

埼玉県
83.9万人

茨城県
6.4万人

特別区以外の
東京都55.2万人

千葉県
69.6万人

神奈川県
91.3万人

（2015年国勢調査による）

● 「大きなターミナル駅周辺は何と呼ばれる？」（「副都心」「新都心」）

　東京駅周辺にさまざまな機能が集中しすぎたことから、これを分散させるため、都内のターミナル駅の再開発や東京湾岸の埋め立て地などが副都心として開発された。都心から20〜40キロの位置には「さいたま新都心」「幕張新都心」「横浜みなとみらい地区」などの開発もすすめられたが、東

京からの機能の分散は思うようにすすんでいない。

(3) 人口が集中した結果は

● 「これだけ人や建物が集まる都心で災害が起こるとどうなるだろうか?」

　2011年の東日本大震災では関東地方も大きく揺れ、沿岸部では津波の被害もあった。都心部でも老朽化したビルの崩壊で犠牲者が出た。鉄道が全面的に運転を取りやめたため、道路は大渋滞を起こし、帰宅難民が大量に出た。首都圏で直下型地震が起こった場合、建物倒壊による相当な犠牲が出て、避難も救出もままならない状況が予想される。

● 「たくさんの人が集まる東京が必要とするものはなんだろう?」「逆に東京から出ていくものは?」

　東京の水は利根川・荒川水系と多摩川水系に頼っている。越後山脈や関東山地に雪が少なければ夏の渇水を招く。関東各県のダムが取水制限をすれば東京はたちまち水不足となる。また、事故を起こした福島第一原発は東京に電力を送る「東京原発」であった。「計画停電」は原発依存体質を思い知らせた。

　一方、大量に出るゴミは、焼却処分のほか、焼却灰や資源化できないゴミの埋め立て処分を続けてきたが、処分場もほぼ一杯になり、産業廃棄物は関東各県のほか東北や中部、九州まで運ばれている(**資料3**)。

● 「公害病認定患者数が全国でもっとも多い地域はどこだろう」

　答えは東京都区部。1987年の法改正で、新たな患者認定はおこなわれていないが、2020年末の時点で大気汚染による認定ぜんそく患者は1万2400人を超える。人口集中地域で多くの自動車・トラックが走る地域である。未認定患者はさらに数十万人におよぶという。1996年に第一次訴訟が開始された「東京大気汚染公害裁判」は、国、東京都、首都高速道路公団、自動車メーカー7社を相手に11年におよぶ裁判の末、2007年に和解が成立した。道路公団や自動車メーカーの責任を問う画期的な裁判で、和解では、被告が共同出資した「ぜんそく医療費救済制度」の創設、新たな公害防止策の実施などが決められ、低公害車の普及を促進することとなった。しかし、和解から5年後の見直しによって、医療費救済制度の財源拠出について都以外は負担をやめたため、2015年3月末で18歳以上の医療費助成が打ち切られた。ぜんそく患者は高額な薬を一生飲み続けなくてはならないことから、国による恒久的な救済制度の確立が急務である。

資料3　東京の産業廃棄物のゆくえ（2017年）

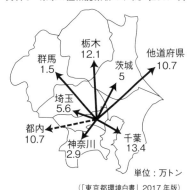

群馬 1.5
栃木 12.1
茨城 5
他道府県 10.7
埼玉 5.6
都内 10.7
神奈川 2.9
千葉 13.4

単位：万トン

（「東京都環境白書」2017年版）

東京大気汚染公害裁判については、原告団のHPでその経過がわかる。また、原告団の後継団体である「東京公害患者と家族の会」のHPでは最近の取り組みが紹介されている。

▶▶**東京大気汚染公害裁判原告団**
www.t-kougaikanjakai.jp/
taiki-tokyo/

▶▶**東京公害患者と家族の会**
www.t-kougaikanjakai.jp/

> **留意点**

● 都市問題の実態は数字で学ぶほか、実際に住む人びとの声を伝えたり、生徒の調べ学習も工夫したい。

（石戸谷浩美）

19 関東地方（3）
利根川をさかのぼると～自然と歴史・農業

ねらい

● 利根川をさかのぼりながら、関東地方の県境や自然環境、歴史的事件に
かかわる場所を確認し、その位置関係を理解する。

● 日本最大の関東平野では、稲作や野菜栽培がさかんで、その生産物は大
消費地である東京に出荷されていることを理解する。

授業の展開

（1）利根川をさかのぼろう（資料1）

● 「関東にある、日本で2番目に長い川は？」（「利根
川」）「流域面積では？」（「1位」）

川のランキングと地図で流域の広さをつかませる。
「利根川の河口はどこ？」（「銚子港」）「日本の漁港の水
揚げ高では何番目かな？」（「1位」 ※2017年）

● 「この河口からさかのぼってみよう」

資料1　関東を流れる川

下流域は川幅も広く、川筋と県境がほぼ重なっていることに気づく。千
葉と茨城、そして埼玉、栃木、群馬の県境に使われている。

「川の周辺では何がさかん？」（「水田や野菜のマークがたくさんある」）
この農産物が、東京をはじめ全国に出荷されている。

四県の県境が集まるあたりに、渡瀬遊水池がある。足尾銅山の鉱毒被害
で水没させられた旧谷中村に作られたが、現在は水鳥の集まる湿原として、
ラムサール条約に登録されている。銅山跡は、栃木県から群馬県の岩宿遺
跡付近を通って、ふたたび栃木県を流れる渡良瀬川の最上流にある。中禅
寺湖に近く、そこからは日光を経て鬼怒川が茨城県で利根川に合流する。

利根川をさらにさかのぼると、群馬県の前橋を通り、最上流は越後山脈
にたどり着く。たくさんのダムと水力発電所を抱える、関東の水源地帯で
ある。また、浅間山の方向に行くと、高原野菜の産地が広がっている。

一方、東京湾に注ぐ荒川と多摩川は、その源流は関東山地であり、とも
に東京の水源となっている。荒川の上流には秩父事件の現場がある。中世
の利根川は荒川と合流して東京湾に注ぐ川であったが、洪水防止などのた
め河川改修をくりかえし、銚子から太平洋に注ぐ現在の利根川となった。
江戸時代には江戸川とつながり、東回り航路の内陸水運を支えていた。

（2）東京の食卓を支えているのは？──関東の特色ある農業生産

● 「関東でつくられる野菜にはどんなものがあるかな？　どこに向けてつ

くられているのだろう？」

東京中央卸売市場には全国から野菜が集まってくるが、なかでも関東各県が上位を占める。近郊農業地帯である関東平野は、消費地に近い条件を活かし、野菜生産のほか、生乳や鶏卵などの畜産もさかんである。埼玉県の「深谷ねぎ」や栃木県のいちご「とちおとめ」など、ブランド化して産地間競争に打ち勝つ努力をしているところがある。東京都内でも、小松菜（産地である江戸川区小松川が名前の由来）や、立川のウド（「むろ」とよばれる地下トンネルで栽培）など、東京産の野菜づくりをがんばっているところもある。

● 「大都市の近くで野菜をつくることのよさは何だろう？」（「新鮮」「輸送費が安い」）近郊農業は、年に複数回ちがった種類の作物を栽培し、土地を有効活用している。市街地のなかでも「生産緑地」の指定を受け、低農薬栽培に取り組む農家もあり、緑地保存という点でも貴重な存在である。

● 「東京で売られるピーマンはどこでつくられている？（資料2）」（「茨城」「宮崎」）「時期によって産地がちがうね。なぜだろう」（「冬のほうが値段が高い」）「他にもこんな野菜を学んだよね？」（「なす」「レタス」）

茨城県のレタス栽培は、4～5月の春レタス、10～11月の秋レタスと年に2回生産する。一方、群馬県の山間地では、夏の時期、平地では生産が少ないレタスやキャベツの生産をおこなう高冷地農業がさかんである。保冷トラックが普及し、高速道路網が発達したことで、輸送園芸も伸びている。

房総半島や三浦半島では、冬でも暖かい気候を生かして、年間をとおして花や野菜の生産がさかんである。露地ものだけでなくビニールハウスなどの施設園芸も各地でおこなわれている。東京の市場に入ってくる野菜のおもな産地を月別でくらべてみると、それぞれの農業の特色が見えてくる。

（3）安全でおいしい野菜を食べるために

● 「野菜を買うとき、何で選ぶ？」（「味」「値段」「産地」）

これまでも、輸入農産物を中心に農薬や遺伝子組み換え作物の安全性が心配されてきたが、福島の原発事故以来、関東地方でも放射性物質による水や農産物の汚染が問題にされてきた。行政が情報をきちんと開示するしくみを作ることが、信頼と安心を取り戻す第一歩である。生産者と消費者が向き合える流通をめざしている産地直送や農協、生協などの取り組みを紹介したい。

産業緑地の2022年問題
1992年の「生産緑地法」改正により、30年の営農義務を果たすことで優遇税制が適用されてきた。しかし30年を経過した生産緑地で後継ぎがいないなどにより、耕作をやめる農家がふえると予想され、2022年以降、生産緑地が急減し、宅地化が一層進むとみられている。

資料2 ピーマンの東京市場への入荷量と価格（2019年）

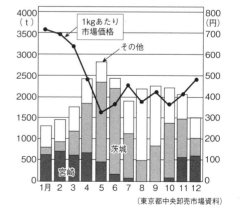

（東京都中央卸売市場資料）

留意点

● 東京以外の関東地方の自然と歴史、農業を、地図でじっくり見せていきたい。農産物統計などを活用して、農業県としての関東各地の特色ある取り組みを調べさせたい。　　　　　　　　　　　　　（石戸谷浩美）

ねらい

● 関東の工業を、臨海部から内陸への地域的な広がりのなかで理解する。

● 日本企業の海外生産の進展による空洞化や、外国人労働者の増加など、新たな問題に直面している一方、優れた技術で注目される町工場もあることを理解する。

授業の展開

（1）関東の工業地帯・地域の広がりと特色

● 「関東の工業地帯といえば？」（「京浜工業地帯」）「ほかには？」（「京葉工業地域」「北関東工業地域」）「関東全部の都県が工業地域になっているね」

● 「資料1で関東の各都県の工業の特色を見てみよう」

工業地域ではなく、都県別に製造品出荷額の品目別割合をグラフでくらべさせたい（『データでみる県勢』が毎年最新のものを載せている）。

● 「海に面した県は何が得意だろう？」（「茨城は化学」「千葉は石油・石炭製品」「神奈川も3位に化学が出てくる」）「海に面した臨海型の工業地域では、なぜ化学や石油関係がさかんなのだろう？」（「輸入に便利」「埋め立て地に工場を建てられる」）戦後の高度成長とエネルギー革命とともに石油化学関連の工業がさかんになった「臨海型」工業地域は、他の地方でも出てくるようにコンビナートを形成する。タンカー輸送の利点や埋め立てによる工場用地の確保、石油関連の産業どうしのつながりなど、他の地域で学習したことも活かしたい。茨城・鹿島の掘込み港、川崎や千葉の大気汚染によるぜんそく被害などもふれておきたい。

● 「内陸の県でさかんな工業は何だろう？」（「輸送用機械」）「製品を運ぶのには何を使う？」（「トラック」）「工場はどんなところにある？」

地図で確かめると、自動車関連の工場は臨海部から関東内陸に広がっている。「IC」「電子部品」関連の工場とともに、高速道路・幹線道路に沿って増えてきたことに注目して、その立地条件を考えさせたい。

（2）東京の工業の現状〜小さくても元気な工場もある

● 「京浜工業地帯は以前は全国1位だったけど、今は？」（「3位」）「なんでだろう？」（「他が伸びたから」）

都県の組み合わせによっては、茨城県を「鹿島臨海工業地域」としたり、「関東内陸工業地域」（埼玉・栃木・群馬）といった呼び方や、埼玉を「京浜」に入れる分け方もある。各教科書や資料集でも統一されていないので、名称とそこに含まれる県の範囲は気をつけて用いたい。

資料1　関東7都県の製造品出荷額（2019年）

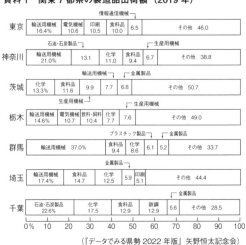

（『データでみる県勢 2022年版』矢野恒太記念会）

川崎市臨海部の埋め立て地から始まった重化学工業中心の京浜工業地帯。高度成長とともに発展し全国の工業地帯のトップになったが、1990年代以降出荷額が減少し、中京・阪神に抜かれその地位は低くなった。

● 「東京都ならではの工業って何だろう？」（「印刷」）「どうして印刷工業がさかんなのかな？」（「本の出版がさかんだから」）

活字離れで印刷工業も不振だが、それでも出荷額で全国の15.6%を東京が占める（2019年）。さまざまな機能が集まる首都で、情報の集中・発信地としての地位は変わらない。

● 資料2を見せ、「東京は大工場ばかりだろうか？」（「1〜3人の工場が半分以上だ」）「中小工場が多いね。経営は大丈夫だろうか」

工場の数では2000年に6万か所で日本一だったが、2016年にはその半分に減った。中小工場が圧倒的に多く、大手企業の海外移転などによって中小の下請け工場も減ってきている。

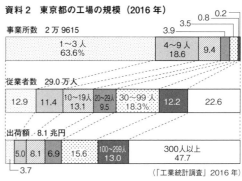

資料2　東京都の工場の規模（2016年）

（「工業統計調査」2016年）

各企業のホームページのほか、大田区や墨田区のホームページでもたくさんの町工場を紹介している。

一方で、世界に注目される高度な技術をもつ中小工場もある。スペースシャトルの外枠となる金属板を、手作業で100分の3ミリの精度で加工する大田区の北嶋絞製作所や、世界初の指が切れないプルトップ缶を生み出した谷啓製作所、世界中で使われる携帯電話の電池ケースを作る岡野工業など、職人の熟練の技術とアイディアで日本の製造業を支えている。ビデオなどでその技術力や職人の「誇り」を具体的に見せたい。

ソフトウェア産業も都内に集中し、ゲームやアニメ、音楽、映像ソフトは輸出も多い。

(3) 世界とつながる関東地方

● 「群馬県でブラジル国旗が見られるのはなぜ？」（「働きに来ている人が多いから」）「どんな仕事？」（「自動車工場かな」）「言葉は大丈夫だろうか？」

群馬県大泉町の総人口約4万2000人のうち8000人近くが外国人である（2022年）。なかでも日系ブラジル人が4500人ともっとも多く、町にはブラジルの商品を売るスーパーやレストランがあり、訪れる日本人観光客も多い。自動車関連工場などで働く労働者を自治体主導で受け入れてきたが、言葉や子どもの教育の問題、地域社会との共生など課題は多い。

┌─ 留意点 ─┐ ・・・・・・・・・・・・・・・・・・・・・

● 「京浜工業地帯」だけではくくれない多様なすがた、産業の空洞化や外国人労働者などの課題について、他地域の学習をふまえて選びながら、具体例をとりあげて考えさせたい。働く環境の厳しさとともに、働く人びとの工夫や思いにも目をむけさせたい。　　　　　（石戸谷浩美）

21 東北地方（1）
東北地方の自然と農業

1 時間

ねらい

● 統計に基づいた資料をもとに、東北地方の農業の特徴を、自然環境とも関連させて理解する。

授業の展開

(1) 東北地方の市町村別農産物産出額１位の地図（**資料１**）を提示する。

● 「この地図は、ある農産物が出荷額１位の市町村を表しています。この農産物は何だと思いますか？」（「米」）

東北地方の多くの市町村で、米が最大の出荷額であることがわかる。

「地図帳で米の生産が多い地域を確認しよう」（「庄内平野」「仙台平野」「秋田平野」「会津盆地」など）

東北地方は、米の大きな生産地であることがわかる。教科書などの統計で、東北地方が米生産の上位であることを確認する。

さまざまな銘柄米（**資料２**）。生徒に知っている銘柄米を聞き、各県が新品種の開発・販売に力をそそいでいるようすを紹介する。知らない名前も出てくる。実際に広く長期間生産される銘柄米は少ないことなどにふれたい。

(2) 別の地図（**資料３**）を提示する。

● 「この場所はどこでしょうか？ 地図帳で確認してみよう」（「津軽平野」「山形盆地」「福島盆地」）

「平野や盆地は米の産地であることが多いのに、この地域はちがう。この地域で1位の農産物は何だと思いますか？」

（ア）野菜　（イ）畜産　（ウ）果実　（答え：ウ）

「地図帳や資料集で、生産物を確認しよう」

・津軽平野：りんご

・山形盆地：さくらんぼ・西洋なし・ぶどう　など

・福島盆地：もも・りんご　など

津軽平野の中心にある弘前市は果実の産出額が日本一。山形盆地にある東根市は果実の産出額全国４位。

(3) 東北の北東部に注目

別の地図（**資料４**）を提示する。東北の北東部は、米も果実も産出額１位ではない。

資料１　市町村別産出額１位の農産物（　）

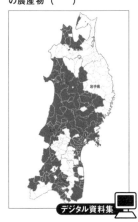

デジタル資料集

資料２　東北・新潟ブランド米図鑑

（「東北・新潟のこだわり特産品ガイド　お米特集」東北活性化研究センター発行）
www.kasseiken.jp/pdf/library/guide/Tokusanhin_GUIDE_2019.pdf

資料３　市町村別産出額１位の農産物（　）

デジタル資料集

資料４　市町村別産出額１位の農産物（米・果実）

デジタル資料集

（資料１・３・４出典：農林水産省 平成30年市町村別農業産出額〔推計〕）

●「なぜ、この広い地域で、米も果実も産出額
　１位ではないのでしょうか」「この地域にある
　高校の校歌（**資料5**）から考えてみよう」

「この歌詞から、どんな気象条件の場所だとい
うことがわかりますか？」（「風が強い」「霧が深
い」など）「そうですね。そこで、〈北東風（や
ませ）〉と〈二つの潮〉〈霧〉について地図や資
料集で調べてみよう」

・やませ…夏に吹く北東風。

・二つの潮…日本海流（黒潮）＝暖流、千島海流
　（親潮）＝寒流

　春から夏にかけて、北東からの風が親潮の影
響を受けて、より寒い風となって東北地方の北
東部に吹く。そのため温度が上がらず霧が発生
する。特に、夏にこの風が長い期間吹く場合、
農産物に影響を与えることを説明する。

　冷害の年（1980年・1993年）の水稲の作況指
数（**資料6**）を紹介。

「作況指数とは米の出来具合いを示したもので
す。数値が100を上回るほど収穫が多く（豊作）、
下回るほど収穫が少ない（不作）ことを示しま
す。冷害になると、米がほとんど収穫できないことがわかりますね」「安
定した米づくりにはあまり適さないため、野菜や畜産に力を入れていま
す」

・青森県の十和田市は、にんにくやごぼうの産出が日本一。

　東北地方は、地域の特徴や自然環境などに応じて特色のある農業をして
いることがわかる。

─────────────────────────

＿＿＿＿＿
| 留意点 |
￣￣￣￣￣ ・・・・・・・・・・・・・・・・・・・・・・・・・・

●統計資料は、農林水産省や東北農政局のウェブサイトなども参考になる。

●JAつがる弘前・おいしい山形ホームページ・福島県くだもの消費拡大
　委員会などのサイトで、各地域の農協の取り組みなどを参考にすること
　で、地域の農業の取り組みを掘り下げることができる。

●地元のスーパーマーケットで東北地方の農産物を探し、どのようなもの
　がどこから来ているのか調べることも学習を深めるきっかけになる。

（門馬　寛）

資料5　青森県立三沢高等学校校歌の歌詞

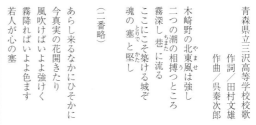

（青森県立三沢高等学校ホームページより）

資料6　1980年と1993年の稲の作況指数

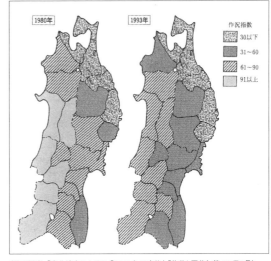

（菅野洋光「東北地方における『ヤマセ』の実態」『牧草と園芸』第42巻5号）

▶▶農林水産省　統計情報
www.maff.go.jp/j/tokei/

▶▶東北農政局　統計情報
www.maff.go.jp/tohoku/
stinfo/

▶▶JAつがる弘前
www.ja-tu-hirosaki.jp

▶▶おいしい山形ホームページ
www.yamagata.nmai.org

▶▶福島県くだもの消費拡大委
員会
www.f-kudamono.com

各地区の農協などのウェブサイ
トに、品種や栽培方法・歴史
などの具体的な内容が、地形
や自然環境と関連させて紹介さ
れている例もあり参考になる。

22 東北地方(2)
東北地方の人口と社会の変化

1時間

ねらい ....

● 人口増加率の推移から、東北地方の産業や社会の変化を理解し、地域社会の今後について考える。

授業の展開

(1) 岩手県で人口増加率1位の滝沢市

　滝沢市の位置を地図帳で確認する。県庁所在地の盛岡市の隣。

　国勢調査をもとに過去30年間(1985〜2015年)の岩手県の人口増加率1位の市町村(**資料1**)を提示。すべて盛岡市の近郊であることを確認し、「この傾向は、ほかの東北地方の県にもあてはまるでしょうか?」

　(ア)あてはまる　　(イ)あてはまらない

　東北6県の人口増加率1位の市町村のほとんどが、県庁所在地や大きな都市の周辺にある(**資料2**)。「大きな都市の近くはなぜ人口が増えるのでしょうか?」(「会社や学校などが多いから」「商業施設などがあり便利だから」)

(2) 過去の人口増加率1位の市町村

● 「岩手県の1925〜1955年の人口増加率1位の市町村は?　現在と同じように盛岡市の周辺だったでしょうか?」

　(ア)現在と同じ(都市近郊)　　(イ)現在とちがう

　1925〜1955年の増加率1位の資料(**資料3**)を提示。現在とはちがい、山地や沿岸部などに多くあることがわかる。

　「この傾向は、東北6県にもあてはまるでしょうか」

　(ア)あてはまる　　(イ)あてはまらない

　資料4の地図を提示。県庁所在地や大きな都市周辺の人口も増えているが、沿岸部や山間部の市町村の中に人口増加率1位があることもわかる。

● 「人口が増えた理由を、当時の地図から考えよう」

　鉄道の敷設、ダム工事、鉱産資源の開発(**資料5〜7**)などが1960年ごろまで続く。「このころは、交通網の整備や電源開発や治水など、東北地方の開発がすすんだ時期でした。その工事のために多くの人が集まり、人口が増えました。しかし、工事が完成すると急激に人口が減少します」

　東北地方は鉱産資源がたくさんあり、その採掘のために多くの鉱山・炭鉱・油田などがあったことにもふれたい。

　「岩手県の工業の中心都市であった釜石市は1960年を境に人口を減らします。同じように鉱山で栄えた松尾村も1960〜1970年に急激に人口を減

資料1　岩手県の人口増加率1位の市町村(1985〜2015年)

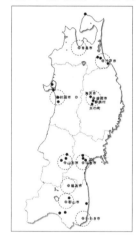

資料2　東北6県の人口増加率1位の市町村(1985〜2015年)

資料3　岩手県の人口増加率1位の市町村(1925〜1955年)

資料1〜4の各地図をデジタル資料集に収録。

らします。鉱産資源を海外から大量に輸入したほうが安いために、日本の鉱山や炭鉱の多くは相次いで閉山しました」

（3）東北地方の人口増減の流れをまとめてみると

①鉄道や発電所・ダムなどの建設。公共事業・社会基盤の整備

②鉱山・炭鉱・製鉄所などの繁栄と衰退

③地方の中心都市周辺への人口集中　→都市圏が広がる

　東北地方の近代化のようすが人口増加率から見えてくる。1960年ごろを境に、人口増加率の高い市町村は県庁所在地などの都市周辺へと集中していく。最近は仙台都市圏に人口が集中する傾向がみられる（資料8）。

（4）例外にも注目

　中心都市に人口が集まるなかで、例外もみられる（資料9）。

①福島県南部の西郷村・泉崎村……関東圏（東京）の引力

　西郷村には東北自動車道のインターチェンジや東北新幹線の新白河駅がある。泉崎村も宅地化され、ここから関東圏へ通勤する人たちもいる。今後、関東の引力が強まるのか。

②福島県沿岸部の大熊町や青森県下北半島北部の大間町……原子力発電所関連での人口増加

　福島県沿岸部（浜通り）は原発事故後、人口が減少しているが、事故後の処理とともに廃炉という産業が生まれる可能性もあるかもしれない。

③秋田県の大潟村……1950年代以降の干拓による農業地帯

　従来の農業とは異なる大規模な農業経営をおこなう村。

　こうした例外にも人口移動のヒントが隠れているかもしれない。今後の人口の動きにも注目していきたい。

　「あらためて資料8を見ると、すべての市町村で人口が減少している県があったり、大きな都市でも人口が減少しはじめたりしています。今後どのような人口の動きになっていくのか予想してみよう」

資料4　東北6県の人口増加率1位の市町村（1925〜1955年）

資料5　鉄道増設と人口
資料6　ダム建設と人口
資料7　東北の鉱産資源

デジタル資料集

資料8　国勢調査　都道府県・市区町村別特性図　人口増減率

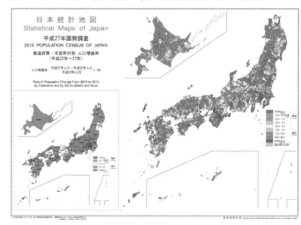

（総務省統計局　www.stat.go.jp/data/chiri/map/c_koku/zogen/）

資料9　例外にも注目

デジタル資料集

＊人口増加率の各データは国勢調査の結果に基づく。

留意点 ....

●国勢調査のデータから全国や東北地方の特徴をつかむことができる。

●人口は時代を反映し、産業構造やエネルギー源などの変化により大きく変動していることを実感させるとともに、東北全体の今後の人口の動きについても予想させたい。

（門馬　寛）

東北地方(3)
東北地方の公共交通

1 時間

ねらい

●東北地方の鉄道の現状を知り、過疎化・少子化の中で地域の公共交通機関としての存在意義や存続への努力を理解する。

授業の展開

(1) 新幹線の延伸

2012 年と 2021 年の JR 東日本の路線図（**資料 1、2**）を比較する。新幹線を確認して、蛍光ペンなどで東北・山形・秋田新幹線を塗る。

●「どんなことがわかりますか？」(「北海道に伸びていることがわかる」)

(2) 東北の在来線の状況

一方で廃止になる在来線も。「2012 年の地図にあったが、2021 年の地図にはない路線を探そう」

・JR 岩泉線（岩手）……2010 年の土砂崩れで不通に。それまで 1 日 3 往復、1 日あたり乗客数 46 人（1 列車あたり約 8 人）

「この地域の状況を何と言えそうですか」(「過疎」)

結局、岩泉線は 2014 年に廃止。現在はバスでの運行になる。

・鉄道のライバル

「廃止になった岩泉線のそばに JR 山田線があります。現在、盛岡と宮古の間をむすぶ路線ですが、ほぼ並行して通る国道にも盛岡・宮古間をむすぶバスが走っています」(**資料 3**)

「この表を見て、鉄道とバスのどちらの本数が多いと思いますか」

（ア）鉄道　（イ）バス　（ウ）同じくらい　（答え：イ）

「1 日に鉄道 4 本、バス 12 本（2022 年現在）。バスのほうが圧倒的に多いことがわかります。2021 年には宮古盛岡横断道を利用した路線もでき、時間がさらに短縮されました」

・東北の鉄道の例……JR 磐越東線（福島）の状況

1 日約 16 往復、1 日当たり乗客数約 1400 人（1 列車あたり約 44 人）

東北の多くの鉄道は赤字路線になっている。

・鉄道を支えるのはだれ？

●「ある日（土曜日）の夜 7 時過ぎの列車に乗ると、2 両編成の車両には 7 人の乗客がいましたが、みんな同じ（種類の）乗客でした。この人たち（乗客）はだれでしょうか」

資料1　JR東日本の路線図（2012年）

デジタル資料集

資料2　JR東日本の路線図（2021年）

デジタル資料集

路線図を見るとJR山田線の一部もなくなっている。これは、この区間の所有が私鉄の三陸鉄道に移ったため。

資料3　盛岡－宮古間　鉄道とバスの比較（2022 年現在）

	種類	所要時間	料金
鉄道	普通	約 2 時間 30 分	1980 円
	快速	約 2 時間 20 分	
バス	急行	約 2 時間 15 分	2000 円

（JR 東日本、岩手県北バス）

2022 年 7 月現在、バスは宮古盛岡横断道を利用した特急の所要時間が 1 時間 40 分。国道を走行する急行が 2 時間 15 分となっている（岩手県北バス HP より）。

（ア）会社員　（イ）学生　（ウ）高齢者　（エ）観光客
（オ）その他　（答え：イ。特に高校生。通学する
高校生が路線を支えている）

●磐越東線が通る地区の高校定員数の変化（**資料4**）
を提示。「20年で半分近く定員が減少しています。
この状況を何といいますか」（「過疎化」「少子化」）
「このまま定員が減っていったら、どうなるでしょうか？」（「鉄道がな
くなる」）
　鉄道は路線や駅などの維持管理費がバスよりも多くかかる。

●「鉄道を存続させたほうがいいのか。鉄道を廃止して、バスに転換した
ほうがいいのか」ここで生徒の意見を聞いてみる。

（3）地域の足としての努力（第三セクターによる経営）
　第三セクター（地方自治体と民間企業が共同経営する会社）。赤字が続
くと自治体の運営にも影響が出てくる。財源（税収）の少ない地域では経
営が厳しいところがほとんど。東北の第三セクター鉄道のいくつかを紹介。

・岩手県の三陸鉄道（地図で確認）……東日本大震災の津波で大きな被害
を受ける。「一部区間の運行を再開したのは、震災後どのくらい経って
からでしょうか」

（ア）5日後　（イ）1か月後　（ウ）半年後　（エ）1年後　　　（答え：ア）
　1日3往復、無料での運行だった。地域の足、復興のシンボルとしての
存在。その後、全面復旧まで約3年かかる。現在、JR山田線の一部を譲
り受け、全長163キロメートルの路線（第三セクターとして日本最長）を
運行している（**資料5**）。

・山形鉄道フラワー長井線（地図で確認）……JR長井線が1988年に廃止
→地域が動き存続。柱となる観光地が少ないなかで、地域に足場を置き
観光・グッズ・イベントなどに力を入れる（**資料6**）。2021年には長井
市役所の新庁舎が駅と一体化して完成。地域で鉄道を支える姿勢。
　「地域が鉄道を存続させようとする理由や意義はどこにあるのか」「人口
がより減少し財源も減った場合、鉄道を存続させたほうがいいのか。バス
などに転換したほうがいいか」など、再度投げかけたい。

制留意点
●地域の公共交通機関については、路線バスなどに注目した学習をすすめ
ることもできる。
●第三セクターの中には非正規雇用の社員が多いところもある。地域の経
済が活性化しない状況では、安定した雇用も厳しい。そうした課題を抱
えながらも、公共交通機関として存続させようと努力していることにも
ふれたい。
（門馬 寛）

資料4　磐越東線が通る地区の高校の定員の変化（人）

	1998年	2013年	2020年
A高校	320	240	200
B高校	240	160	120
C高校	200	120	80
合　計	760	520	400

（福島県教育委員会）

JR東日本のウェブサイトに各路
線の乗客数が掲載されている。
「路線別ご利用状況」www.
jreast.co.jp/rosen_avr/

**資料5　「NHK災害アーカイブ
ズ　三陸鉄道」**
www9.nhk.or.jp/archives/3
11shogen/summary/rec/01/

資料6　山形鉄道のグッズ

デジタル資料集

元山形鉄道社長・野村浩志氏
の取り組み
『私、フラワー長井線公募社長
野村浩志と申します』（ほんの
木）

24 東北地方(4)
炭鉱から観光へ

1 時間

ねらい

● 日本の産業構造の変化や社会の変容を、東北の一地域からとらえるとともに、諸課題に直面した際のアイデアや対応の仕方について考える。

授業の展開

(1) 福島県いわき市周辺に広がる常磐炭鉱

いわき市の位置を地図で確認。炭鉱についての簡単な説明（地下に穴を掘って進むことなど）をする。

● 「常磐炭鉱の問題点は？」

（ア）地盤が弱い　（イ）大量の地下水　（ウ）有毒ガスの発生　（答え：イ）

・1960年代のエネルギー革命

「石油は石炭よりも効率のよいエネルギー源として活用されるようになります。このため日本の多くの炭鉱も縮小・閉山を迫られました」

そう遠くない先に見えてきた危機に、常磐炭鉱も動き出す。

・できるだけ社員を解雇しないで済む方法　・炭鉱以外で生き残れる方法

「注目したのが観光です。1955年以降の高度経済成長で人びとの生活は豊かになり、全国の観光地や温泉・遊園地などへ多くの人が訪れ、『レジャー』という言葉がはやりはじめた時期でした」

・問題だった大量の地下水の活用　→温泉　・当時あこがれの「ハワイ」

こうして「常磐ハワイアンセンター」ができ（**資料1、2**）県内外から観光客が押し寄せる。キャッチコピーは「1000円持ってハワイへ行こう」

・オイルショックによる不況

1973年に石油価格が上昇し、遠方からの客が激減する。「観光客を確保するために、どんなことをしたと思いますか？」

（ア）宿泊費を安くする　（イ）バスのガソリン代を出す

（ウ）割引回数券を作る　（答え：イ）

「施設内にガソリンスタンドを造って、観光バスの帰り分のガソリンを無料で満タンにしました」これによって多くの観光バスが来た。イベントを開催・誘致することで多くの団体客が集まるようになり、危機を乗り越える。

(2) 新しい挑戦

・強力なライバルの出現……1983年に東京ディズニーランドが開園。

「ハワイアンセンターの観光客数に影響は出たと思いますか？」

資料1　フラダンスと温水プール

デジタル資料集

資料2　常磐ハワイアンセンター開業時のポスター

（ア）影響を受けて客数が減った　（イ）相乗効果で客数が増えた
（ウ）影響はなかった　（答え：ア　大きく客を減らした）

● 「観光客を増やすためにどんな工夫をしたと思いますか？」
（「イベントや芸能人を呼んだ」「特徴のあるプールを造った」
「宿泊施設を多くした」「アニメとコラボ」「CMの工夫」）

　実際には：親子三代が行ける施設へ……「常磐ハワイアンセンター」から「スパリゾート・ハワイアンズ」へ／首都圏への無料送迎バス／会員フリーパスなどの工夫をした。

　「従来の企業などの団体旅行から、家族などの個人旅行に対応する施設へと変わり、客数も増えました」

　2006年には映画『フラガール』が大ヒットし、2007年には入場者数が過去最高を記録。

（3）東日本大震災への対応

・東日本大震災とその後の余震で、ハワイアンズも大きな被害を受ける。

　「震災直後、交通手段がない関東からの客をバスで送り届けようと考えます。高速道路は不通で一般道は大渋滞。そんな中、どこまでお客さんを送ることにしたと思いますか？」（資料3、4）

（ア）いわき市の中心部まで

（イ）茨城県や栃木県の中心都市（水戸市や宇都宮市）まで

（ウ）埼玉県の中心都市（さいたま市）まで

（エ）東京都の都心部（東京駅や上野駅など）まで　（答え：エ）

● 「震災と原発事故で休業したハワイアンズはどうしたか」（資料5）

・自分たちで客のところへ行こう……フラガール全国きずなキャラバン。全国や韓国にまで行ってのPR。

・ホテルなどのスタッフ……全国のリゾート施設へ研修に。

・5月下旬から、近隣の広野町の被災者を4か月近く受け入れる。

　資金は炭鉱時代からの信頼で大手銀行から多額の融資を受けた。2011年10月に部分オープンし、翌年2月に全館の営業が再開。徐々に利用客も増え、震災前の水準にまで戻ってきた（資料6、7）。

留意点

● 時代の流れや社会状況の変化のなかで、ハワイアンズが従業員の雇用確保と会社の存続をかけて試行錯誤しながら施設の運営をおこなうすがた。また、東日本大震災や原発事故の影響を受けながらも施設の復興に力をそそぐすがたは、日本の産業・エネルギー源の推移や日本人のレジャー観の変化などを知る機会とともに、さまざまな困難を迎えたときの発想や乗りこえ方のヒントも与えてくれると思われる。
（門馬　寛）

資料4　バスの帰還ルート

福島県
郡山市
いわき市
スパリゾート・ハワイアンズ
栃木県
宇都宮市
茨城県
水戸市
埼玉県
さいたま市
東京都
東京駅

0　50　100　150　200km

資料3　東日本大震災とハワイアンズ
資料5　フラガールの全国キャラバン

デジタル資料集

資料6　現在のスパリゾート・ハワイアンズ

デジタル資料集

資料7　関連年表

デジタル資料集

▶▶いわき市石炭化石館
www.sekitankasekikan.or.jp
▶▶スパリゾート・ハワイアンズ
www.hawaiians.co.jp

参考文献
猪狩勝己『ハワイアンセンター物語』（自費出版）
清水一利『フラガール　3.11』（講談社）
清水一利『フラガール物語』（講談社）
日経産業新聞編『仕事人秘録　時代を創った「プロの真実」』（日本経済新聞出版社）
『平成29年版　福島県勢要覧』福島県企画調整部統計課

25 北海道地方（1）
北海道の開拓とアイヌ民族の問題

1 時間

ねらい

●北海道の開拓がどのようにおこなわれたか、そのなかで先住民族であるアイヌの人たちの生活はどのように変化したかをつかむ。また、アイヌ民族の明治以降現代までのあゆみをたどり、問題点や課題を考える。

授業の展開

(1)「次の北海道の地名（板書等で提示）を読んでみよう」

　①厚岸　②歌志内　③枝幸　④恵庭　⑤空知　⑥女満別　⑦稚内

・地図帳でこれらの地名を探し、白地図に記入させる。

　「これらの地名は、アイヌ語に由来し、日本人（和人）が漢字をあてたものです。アイヌ語の地名は、どのようにつけられたと思いますか？」（「川や海や自然のようすからつけた」）

　「そう。地形の特徴をあらわす地名、動物や植物に関係する地名など、当時のアイヌの人たちの生活とかかわりがあるんだ」

(2) 歴史学習へ発展させるために、蝦夷地やアイヌのことをおさえる。

　「昔、北海道には、本州から日本人（和人）がわたる以前に先住民族が住んでいた。この先住民族の名前は？」（「アイヌ民族」）

　アイヌ＝「人間」という意味。アイヌ民族は、この島を「アイヌモシリ」と呼んでいた。「北海道という名前を付けた松浦武四郎とアイヌとの交流の一端を、**資料1**で読んでみよう」アイヌはお互いどうしをカイと呼んだ。そのカイをとって「北加伊道」→「北海道」と名づけた。

(3) 明治政府は北海道での開拓をどのようにすすめたか

●「1869年に北海道に設置されたのは？」（「開拓使」）

　「開拓とともに北方の警備を担うため設置したのは？」（「屯田兵」）

　「北海道へ次々に入植・定住した人たちには、どんな苦労があったのだろう」道外から入植した開拓移民の苦労を生徒に想像させ、発表させる。

・開拓の具体的ようす……鉄道も道らしい道もなく、上陸してから開拓地までたくさんの荷物を背負って、クマザサを分けながら山の中を歩くしかなかった。ひざまで沈む雪道を、小さな子どもを連れた女性も年寄りもみな歩き、雪の上にむしろを敷いて野宿することもあった。雪のなか鍬をふるい木を切り倒す。クマザサを刈って小屋を建てる。また、開拓のかげで、囚人労働（トンネル工事、炭鉱・道路工事など危険の多い場所で働かされる）や土工労働（タコ部屋）などの実態があった。

資料1 「アイヌとの約束」

デジタル資料集

答え
①あっけし　②うたしない
③えさし　④えにわ　⑤そらち
⑥めまんべつ　⑦わっかない

・生徒のイメージをふくらませるため、**資料2**を読み聞かせる。

　開拓は、道路・鉄道・都市整備・官営工場経営・石炭の採掘などの政策とあわせてすすめられたことも考えさせたい。

(4) アイヌの人たちに対して明治政府がすすめた政策を考えよう

●「開拓をすすめるなかで、明治政府はアイヌを日本人と同化させる政策をとった。その理由を考えてみよう」

・アイヌは土地を私有することはなかったので、アイヌが生活していた土地は国有化され、道外（内地）からの入植者に次々に払い下げられた。「そのためアイヌはどうなったと思う？」（「自分たちの土地が奪われる」「自由に山に入って木を伐ったり、狩りや漁をしたりできなくなる」）

　「そこで政府は、アイヌの人たちを保護するという名目で、1899年に『北海道旧土人保護法』を制定する。**資料3**を見てください。アイヌの中で農業をする者に1戸あたり15ヘクタールの土地が与えられると書いてある。払い下げをうけた土地はどんな土地だと思う？」（「農業に適さない土地」）「そうなんだ。やせた荒れ地が多いうえ、アイヌは農業の経験がなかったので、土地を手放す人が絶えなかった」

　その結果、アイヌの人たちは、北海道の開発とともに生活の基盤を奪われ、アイヌ固有の習慣・風習の禁止、日本語使用の義務づけ、日本風氏名への改名による戸籍への編入といった差別的政策が実行に移された。アイヌの人たちの狩猟採集文化と伝統的なアイヌ文化を否定する教育もおこなわれた。

(5) 公民的分野の学習との関連づけもはかりながら、アイヌ文化振興法制定に至る経過にもふれ、アイヌの文化を受け継ぎ保存・発展させようとする活動をつかませたい。

・1994年には萱野茂氏がアイヌ民族初の国会議員に。

・1993年、国連が「先住民族の権利に関する国連宣言」草案を決議、2007年9月国連総会で採択。2008年6月、日本の国会で「アイヌ民族を先住民族とすることを求める決議」が全会一致で採択される。

・2019年4月、アイヌ新法（「アイヌの人々の誇りが尊重される社会を実現するための施策の推進に関する法律」）が成立。アイヌ民族を先住民族として初めて法的に位置づけ、アイヌ文化の振興に向けた交付金制度の創設などを盛り込んだ。

留意点

●中世期にはアイヌと和人が混住していたことなどから、アイヌ民族が最初から差別的なあつかいをされてきたとはとらえさせないようにする。

●時間があればアイヌ語で歌を歌う活動（**資料4**）、アイヌ語で発信するユーチューバー（**資料5**）、アイヌ文様などにもふれさせたい。（石橋英敏）

資料2　「鎖塚」

資料3　北海道旧土人保護法
（明治32年法律第27号）

資料4　アイヌ語でサザエさん

（太田満訳・佐藤広也作成）

資料5　アイヌ語で発信するYouTuber
www.youtube.com/channel/
UCsvS5QjLwvIVhWpK48L
57Cg

26 北海道地方(2)
十勝平野の畑作と根釧台地の酪農

1 時間

ねらい

● 北海道農業の特色である畑作・酪農がどのように営まれているのかを調べる。北海道が日本の食糧基地である理由を考え、農業にたずさわる人びとの工夫や苦労などを理解する。

授業の展開

(1)「北海道が『日本の食糧基地』と呼ばれるのはなぜだろう？」と生徒に問い、自由に発表させる。

（「日本で一番農業がさかん」「日本一農産物がとれるところだから」）

「資料1を読んで確かめよう」次のことを板書し、ノートに書かせる。

① 耕地面積 115 万 8000 ヘクタールで全国の 25％、うち畑は 44％を占める。

② 農業産出額 1 兆 2593 億円（全国 1 位）で全国の 14％を占める（2018 年）。

(2)「北海道が全国 1 位を占める農産物は何だろう？」（「じゃがいも」「たまねぎ」）教科書や資料集の資料などで確かめさせる。

・てんさい（ビート＝砂糖大根）100％、小豆 92％、ばれいしょ（じゃがいも）78％、小麦 66％、かぼちゃ 45％、バター 87％、生乳 52％……など

(3) 資料 2 を見て、北海道の農家の特徴をあげさせる。

（「1 戸あたりの規模が大きい」「主業農家の占める割合が高い」）

(4) 大規模な畑作がおこなわれているようすを調べよう

「次の写真（資料3）を見てどう思う？」（「大きな畑だ」「防風林がある」）

十勝平野の広大さや、区画された畑のようすをつかませたい。

「教科書の記述から、北海道の農家 1 戸あたりの耕地面積は、他の都府県にくらべて何倍くらいの広さがある？」（「約 10 倍」）「そうだね。十勝平野の農家 1 戸あたりの耕地面積は約 30 ヘクタール、北海道の平均は約 18.8 ヘクタール、他の都府県平均は約 1.3 ヘクタールだ」

(5)「北海道の酪農の特徴を、規模・製品・作業の 3 つの視点からひとつ

資料1 北海道の食料自給率

デジタル資料集

資料2 北海道と他の都府県の農家の規模と種類（販売農家）

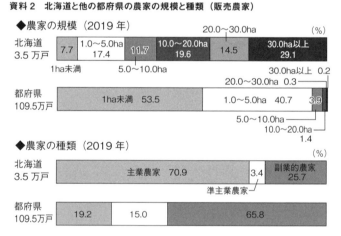

◆農家の規模（2019 年）

| | | | | | | 20.0〜30.0ha | (%) |

北海道 3.5 万戸： 1ha未満 7.7 ／ 1.0〜5.0ha 17.4 ／ 5.0〜10.0ha 11.7 ／ 10.0〜20.0ha 19.6 ／ 20.0〜30.0ha 14.5 ／ 30.0ha以上 29.1

都府県 109.5万戸： 1ha未満 53.5 ／ 1.0〜5.0ha 40.7 ／ 5.0〜10.0ha 3.9 ／ 10.0〜20.0ha 1.4 ／ 20.0〜30.0ha 0.3 ／ 30.0ha以上 0.2

◆農家の種類（2019 年） (%)

北海道 3.5 万戸： 主業農家 70.9 ／ 準主業農家 3.4 ／ 副業的農家 25.7

都府県 109.5万戸： 19.2 ／ 15.0 ／ 65.8

※ 主業農家…農業所得が主。65歳未満の農業従事60日以上の者がいる
　準主業農家…農外所得が主。65歳未満の農業従事60日以上の者がいる
　副業的農家…65歳未満の農業従事60日以上の者がいない

（2020年版『ポケット農林水産統計』より）

資料3 十勝平野

デジタル資料集

（CC by Satoshi Sawada）

172

選び、他の地域と比較してみよう」

班・グループで話しあい発表させる。（「規模が大きい」「乳製品の割合が大きい」「機械化がすすんでいる」など）

政府の規模拡大政策に従い、実験的な農場（パイロットファーム）がつくられ、広大な土地を切り拓いて牧草地に変え、大規模経営をすすめてきた。乳搾りはミルカーやロボットによる自動搾乳システムが導入されている。生乳利用は乳用が少なく、乳製品用の割合が多い（北海道は東京などの大消費地から遠いため、飲用よりも乳製品に加工される割合が高い）。

(6)「北海道の根釧地方で酪農がさかんになったのはなぜだと思う？」
（「北海道のなかでも寒い」「土壌が良くない」）

・根釧地方は、火山灰土や泥炭地が多いうえ、平均気温が約5℃と低く、作物をつくるには適さない。また雪は少ないが、地中1メートル近くまで凍る。そのため、他の地域とちがって、牧草をつくり、それを飼料として牛を育て乳を搾る酪農が適している。

「資料4を読んでください。北海道が酪農畜産王国であることがよくわかるね」

(7)「北海道の酪農家の抱えている経営面の問題点や、その理由を考えよう」

資料5から経営のようすを読み取り、問題点をあげさせる。グループや班を利用して話しあわせたい。

・予想される生徒の反応……経営費がかかる（本州などから移り住んだ人が多いため、土地の購入費などの負担が大きい）、借金が多い（最初に投資する施設費や家畜の購入費が多くかかる）、休みがとれないなど。

(8)「酪農家は、どのような努力や工夫をしているだろうか？」

・生産拡大、規模拡大の酪農のあり方を反省し、自給型、適正規模に関心を示し、「草・牛・人間の循環」を大切にして酪農をおこなう農家群を「マイペース酪農」という。資料6を読み合わせ、考えさせる。

留意点

●北海道も例外ではない農業における「担い手不足」の課題や、地球環境問題（地球温暖化）などとのかかわりをとりあげ、多角的に考えさせたい。

（石橋英敏）

資料4 酪農畜産王国

デジタル資料集

資料5 酪農家のようす
①酪農家の1日（夏）

5:00	起床
5:30	
〜	乳搾り、えさやり、放牧、牛舎のそうじ
7:30	
8:00	朝食
9:00	
〜	牧草の刈り取り・取り入れ
12:00	昼食
	牧草の刈り取り・取り入れ 自家用菜園の作業など
〜	
16:00	牛を牛舎に入れる
16:30	
〜	乳搾り
18:30	
19:00	夕食

②ある酪農家の経営（牧場経営収支の状況）

区分		金額（千円）	内訳・概要
収入	生乳販売	39,010	搾乳牛60頭　482,900kg
	個体販売	3,921	初生牛27頭 初妊牛5頭 廃用牛7頭
	その他	4,520	奨励金・家畜共済金ほか
	合計	47,451	
支出	経営費	30,213	飼料費・費用費・資材費ほか 資金返済
	負債返済	3,428	
	家計費	6,775	・家族経営 ・2世帯4人の労働 （8人家族） ・総面積61ha （うち牧草地55ha）
	その他	2,471	
	合計	42,887	
差引額		4,564	

（別海町役場資料）

資料6 マイペース酪農

デジタル資料集

▶▶北海道庁の統計資料
www.pref.hokkaido.jp

▶▶農林水産省統計情報部
www.toukei.maff.ga.jp/

参考文献
三友盛行『マイペース酪農』
（農文協）
『データで見る県勢2020年版』
（矢野恒太記念会）

ねらい

● 北洋漁業の移り変わりと 200 海里問題のかかわりを理解し、「とる漁業」から「育てる漁業」へ転換していったことを考えあう。

授業の展開

(1)「北海道でとれる魚介類をあげてみよう」

「カニ、エビ、サンマ、サケ、ホタテ」など生徒に自由に発言させ板書する。北海道が漁獲生産高全国 1 位の魚種を資料 1 で示す。

(2) 北洋漁業の歴史をふりかえる

「北海道はかつて北洋漁業で栄えました。『北洋』とは何ですか？」（「北海道から北の海？」）「北洋とは、オホーツク海・ベーリング海・アラスカ湾を含む、太平洋北部の海です」位置を地図帳で確かめさせる。

北洋の豊かな魚に早くから目をつけたのは日本で、江戸時代の松前藩は、樺太・択捉島にも藩営の漁場を設立し、藩に莫大な収入をもたらした。

「小林多喜二という作家を知ってる？」（「知らない」）「『蟹工船』という本を書いています」ここで小林多喜二の『蟹工船』を紹介したい。1920 年代、カムチャッカ沖に蟹工船が出現し、沖合で海水を使ったカニの缶詰づくりに成功した。蟹工船で働く労働者の生活は悲惨をきわめた。

「北洋で働く漁民はどこから来たと思う？」（「道外から出稼ぎで来た」）「そうなんだ。多くは東北や北陸から出稼ぎで来た人びとで、稼ぎにはなったが、生きて帰れない人もずいぶんいたようです」

(3)「遠い北洋で漁業をするには、何が必要だろう？」

（「大金」「食料」「丈夫で大きな船」）

「そうです。たくさんの資金、大型の漁船、3 か月の漁期の生活のための費用だった。北洋漁業に乗り出したのは、どういう人たちだと思う？」（「金持ち」「資産家」）「そう。海運業・海産物問屋など、資金をもつ人たちでした」

「あけぼの印」のベニザケ缶のラベル（資料2）を見せる。

「当時は、第一次世界大戦時のヨーロッパの食糧不足で、缶詰が軍需食品として飛ぶように売れたのです」

(4) 200 海里問題と北洋漁業の衰退の経過と原因を考える

「排他的経済水域とは何だった？」（「200 海里の範囲内で漁業や地下の鉱物資源などを独占できる権利をもつ海域のこと」）「そうです。何のために

資料1 北海道が漁獲生産高全国1位の魚種

さけ類	117,111t（全国比 86%）
たら	188,234 (82%)
さんま	52,093 (45%)
かに	6,457 (22%)
えび	2,869 (18%)
いか	41,538 (25%)

（農林水産省「2015 年漁業・養殖業生産統計」）

近年はぶり類の漁獲高も北海道が全国1位となっている。他方でサケやホッケは不漁が続いており、いずれも海水温の上昇が原因と考えられている。

資料2 「あけぼの印」のベニザケ缶

設けたの？」（「自国の水産資源を保護するため」）「200海里問題と北洋漁業の関係（**資料3**）を見てください。200海里が設定されたのは何年ですか」（「1977年」）

「1974年に開かれた海洋法国際会議で、200海里水域設定に反対したのは日本だけでした。なぜですか？　**資料4**から理由を探そう」（「1975年には総漁獲量957万トンのうち、外国沿岸200海里水域でとれたものが374万トンを占めていた」）「そうだね。日本の1年間の漁獲量の約40％が、外国の200海里水域内でとれたものだったのです。200海里水域の設定後、北洋漁業はどうなったと思う？」（「衰えた」）「そうなんです」

結果として北洋漁業はせばめられ、公海にいる魚も産まれた国のものという立場（母川国主義）がとられるようになり、公海上のサケやマスをとる量も交渉で決めることになった。こうして北洋漁業は衰退していった。

(5)「とる漁業」から「育てる漁業」への転換

現在、北海道では栽培漁業や養殖漁業に力を入れている。栽培漁業や養殖漁業のちがいを説明する。ここでは、育てる漁業（栽培漁業）の成功の典型として、猿払村（さるふつ）のホタテ漁業をとりあげる。

1955年からおよそ10年はホタテ漁の不漁が続き、村は疲弊のどん底にあえいでいた。そこで猿払村と猿払村漁業協同組合が一体となって、ホタテの養殖のためのプロジェクトを立ち上げる。そこで何を考え、どんなとりくみをしたか、**資料5**を読み合わせて考えさせる。

「猿払村の人びとは何をしたか発表してください」（「稚貝を育てて放流した」「漁業組合の損失を村が補填した」「10年後には水揚げが4万トンほどになった」「ホタテ貝王国が復活した」）

・ホタテ養殖が成功した理由を補足説明する。直径4センチほどの稚貝を買ってばらまき、3年間海の底で育ててからとる。水揚げ代金から5％をこの計画のために天引き預金に。個人経営をやめて、共同企業体経営方式にして利益を分配した。

・**資料6**で当時のエピソードを紹介する。村ぐるみのとりくみにより、1979年以降は3万トン近くが水揚げされ、ホタテ生産量日本一の村に。

留意点

● 地域に漁業にたずさわる人がいれば、仕事の喜びや苦労を聞き取り、ビデオレターなどにして授業に活かしたい。

● 道内を中心に不漁が深刻化している背景に地球温暖化に伴う環境変化があることを、水産庁が示した不漁対策（**資料7**）などで考えさせたい。

（石橋英敏）

資料3　200海里問題と北洋漁業の関係史年表

デジタル資料集

資料4　外国が200海里水域を設定する前後の日本の水域別漁獲量　　単位：千t

	1975年	1977年
総漁獲量	9,573	9,695
外国沿岸200海里内	3,744	2,897
国名（200海里水域設定年）		
アメリカ（1977）	1,410	1,187
カナダ（1977）	21	18
ソ連（1977）	1,396	698
中国	152	178
韓国・北朝鮮（1977）	241	173
オーストラリア（1979）	12	9
ニュージーランド（1978）	80	244
その他	432	390
日本の200海里内	5,503	6,360
その他の海域	326	438

（『数字でみる日本のあゆみ』1980年度版による）

資料5　猿払村のホタテ養殖プロジェクト

資料6　猿払漁業組合長・猿払村長のお話

デジタル資料集

資料7　不漁問題に関する検討会とりまとめ（水産庁）
www.jfa.maff.go.jp/j/study/attach/pdf/furyou_kenntokai-19.pdf

参考文献
河合智康『日本の漁業』（岩波新書）
『アイヌ民族：歴史と現在──未来を共に生きるために』（財団法人アイヌ文化振興・研究推進機構）
『北海道の歴史』（山川出版社）

ねらい

● TPP の発効が北海道農業に与える影響と課題について考える。

● TPP 問題について自分の考えをもち、農業の役割についても理解する。

授業の展開

(1) TPP とは何だろう

● 「TPP って聞いたことある？」（「何かの組織の略」）「TPP とは、Trans-Pacific Partnership の略です。これは、太平洋を取り囲む 12 か国間でモノやサービス、投資などができるだけ自由に行き来できるようにし、経済のつながりを強化するための国際的な約束（条約）です」

TPP に署名した 12 か国（日本、シンガポール、ニュージーランド、チリ、ブルネイ、米国、オーストラリア、ペルー、ベトナム、マレーシア、メキシコ、カナダ）を地図帳で確認させる。

「TPP 協定の目的を調べよう。『TPP の目的は、輸入にかかる関税を撤廃して自由貿易を推進したり…』とあります。関税ってどういう意味？」（「輸入にかかる税金」）「そうだね。日本以外の外国から入ってくるモノや製品に対してかかる税金です。どうして輸入品に関税をかけるの？　**資料1** を読んでみよう」（「日本の産業を保護するため」）

「TPP は協定をむすんだ国どうしで関税をなくして、外国との間で自由にモノやサービスの移動や売り買いができるようにする約束ごとなんだ」

(2) TPP は北海道の農業にどんな影響を与えるか

「北海道の農業の特色は何だったかな？　**資料2** を見てください。どんなことがわかる？」（「全国1位のシェアを占めるものが多い」）

「**資料3** を見てください」北海道農業に大きな影響が出ることが予想されるため、北海道は対策本部を設置して対応にあたっている。北海道庁は 2013 年に関税撤廃による北海道農業などへの影響を公表した。試算対象になった関税率10％以上かつ道内生産額10億円以上の品目は12品目（米・小麦・てんさいなど）で減少額 4752 億円にもなる。たとえば米は道産米の3割が米国産や豪州産に置き換わり、産出額で50％減少するという。乳製品ではバター、脱脂粉乳、チーズは外国産と品質格差がないことから、すべて外国産に置き換わるとして産出額は 1673 億

米国は当初TPPを主導する立場だったが、トランプ政権に変わり2017年に離脱を表明。残る11か国の「TPP11」として2018年に発効した。現在は英国、中国、台湾なども加盟を申請している。

資料1　なぜ関税をかけるの？

デジタル資料集

資料2　北海道の生産量が全国上位のおもな農畜産物（2019 年）

品目	北海道	全国に占める割合	全国順位
小麦収穫量	67 万 7700t	65.4%	1位
てんさい収穫量	398 万 6000t	10.0%	1位
生乳生産量	404 万 8197t	55.4%	1位
肉用牛飼育頭数	51 万 2800 頭	20.5%	1位
水稲収穫量	58 万 8100t	7.6%	2位
豚飼育頭数	69 万 1600 頭	7.6%	3位

（農林水産省HP「統計情報」より）

円の減少と試算された。

(3) TPPのメリット・デメリットについて考えよう

「TPPのメリット（長所）とデメリット（短所）を調べてみよう」

時間があればインターネットなどを利用。

「調べたことを整理しよう」

メリットは、①関税がなくなるため農産物などの輸出品が外国で売れ、輸出がもうかる。国内の雇用や収入が増える。②農産物などの輸入品の値段が下がり、安く購入できる。など

デメリットは、①安い外国産農産物が流入し国内産が売れなくなる。②食の安全基準を外国と揃えることで、食品添加物や残留農薬などの規制が緩和され食の安全性への不安が高まる。など

(4) TPP発効後の北海道農業について考えよう

「それでは、みなさんが北海道の農業に携わる農家の後継者だとして、TPPが発効しようとしている今、どうしたらよいか考えてみてください」

〈課題〉①あなたはTPPに賛成か反対か、その理由を書いてみよう。

②個人で考えたことをペアやグループで交流しよう。

③そのペアやグループで、TPPが発効したらどうなるか考えてみよう。

「北海道の農業従事者や道内の農業協同組合、各自治体の関係者の多くがTPPに対する懸念の声や反対の声明を出している。それはどうしてなのか理由を考えよう」（「輸入増大により国内農業が縮小する」「農産物価格の低下により農業経営が悪化し、農業者の高齢化と世代交代も相まって離農する農家が増大する」「中小規模農家は特に、大規模農家よりコストが高く、競争力を維持することが困難である」など）

(5) 農業の多面的な役割

農業は農産物の生産と同時に多面的な機能を果たしている。その機能は①食糧安全保障の機能、②水資源の管理と国土の保全、③自然空間の提供と文化の継承、といわれる。農村に住む人びとだけでなく国民全員がその恩恵にあずかっている。

「日本の食料自給率が40％以下の現状のもと、これからの北海道や日本の農業について、自分ごととして考えていきましょう」とまとめる。

資料3　TPPによる北海道への影響の試算

対象品目	試算前提	生産減少額（億円）	
		TPP	TPP11
米	現行の国家貿易制度と枠外関税は維持されるが、新たな輸入枠は拡大	0	0
小麦	現行の国家貿易制度と枠外関税は維持されるが、輸入枠拡大	42	19〜43
でん粉原料作物（てんさいなど）	輸入品にかかる調整金が減少し、調整金で運営される生産対策に影響の可能性	12	0
乳製品	輸入枠の拡大により、価格が下落	179〜258	182〜280
牛肉	セーフガード付きで関税が削減されるため、価格が下落	48〜97	47〜94
豚肉	セーフガード付きで関税が削減・撤廃されるため、価格が下落	11〜22	9〜17

（北海道農政部、2016年2月・2018年2月発表資料による）

留意点 ....

● TPPについては、地理的分野だけではなく公民的分野の経済・国際関係などでも扱えるので、関連させた学習も可能である。　（石橋英敏）

▶▶北海道庁の統計資料
www.pref.hokkaido.jp

参考文献
中野剛史『TPP亡国論』（集英社新書）

世界的視野から
見た日本

1 世界の人口問題

ねらい

●世界人口は80億人（2022年11月国連発表）になったが、人口増加地域がある一方で逆に人口減少地域もあるなど、その様相はさまざまである。統計資料から世界の人口問題を読みとる。

●人口急増地域での人びとの暮らしを資料から読みとり、人口問題を解決していくためには何が必要なのかについて考える。

授業の展開

(1) 80億人になった世界の人口

●資料1「世界の人口推計」を見せ、「世界の人口は、2022年現在でどれくらいだろう」と聞く。（「80億人」）「2000年ごろの世界人口はどのくらいだったのだろうか？」（「60億人」）「ものすごく増えているけど、どの地域で人口が急増しているのかな？」（「アフリカやアジア」）「人口増加が止まっているのは？」（「先進国」）

・人口爆発や食糧危機の問題については、ビデオなどを鑑賞させたり、読みもの資料などを使ったりすればリアルに現状を実感させることができる。人口問題と食糧問題は密接な関係にあるが、より深刻なのは一部の先進国に富や食糧、エネルギー消費が偏ってしまっている問題である。

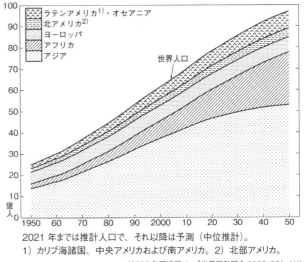

資料1　世界の人口推計

2021年までは推計人口で、それ以降は予測（中位推計）。
1）カリブ海諸国、中央アメリカおよび南アメリカ。2）北部アメリカ。

（2022年国連調べ。『世界国勢図会 2022/23』より）

●「世界一の人口をもつ国はどこだろう？」（「中国」）「中国ではどんな人口抑制策をとっていたでしょうか？」（「1人っ子政策」）1人っ子政策の問題点については、時間があれば中国の学習をふり返りたい。

(2) 先進国の人口問題

●資料2「各国の人口増加率の推移」を見せ、「先進国のなかでも、人口が減少している国と増加している国とに分かれます。人口が増加している国は？」（「アメリカ」「イギリス」「スウェーデン」「フランス」）「人口が減少している国はどこだろう」（「イタリア」「日本」）

●「アメリカでは、移民の流入などにより人口が増加している。黒人を抜

いて、白人に続く人口第2位になったのはどんな人たちだろうか？」（「ヒスパニック」）

● 「社会福祉が充実しているスウェーデンや、児童手当など子育て支援策を打ちだしたフランスのような国もある。これらの国では、積極的に移民を受け入れたこともあり人口減少をくい止めることができた。一方、人口減少が先進国中もっとも著しいのはどこの国だろう」（「日本」）

・ フランスの子育て支援政策については、インターネットの動画サイトなどにも映像資料がある。

(3) 日本の人口問題

● 資料3「日本の年齢別（3区分）人口の推移」を見せ、「日本の高齢化率（65歳以上人口の割合）が3割を超えるのはいつごろの予想だろう」と聞く。（「2030年」）「このころ、日本は人口も減少している。どういう解決策があるだろうか」と投げかけ、自由に発言させる。

資料2　各国の人口増加率の推移

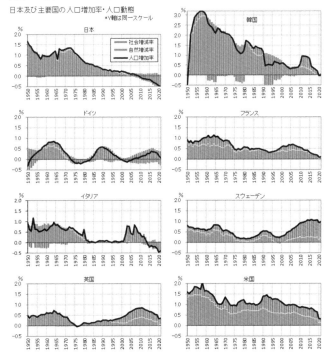

日本及び主要国の人口増加率・人口動態
*Y軸は同一スケール

（注）2021年まで　（資料）国連, World Population Prospects: The 2022 Revision

（『社会実情データ図録』より）

資料3　日本の年齢別（3区分）人口の推移

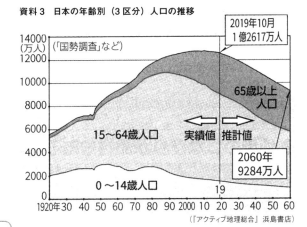

（『アクティブ地理総合』浜島書店）

留意点

● 人口問題については公民でも学習するので、ここではグラフの読みとりなどから人口問題に気づかせるようにする。人口ピラミッドなどにふれてもよい。

● 人口爆発や人口減少の問題点については、ビデオや読みもの資料なども併用して、実感をともなう学習になるよう工夫する。　（本庄　豊）

資源・エネルギーと原発問題

ねらい

● 世界のおもな資源の埋蔵量・生産量と日本の輸入依存率の現状を知る。

● 福島第一原発事故が起きる前の日本のエネルギー政策が、事故後どのように変化してきているのかを理解する。

● 日本のエネルギー問題について、自分の意見をもつ。

授業の展開

(1) 世界のエネルギー・鉱産資源と日本

● 「世界地図中の鉱産資源の名称と分布状況をまとめてみよう」と言って調べたものを発表させる。（原油、石炭、鉄鉱石、天然ガスなど）

・これらの鉱産資源の日本の輸入依存度を調べさせる。

〈板書〉かたよる鉱産資源の分布

　　原油　……西アジア（ペルシア湾）など

　　石炭　……中国、アメリカなど

　　鉄鉱石……中国、ブラジル、オーストラリアなど

　　日本は鉱産資源が乏しい　──→　・輸入依存度の高さ

　　資源の消費は先進国　　　　　　・外国での資源開発事業への投資

　　（欧米・日本）に集中　　　　　　（オーストラリアなど）

---

(2) 21世紀のエネルギーをどうするか

● 「日本のエネルギーをどうするかについては、大きく2つの考えかたがあります」と言って、以下のように板書し、それぞれの考えかたを代表する資料1、2を提示する。

◎日本のエネルギーについての2つの考えかた

①エネルギーの大量消費社会を続ける → 石油・石炭か原発（大規模集中型発電）

②省エネルギー型社会をめざす→ 自然エネルギー中心（太陽光、風力、地熱、バイオマスなどの地域分散型発電）

---

(3)「3・11」以前の日本の電力状況

● 「福島第一原発事故が起こる以前の日本の電力状況はどうなっていただろうか。また、原発事故後、どのように変化しただろうか」

　　①火力発電：全発電量の約69.7%（2008年）→同約75.7%（2019年）

> 原油価格の高騰、アジアを中心にしたエネルギー消費の急増。今、世界の国々が急速にエネルギー戦略の見直しと新たな取り組みを始めている。その柱は運転中に CO_2 を出さず、燃料をリサイクルできる「原子力」の再評価と推進。そして日本でも、2006年5月、「新・国家エネルギー戦略」が打ち出され、再処理を含む原子力発電の推進と利用を掲げている。
>
> （電気事業連合会の新聞広告、2006年11月4日掲載）

> エネルギーの消費量を小さくすれば、太陽光発電や風力発電などの活躍する場が大きくなる。自然エネルギーの利用は省エネルギーの意識を高め、また、原発のような大規模集中型とはちがった、地域分散型の利点を生かした省エネルギーがすすむ。自然エネルギーと省エネルギーとがお互いに加速しあって、自然エネルギーを中心とした、エネルギーをあまり使わない社会をつくっていけるのだと思う。……今使っているエネルギーのかわり（代替エネルギー）をさがすのではなく、何のためにエネルギーが必要なのか。その使いみちのためにはどんなエネルギーをどう使うのがよいのかをいっしょに考えてみよう。
>
> （西尾漠『原発を考える50話』岩波ジュニア新書）

②原子力発電：同 22.5%→同 6.2%

③水力発電：同 7.3%→同 7.8%

④その他（新エネルギー）：同 0.5%→同 10.3%（『エネルギー白書2021』による）

(4)「3・11」後の原子力発電の変化

● 「福島第一原発事故後、原子力発電はどのようになったのだろうか。資料3を読んでみよう」

　資料3を読んだあと、最後に「これからの日本のエネルギーについて、あなたはどう考えますか?」と問いかけ、意見を交流する。

資料3　福島原発事故後の状況

> 廃炉が決定した福島第一原発1〜4号機は解体まで14〜16年、放射性物質除去まで数十年かかる。2012年5月5日、北海道電力泊原発3号機が定期点検のために停止し、1970年以来42年ぶりに日本の全原発（福島第一の4基を除いて50基）がすべて停止した。この時点では再稼働のめどが立っている原発は1基もなかったが、政府は6月16日に関西電力大飯原発3、4号機の再稼働を決定し、7月1日の原子炉再起動に向けて準備をすすめた。それに対して6月29日夜、再稼働決定の撤回を求める大規模デモが首相官邸周辺を埋め尽くし、大飯原発の地元（福井県おおい町）でも市民グループ約200人が再稼働に抗議し、6月30日から原発につながる道路を車や鎖で封鎖して機動隊と対峙した。そうしたなかで7月に入り、大飯原発3、4号機は再稼働したが、首相官邸を取り巻く再稼働反対のデモはその後も続いた。そして、2023年1月現在、廃炉24基、再稼働10基（運転中9基、停止中1基）、新規制基準「適合」を確認7基、審査中10基、未申請9基となっている。

留意点

● エネルギー問題について2つの考えかたがあることをふまえ、エネルギー政策をどうしたらよいかについて自分の意見をしっかりと形成させる。

● 3・11以後、原子力発電をめぐる状況が見直されてきたが、近年は世界的に脱炭素化への潮流が強まるなかで、原発回帰の動きが出てきていることに留意したい。2022年末、日本政府は原発再稼働の促進だけでなく、運転停止期間を除外した最長60年超の稼働、原発の新増設や建て替えなど、原発を最大限活用する方針に大転換した。　　　　　（滝口正樹）

3 日本の農業・食料問題

2時間

ねらい

● 米づくりを中心に、日本の農業地域全体の特色と問題・課題を理解する。
● 食料自給率の低下と食の安全性を中心に、日本の食料問題の現状をつかみ、TPP 参加問題についての自分の考えをもつ。

授業の展開

（1）ブランド米の種類と価格

　学区域のスーパーで売られているブランド米の種類と価格を書いた模造紙を黒板に貼って、知っているブランド米をたずね、勤務校の学校給食で使用されている米を予想させる（事前に栄養士さんに聞いておく）。

（2）日本の農業地域

● 日本の農業地域について、以下の各項目を『日本国勢図会』などの統計資料から読みとり、生産上位の都道府県を白地図に着色する。

　　①米、②果樹栽培（りんご・みかん・ぶどう）、③茶、④花き、⑤畜産（豚とブロイラー）、⑥サトウキビ

（3）日本の米をめぐる問題

● 「日本の米をめぐる問題」をまとめたプリント（**資料1**）をもとに、問題点と課題を以下のように板書する。

◎日本の米作のあゆみと問題点・課題
第二次大戦後……米不足→米の増産→米が余る（1967 年～）
→自主流通米の増加（1969 年～）→減反政策（1970 年～）
→米の一部輸入自由化（1995 年～）→新食糧法（1995 年 11 月～食管制度廃止、米の販売自由化）→「米改革」(2004 年～「売れる米づくり」をスローガンに政府が米の生産、流通、価格管理から手を引く）
→大手業者による米の安売り競争で米価が下がりつづけ、農家に打撃
→ TPP（環太平洋戦略的経済連携協定）参加協議へ（2011 年）
→ TPP 協定「大筋合意」(2015 年）→アメリカの TPP 離脱（2017 年）
→新協定（TPP11）発効（2018 年 12 月）

資料1　日本の米をめぐる問題

デジタル資料集

（4）日本の農業問題（米以外）

　果樹栽培（輸入果実との競争激化）・近郊農業（全国の産地や輸入野菜との競争激化）・促成栽培・高冷地農業（抑制栽培）・畜産（肉牛と BSE 問題）・北海道の農業（畑作と酪農……低い乳価、輸入製品との競争激化）をまとめる。

(5) 食料自給率の低下

● **資料2**を配布して、空欄に当てはまる数字を予想させる。

(6) 食料自給率低下の原因

● 「食料自給率が低下した原因は何だろうか」と問いかけ、資料からその原因を次の3点にまとめる。

　①工業優先の経済政策

　②食料・農産物の輸入自由化の推進

　③食生活の多様化

(7) 漁業問題と食料問題

● **資料3**をもとに、世界（特に欧米・中国）で魚の消費量が拡大していること（そのため国内消費の4割を占める魚介類の輸入量が減り、魚の国内価格が上昇）、世界の海から魚が減っているため、1990年代後半から漁獲量の規制が厳しくなっていることにふれる。そのため育てる漁業（養殖・栽培漁業）が注目されていることにもつなぐ。

(8) TPP参加問題

　食料自給率を上げることが日本の課題になっている。政府は2030年までに食料自給率を45％に引き上げることを目標としているが、2011年にTPP参加に向けた協議に入ることを表明（2022年現在TPP11に参加）。TPPは「例外なき関税撤廃をめざす協定」なので、農林水産省試算でも自給率は14％に低下すると予測され、今後8割以上の食料を外国に頼る国になりかねない。EUなどの先進工業国では食料自給率の引き上げをはかっており、世界の流れに逆行していることを説明する。

資料2　日本の食料自給率を考える

日本の食料自給率は1960年度の79％から2020年度には①（　　　）％へと激減した。また、穀物自給率でみると82％（1960年）から②（　　　）％（2020年）となり、さらに深刻である。さらに、1984年に100％だった魚介類の自給率は、生産量の減少とともに急激に低下していき2020年には③（　　　）％となっている。

答え：① 37　② 28　③ 51

資料3　魚求める世界の胃袋

世界で魚の消費が拡大している。欧米では、牛海綿状脳症（BSE）や鳥インフルエンザによる食肉不安から魚介類に目が向いて需要が広がり、経済発展著しい中国も消費を伸ばす。あおりを受けるのが水産物の輸入大国・日本（魚消費の4割余りが輸入もの）。高値をつける欧米やアジア勢に買い負けることも珍しくなく、日本の輸入量は減り、国内価格は上昇している。

（「朝日新聞」2006年10月6日より）

留意点

● 食料自給率低下をめぐる問題は、TPP11にとどまらず、RCEP（アールセップ＝地域的な包括的経済連携、2022年1月1日発効）という巨大FTA（自由貿易協定）や、さらにFTAAP（エフタープ＝アジア太平洋自由貿易圏）という超巨大FTAに拡大しつつあり、米問題だけでなく日本の農業の根幹をゆるがす大問題になっていることに留意したい。

（滝口正樹）

4 日本の工業問題

2時間

ねらい

● 戦後日本の工業の変遷とそのおもな原因を理解する。
● 特に1980年代後半から本格化する「産業の空洞化」の進展が国内にどのような影響を与えているかを理解する。

授業の展開

(1) 3大工業地帯

● 「工業地帯、工業地域の製造品出荷額等」の変化の表（資料1）を見せ、製造品出荷額の多い順に3大工業地帯の名称を書かせる。

　　1位［①　　　　　］工業地帯
　　2位［②　　　　　］工業地帯
　　3位［③　　　　　］工業地帯

・かつては北九州工業地帯を含めて「4大工業地帯」と称していたが、八幡製鉄所の閉鎖等で北九州の製造品出荷額が9位に落ちたため実態に合わなくなり、この呼称は使われなくなった。

(2) 日本の工業の変化

● 「製造品出荷額等構成の推移」（資料2）を見せ、1980～2016年の36年間に、製造品出荷額の割合が特に増えた工業分野1つと、割合が特に減った分野2つを書かせる。

・増えた→［①　　　　　］工業
・減った→［②　　　　　］工業
　　　　　［②　　　　　］工業

(3) 産業の空洞化

　その結果、特に東南アジア諸国に進出した日本の企業は、1985年以降、日本の国内向けに製品（せんい・家電・電子部品）を生産するようになった。このようななかで、国内では仕事が減り、閉鎖される工場も増えた。

　「このような現象を何と呼ぶでしょうか」（「産業の空洞化」）

資料1　工業地帯、工業地域の製造品出荷額等（2016年）

単位：億円

	1990	2000	2010	2017
工業地帯				
京浜	515,908	402,530	257,710	259,961
中京	445,033	427,472	481,440	577,854
阪神	405,725	325,518	301,386	331,478
（北九州）	77,793	74,264	82,491	98,040
工業地域				
瀬戸内	266,875	242,029	292,784	306,879
関東内陸	336,323	304,815	290,180	320,844
東海	164,646	167,811	158,848	169,119
京葉	122,615	115,188	124,137	121,895
全国	3,270,931	3,035,824	2,908,029	3,219,395

（経済産業省「工業統計表」による。『日本国勢図会2020/21年版』より）

答え：①中京　②阪神　③京浜

資料2　製造品出荷額等構成の推移

	金属	機械	化学	食料品	せんい	その他
1980	17.1%	31.8	15.5	10.5	5.2	19.9
1990	13.8%	43.1	9.7	10.2	3.9	19.3
2000	11.1%	45.8	11.0	11.6	2.3	18.2
2010	13.6%	44.6	14.2	11.7	1.4	14.5
2016	12.9%	45.9	12.8	12.6	1.3	14.5

（経済産業省「工業統計表」による。『日本国勢図会2019/20年版』より）

答え：①機械　②金属、せんい

(1)(2)のような変化とその原因を、板書で次のように整理する。

〈板書例〉

●日本の工業の変化

1950年代後半〜	重化学工業が発展、臨海部にコンビナート（鉄鋼・石油化学）建設
1960年代〜	高度経済成長
1970年代〜	石油危機→鉄鋼・化学工業のおとろえ
1980年代〜	貿易摩擦→円高→海外現地生産化→工場を海外に移転（生産拠点の海外移転）
1985年以降	産業の空洞化が始まる
1990年代〜	現地生産の増加→国内の生産規模縮小（工場閉鎖、仕事が減る、リストラ） →工業製品の輸入の増加（技術・資金を海外に移転し、安い賃金による安価な製品を輸入）→「産業の空洞化」がさらにすすむ
2010年代〜現在	製造業の高度化（IoTやAIによる生産活動の最適化）の進展（第4次産業革命とよばれている）

●まとめ

中京工業地帯	→	機械工業（自動車工業が中心）を中心に伸びる
阪神工業地帯	→	特にせんい産業がおとろえる。大工場の移転
京浜工業地帯	→	関東内陸や海外へ大工場が移転（大工場の跡地は、再開発、倉庫、ハイテクセンターなど）、小さな町工場が多い東京の下町では経営が苦しくなる

　日本の基幹的な輸出産業である自動車製造業でも、2005年に海外生産台数が1000万台を超え、2007年には1186万台となり、国内生産台数をはじめて上まわった（**資料3**）。

資料3　世界規模で競争が激化する自動車産業

(4) シリコンアイランド

　一方、ハイテク産業（コンピュータ・ICなどの電子機器）が発展し、地方や内陸部の空港や高速道路周辺にIC工場などが建設された（九州はシリコンアイランドとよばれている）。

・テクノポリス（高度技術工業集積地域）……1983年に全国26か所を指定（大学・研究機関・企業が参加し、高度技術産業を開拓）

　しかし、現在は国内生産が頭打ちとなり、電子機器では韓国や中国メーカーが世界市場で台頭するなかで日本はシェアを落としている。

留意点 ……………………………………

●産業の空洞化とのかかわりで、2008年のリーマンショック（アメリカ発の金融危機）による世界市場の急激な冷え込みに対応して自動車産業でおこなわれた減産と人員削減（派遣切り）によって、日比谷公園に「年越し派遣村」が出現するなど、格差・貧困が大きな社会問題になったことにふれたい。さらに2020年から始まったコロナ禍により、格差・貧困の拡大がより深刻化していることにも言及したい。　　　（滝口正樹）

日本の原子力発電所と被ばく労働

2時間

ねらい

● 原子力発電所は命を削る被ばく労働抜きには成り立たない産業、すなわち、一定の労働者の命を奪うことを前提にして成り立つ産業であることに気づく。

● 福島第一原子力発電所事故を契機に国内外で高まっている原発の是非論（推進・依存か脱却・撤退か）に対して自分の意見をもつ。

授業の展開

(1) 原子力発電所はどういうしくみになっているか

●「原子力発電は、核燃料のウラン1グラムで1時間に2万3000kW発電できます。では、ウラン1グラムで、この教室にある40Wの蛍光灯を1時間に何本点灯させることができるでしょうか？」

（答え）57万5000本（23,000,000 ÷ 40）→エネルギー効率が高いのが利点。

●「原発の出力はどのようにして調整していますか」

・制御棒で出力を調整する。制御棒がアクセル（燃料集合体の間から制御棒を引き抜く）とブレーキ（制御棒を挿入）の役目を果たしている。

●「原発はどのようにして発電しているのですか」（資料1）

原子の核分裂→熱による水蒸気の発生→タービン発電機を回転→発電

原発はゆっくり核分裂を起こさせるのに対して、瞬時に起こさせるのが原子爆弾である。

(2) 原発ではどのような労働がおこなわれているのか

被ばく労働による白血病で息子を失った嶋橋美智子さんに生徒たちを出会わせる。

●「資料2を読んで、感想を発表しよう」

以下の点について説明を加える。

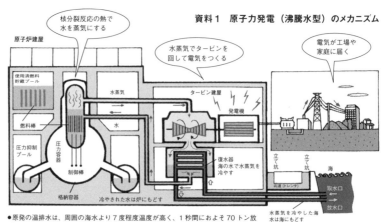

資料1 原子力発電（沸騰水型）のメカニズム

● 原発の温排水は、周囲の海水より7度程度温度が高く、1秒間におよそ70トン放水されている。エネルギーを電気に変える変換効率は水力が80％、火力43％、原子力33％で、逆にいえば、火力は6割弱、原子力は7割弱を熱として海に捨てている。

（野口邦和監修『原発・放射能図解データ』大月書店）

●嶋橋伸之さんの仕事

　伸之さんの仕事は、原発炉心の燃料のあいだに挿入されている装置の保守・点検・管理であった。作業現場は原子炉の真下で、狭い所に、制御棒を動かすための装置への配管が林のように下がってきている。……作業現場は放射線管理区域でも高汚染区域に分類されている所である。……炉心近くは高温なので、マスクをしていると前が曇って息苦しい。作業のじゃまになったりしてマスクをはずすこともある。いわゆる内部被ばくである。

●発病、そして闘病

　1989年8月末、伸之さんは高熱に襲われ数日間寝込んだ。9月に入って、彼の全身には出血斑がひろがり、皮膚病のような病状を呈していた。……両親は彼の病気が慢性骨髄性白血病であり、あと2〜3年の命であることを告げられた。1年間通院を続けた伸之さんは、翌90年10月に入院し、化学療法を受けることになった。しかし病状は好転することなく、1年後の91年10月20日、彼は29歳という若さで亡くなった。

●労災申請——「息子はなぜ白血病で死んだのか」をはっきりさせたい

　母親の美智子さんは、息子の死を無駄にすることなく、これ以上の犠牲者を出さないために、1993年5月、嶋橋伸之さんの死に対して労働災害（労災）の認定を求める申請をおこなった。……そして、1年2カ月後の1994年7月、ついに労災は認められた。

（藤田祐幸『知られざる原発被曝労働』岩波ブックレットなどより要約）

・原発労働者……放射線を浴びる仕事（被ばく労働）

・外部被ばくと内部被ばく（口や鼻から放射性物質を吸いこみ蓄積する）

・下請け労働者の数……福島第一原発事故以前、全国で約6万人（福島第一原発事故の処理作業には、事故後5年間で約4万6000人がかかわる）

（3）原発でどのような事故が起きているか

・スリーマイル島、チェルノブイリ原発事故と子どもたちへの影響

・高速増殖炉「もんじゅ」ナトリウム漏れ事故（「もんじゅ」はその後廃炉）、東海村再処理工場爆発事故（37人が被ばく）、東海村JCO臨界事故（作業員2人が死亡し近隣住民など667人が被ばく）

・地震対策……日本中の原発・原子力関連施設の耐震性の根本的な見直しが必要であることを説明する。

（4）原発の是非論（推進か脱却・撤退か）について自分の意見をまとめて発表させる。

留意点

●「被ばく労働」を出発点（基底）に据えることで、「人（命）より電気（原発）のほうが大切か」「仕事は生きていくためにするのに、原発は生きるために死にに行くのでは、これは仕事ではない」（生徒の授業感想）といった、生徒の根源的な問いから「原発」問題の学習を組み立てる。

●「原発導入のシナリオ」「国策としての原発推進」「原発利権」「脱原発などのエネルギー政策」などは戦後史学習や公民学習でおこなう。

（滝口正樹）

参考資料
「白血病で死んだ原発労働者　労災認定の体験　母親が手記」
（1998年9月9日「朝日新聞」埼玉版）

参考文献
藤田祐幸『知られざる原発被曝労働』（岩波ブックレット）
樋口健二『増補新版　闇に消される原発被曝者』（八月書館）
布施祐仁『ルポ　イチエフ』（岩波書店）
NHK「東海村臨界事故」取材班『朽ちていった命』（新潮文庫）
安斎育郎『福島原発事故　どうする日本の原発政策』（かもがわ出版）
片山夏子『ふくしま原発作業員日誌』（朝日新聞出版）

▶▶原子力資料情報室（CNIC）
http://cnic.jp

編者　一般社団法人 歴史教育者協議会（略称 歴教協）

戦前の教育への反省の中から1949年に結成され、以来一貫して日本国憲法の理念をふまえた科学的な歴史教育・社会科教育の確立をめざし、その実践と研究・普及活動を積み重ね続けてきた。2011年4月より一般社団法人に移行し、全国に会員と支部組織をもち、授業づくりの研究をはじめ、地域の歴史の掘りおこしやさまざまな歴史教育運動にもとりくむ。機関誌『歴史地理教育』（月刊）を発行し、毎年夏には全国大会を開催している。

本シリーズ編集委員　大野一夫、石戸谷浩美、岩田彦太郎、平井敦子

事務所　〒170-0005　東京都豊島区南大塚2-13-8　千成ビル
　　　　TEL03-3947-5701　FAX03-3947-5790
　　　　http://www.rekkyo.org
　　　　メールアドレス　jimukyoku@rekkyo.org

執筆者一覧（50音順・＊は担当編集委員）
＊石戸谷浩美（いしどや・ひろみ）　東京学芸大学附属竹早中学校
　石橋英敏（いしばし・ひでとし）　上ノ国町立上ノ国中学校
　猪股千央（いのまた・ちお）　上尾市立瓦葺中学校
　井村花子（いむら・はなこ）　埼玉県公立中学校
　岩崎圭祐（いわさき・けいすけ）　鹿児島大学
　岩本賢治（いわもと・けんじ）　大阪公立大学（非常勤）
　小浜健児（おばま・けんじ）　鹿児島県元中学校教員
　小林朗（こばやし・あきら）　新潟市立小合中学校
　桜井千恵美（さくらい・ちえみ）　神奈川県歴教協
　佐々木孝夫（ささき・たかお）　上尾市立大石中学校
　滝口正樹（たきぐち・まさき）　大東文化大学（非常勤）
　辻隆広（つじ・たかひろ）　広島県歴教協
　長屋勝彦（ながや・かつひこ）　千葉県歴教協、歴教協事務局長
　本庄豊（ほんじょう・ゆたか）　立命館大学（非常勤）
　松本賢（まつもと・けん）　東京都公立中学校
　門馬寛（もんま・ひろし）　福島県公立中学校

カバーイラスト　日野浦剛
カバーデザイン　ネオプラン
本文DTP　　　編集工房一生社

本書に掲載した写真・図版に関しては、できる限り著作権等を確認し必要な手続きをとりましたが、不明のものもあります。お気づきの点がありましたら小社編集部あてにご連絡ください。

明日の授業に使える
中学校社会科 地理 第2版
2023年2月15日　第1刷発行

定価はカバーに表示してあります

編者　歴史教育者協議会
発行者　中川　進
発行所　株式会社大月書店
　　　　〒113-0033　東京都文京区本郷2-27-16
電話　03-3813-4651（代表）
FAX　03-3813-4656
振替　00130-7-16387
　　　http://www.otsukishoten.co.jp/
印刷　三晃印刷
製本　中永製本

ISBN978-4-272-40867-2 C0337 Printed in Japan

デジタル資料集　登録用シリアル ID

「デジタル資料集」のユーザー登録には下記の ID 番号が必要です。この ID は初回登録時のみ使用します。次回からはご自身で設定した ID とパスワードでログインしてください。ID およびパスワードは大切に保管し、第三者に知らせないようにしてください。

デジタル資料集トップページ　https://data.otsukishoten.co.jp/jugyo/

726323914453